한국어로 내려온
New Bible

새로운
성 경

제103권

7부 | 총10부

하얀마음

하나님 말씀 중에서

1. 사랑의 하나님

- 세상을 창조하신 하나님은 모두를 사랑하신다. 인간만 특별히 더 사랑하지 않고, 우주 만물을 다 똑같이 사랑하신다. 그러니 하나님이 창조하신 천지 만물과 화친하고, 미물까지도 소중히 대하라.

- 하나님은 특정 종파나 민족만을 더 사랑하지 않으신다. 자기 자신만 구원받겠다는 욕심을 버리고, 자기 종파만 구원받는다는 편협한 교리에서 벗어나야 한다. 종파를 초월해서, 모두를 사랑하라.

- 원수까지 사랑하라 했으니, 이 세상에 사랑하지 못할 자가 누가 있겠는가? 종파가 다르다고 해서 부모 형제와 원수처럼 지내는 자는 인간의 근본을 모르는 자다. 가장 가까운 가족부터 사랑할 때 남도 진심으로 사랑할 수 있다.

- 한 사람을 원수같이 생각하던 마음에서 사랑하는 마음으로 돌리면, 자기 자신의 마음이 가장 기쁘고 행복하다. 하나님께서는 인간의 마음속에 무거움이 없이 기쁘고 행복한 삶을 살기를 바라신다.

- 이웃을 "내 몸처럼" 사랑하라 했으니, 마지막 한 장 남은 천국의 티켓도 이웃에게 양보하라. 자기 중심적인 신앙에서 벗어나서 남을 위해 살아야 한다.

- 독초도, 약초도, 이단도 사탄도 천사도 다 필요하기에 존재한다. 독초일지라도 극소량을 사용해서 생명을 살릴 수 있고, 약초라 하더라도 남용하면 생명을 잃을 수 있다.

- 세상 모든 것을 명약으로 활용하는 것은 인간의 지혜에 달렸다. 어떤 것이든 어떤 사람이든 적재적소에 꼭 필요한 명약으로 승화시키라.

- 사탄도 이단도 천사도 모두 하나님의 주관하에 존재한다. 진정한 하나님의 백성은 사탄과 마귀까지도 감화시켜서 천사로 거듭나게 한다.

2. 기도

- 하나님은 인간의 생각까지 모두를 다 알고 계신다. 우리의 소원도 이미 알고 계시기에, 소원의 기도를 할 필요가 없다. 우리가 받을 자격이 되면 내려 주신다.

- 죄를 짓고 아무리 회개를 해도 용서받지 못한다. 도둑질한 자는 용서해 달라고 기도하고, 도둑맞은 자는 도둑을 잡게 해 달라고 기도하면, 공의의 하나님은 누구의 편에 서시겠는가?

- 자기가 잘못한 것은 그 사람에게 직접 갚고 용서를 구하라. 그가 용서하면 하나님도 용서하신다. 땅에서 매면 하늘에서도 매이고, 땅에서 풀리면 하늘에서도 풀리는 이치다.

- "회당에서 기도하지 말고 골방에서 기도하라" 했다. 눈에 보이는 골방이 아니라, 골방과 같이 고요한 마음이다. 잡념을 버리고 하나님을 향해 마음을 집중하며, 사랑하고 용서하는 아름다운 생각만 나오도록 하라.

- "두드리면 열릴 것이다." 하는 것은 육의 소원을 위해 두드리라는 것이 아니라, 진리의 깨달음을 얻기 위해 두드리라는 것이다.

- 기도하는 방법: 생활 속에서 수시로 기도하는 삶을 살아야 한다.

- "저의 죄를 용서하여 주옵소서." 하는 회개의 기도를 하라.
- 범사에 "하나님! 감사합니다." 하라. 현재 가진 것에 감사하며, 과욕하지 말라. 자기 노력 이상의 것을 더 갖고자 기도하는 것은 도둑놈심보다. 공의의 하나님은 각자 노력한 만큼 주신다.
- "하나님 뜻대로 살아가겠나이다." 하며 마음의 각오를 다지라.

- 기도는 하나님의 말씀을 받아서 "행하는 것"이다. 하나님이 계심을 굳건히 믿고, 하늘을 향하여 한 점 부끄럼 없이 사는 삶 자체가 가장 위대한 기도이며, 삶이 곧 예배다.

3. 지도자

- 똑같이 사랑한다는 말을 해도, 순수하게 하는 말은 천사의 말이지만, 사기 쳐서 재산을 가로채려고 하는 말은 사탄의 말이다.

- 종교 지도자가 아무리 훌륭한 설교를 해도, 신도의 재물을 거둬서 더 큰 교회를 짓고 자기의 부귀영화를 바라며 설교하면 사탄의 가르침이 된다.

- "저희 교회는 만원사례요, 믿음은 다 같으니 이웃의 개척 교회에 가서 예배를 드리시오." 하며, 이웃 교회의 부흥을 먼저 생각하여 제 신도를 보내는 종교 지도자가 있다면 그를 따르라. 그가 하나님의 사랑을 실천하는 자다.

- "부자가 천국에 들어가는 것은 낙타가 바늘구멍을 통과하는 것보다 더 힘들다" 하였거늘, 지금의 교회에서는 부자가 되기만을 기도하고 소원하니, 이는 곧 천국을 포기하고 지옥 행 열차의 티켓을 사는 것과 같다.

- 예수는 빈손이었다. 종교 지도자가 예수보다 더 호화롭고 편안하게 살아간다면 잘못된 것이다. 부귀영화와 명예를 바라는 자는 절대로 갈 수 없는 좁고 협착한 길이 종교 지도자의 길이다.

- 종교 지도자는 유리로 비춰 봐 한 점의 부끄러움이 없이 살아야 한다. 의식주도 직접 일해서 해결하고, 예수의 가르침과 행함을 그대로 따라야 한다.

- 종말은 없다. 지금의 잘못 가는 종교 집단에게만 종말이 있다. 보이지 않는 하나님은 보이는 육의 종말은 관여하지 않으신다. 환경 파괴로 인간이 스스로 멸망을 자초하는 것이다. 종파끼리 싸우기 전에, 무너진 인성을 바로잡고 지구의 몸살을 해결하는 데 뜻을 모으는 게 급선무다.

4. 성전이란

- 이 세상 자체가 하나님께서 만드신 성전이다. 자연보다 더 아름다운 성전이 있는가? 보이는 건물이 성전이 아니라, 성스러운 마음가짐이 성전이다.

- 반석 위에 교회를 지으라 했다. 지상의 단단한 돌은 인간이 쪼갤 수 있으나, 마음속의 굳은 결의는 세상 무엇으로도 쪼갤 수 없다. 바르고 굳건한 믿음으로 성경의 가르침을 실천하는 것이 마음의 반석 위에 교회를 짓는 것이다.

- 손으로 지은 건물의 교회에 모여서 복음을 전하는 것이 아니라, 교회를 개인과 가정에 심어 주어야 한다. 무너지고 부서지는 건물을 짓지 말고, 마음속에 영원히 불변하는 참진리의 교회를 지으라.

5. 십계명

- 십계명은 인간이 죽어서 반드시 통과해야만 하는 열 개의 관문이다.
- 부모를 공경하지 아니한 자는 "네 부모를 공경하라." 하는 제5계명의 관문이 열리지 않으니 구원받을 수 없다.
- 살인, 간음, 거짓, 우상 등의 나머지 계명도 마찬가지다.

- 십계명은 하나님의 친필이다. 모기소리만 한 하나님의 음성이라도 들어 보겠다고 여기저기 찾아 헤매지 말고, 십계명부터 암송하고 지키라.

- 십계명은 영혼을 구원하는 양식이며, 십계명을 지키는 것이 구원을 받는 길이다. 인간이기에 지키고자 노력하고 또 노력한다면 지킬 수 있다.

- 십계명을 지키고 천사처럼 아름답게 살아가는 그 마음 하나면 세상에 이루어지지 않는 것이 없다.

6. 보물

- 하나님은 재물이 아니라 우리의 마음을 받으신다. 사랑을 실천하며 천사처럼 변하는 마음이 하나님께 바치는 보물이다.

- 보이지 않는 하나님께 재물을 바치려 하지 말고, 너희를 길러 준 부모에게 용돈 드리고, 찾아뵙고, 효성을 다하라. 그것이 하나님께 효도하는 것이다.

- 하늘에는 선과 악의 창고가 있다. 자기 창고에 선이 많으면 천국으로 구원을 받고, 악이 많으면 심판받아 지옥으로 간다. 그것이 바로 "선한 일을 행한 자는 생명의 부활로, 악한 일을 행한 자는 심판의 부활로" 나오는 것이다.

- "선악과를 따먹지 말라"는 것은 양심을 지키라는 것이다. 선과 악을 구분할 수 있는 양심을 최초에 인간에게 주셨다. 선한 열매는 취하고, 악한 열매는 버리며, 양심에 비추어 부끄럼 없는 삶을 살아가라.

- 가장 작은 거짓말을 하지 않고, 가장 작은 죄를 짓지 않으며, 가장 작은 선행을 하고, 가장 작은 악행을 멀리하는 것이 율법의 일점 일획도 빠뜨리지 말고 다 지키는 삶을 사는 것이다.

7. 우상

- 박물관에 있는 불상은 하나의 예술품이다. 그 조각품에 대고 제 소원을 빌 때 우상숭배가 된다. 십자가라 하여도 그 앞에서 소원을 빈다면 우상숭배하는 것이며, 하나님께 소원을 빈다면 하나님을 우상으로 전락시키는 것이다.

- 지금 기복신앙에 젖어 있는 모든 사람이 우상 앞에 절을 하고 있다. 조각품을 우상이라며 파괴하지 말고, 네 마음속에 있는 욕심의 우상을 무너트리라.

- 생수를 약초가 먹으면 약을 만들고 독사가 먹으면 독을 만든다. 같은 성경을 봐도 선한 지도자는 신도를 천사로 만드는 데 활용한다. 그러나 욕심이 가득한 지도자는 재물을 거두어들여 제가 부귀영화를 누리는 데 악용한다. 그가 바로 성경을 우상숭배의 도구로 전락시키는 거짓 선지자다.

- 성경을 한 획도 빼거나 더하지 말라는 것은, 그 가르침을 빠트리지 말고 온전히 지키라는 것이다. 성경 속에서 자기에게 유리한 구절만 보는 것은, 자기에게 불리한 구절들을 빼 버리는 것이다. 믿음이 제일이요, 행함은 구원과는 관계없다는 것은 자신에게 유리한 쪽으로 성경을 악용하는 것이다.

- 진정한 종교 지도자는 종파에 관계없이 어떤 종파든 어떤 책이든 접하고 보고 깨우쳐 견문을 넓히도록 인도한다. 참진리를 모르고 자신이 없는 자가 남을 이단이라며 배척하고, 신도들의 눈과 귀를 가린다.

8. 예수

- 예수의 재림은 없다. 예수가 다시 온다 해도, 과연 누가 그를 예수라고 믿겠는가? 예수와 같은 삶의 행함이 곧 예수의 재림이다. 각자 모두가 "재림 예수"가 되는, 차원 높은 믿음으로 가야 한다.

- 예수는 "주여 주여 하지 말고, 아버지의 뜻대로 행하라"고 했다. 예수가 전한 하나님의 뜻이 곧 "길이요, 진리요, 생명"이며, 그 가르침이 예수의 보혈처럼 소중한 것이다. 예수를 믿는 것은, 예수의 가르침을 믿고 따르는 것이다.

- 예수는 낮은 자로서 만백성을 섬기고자 했다. 만나는 모든 사람을 다 하나님이라 생각하라. 돈을 벌수록 겸손하고, 높은 지위를 얻을수록 낮아지라.

▪ 예수는 종파를 만들지 않았다. 인간이 만든 종교와 인간의 교리를 따르지 말고, 예수를 통해 전한 하나님의 참진리를 연구하고 따르라.

▪ 예수가 2천 년 전에 만백성을 위해 죽었으니, 지금 이 땅에는 예수의 가르침대로 사는 천사만 존재해야 한다. 예수가 죽어 가면서 바란 것은 만백성이 천사가 되어 예수의 자리를 채워 주는 것이지, 지금과 같이 재물을 바치면서 중언부언 제 소원만을 비는 백성들을 바란 것이 아니다.

9. 구원

▪ 천사가 사는 천국에는 천사만 갈 수 있으니, 천사 같은 마음을 길러야 한다.

- "천국 열쇠를 네게 주리니 땅에서 무엇이든지 매면 하늘에서도 매일 것이라" 했다. 땅에서 천사같이 사는 자가 하늘에서도 천사가 되어 천국에 들어간다. 모든 사람에게 천사같다는 말을 듣는 삶을 살아야 한다.

▪ 천사의 곱고 아름다운 마음은 부모를 공경하고 어른을 어른으로 대접하는 데에서 출발한다. 효도하는 자는 형제와 화목하게 지내기에 가정이 화목해지고, 이웃과 화목해지고, 국가가 화목해지고, 온 인류가 화목해진다.

- 그러므로 지상의 아름다운 소왕국은 가정에서부터 이루어야 한다.

▪ 선택된 14만 명만 구원받는 것이 아니라, 천사처럼 변하고자 하는 14만 명을 기초로 온 인류가 천사처럼 거듭나는 영적인 개혁이 시작되는 것이다.

▪ 천 년에 걸쳐서 하늘에서 이루어진 것같이 이 세상을 낙원으로 만들어, 만백성이 지상의 천국에서 살다가 죽어서 그대로 하늘의 천국으로 들어가는, 영원한 지상 낙원을 건설하는 것이 하나님의 계획이다.

- **이것이 구약과 신약에 이어 "새로운 성경"으로 역사하시는 하나님의 창조의 완성이다.**

▪ 지금의 믿음으로 구원받을 수 있다면 그 길을 가라. 그러나 자신이 없다면 하나님께서 직접 내리신 160권의 "새로운 성경"을 읽고 구원의 길을 보라!

하나님 머리말씀

이 새로운 성경을 읽는 너희 모두는
이 율법에 따라 행하면 영원히 구원받을 것이니라.

너희 인간이 수년, 수십 년, 평생
성서를 공부하고 기도하는 것은
하늘나라 나의 곁으로 오고 싶은 소망일진대,

몇천 년 전의 너희 인성과 생각이
지금의 너희와는 판이하게 다르니,

꺾여 가고 병들어 가는 너희를 고칠 수 있는 길은,
오늘 내가 선지자에게 내리는 새로운 성경과 같이
너희가 변화되는 것뿐이니라.

나의 예수가 태어난 것처럼
내가 아들 선지자를 선택하여
나의 새로운 성경을 온 세계에 전하고자 하니,

묵은 것은 버리고 새로운 것은 취하여,
너희 모두는
'여호와 하나님! 저의 죄를 용서하여 주옵소서.'
하는 기도문으로 기도하고, 죄를 뉘우치라.

이 새로운 성경은
수천 년간 내려온 성서를 요약한 것이니,
너희는 이 책을 정독하여 쉽게 깨달음을 얻고,
이대로 실천하여 하늘에 오르라.

대역자 머리말

■ 하나님의 율법을 지키는 선지자로 선택을 받도다.

저는 남들처럼 그저 열심히 살아온 평범한 사람이었습니다. 그러나 50대 중반에 사업에 실패하여 많은 부채에 시달렸으며, 건강도 악화되어 눈이 잘 안 보이고, 걷기도 어렵고, 두통이 심해서 잠을 이룰 수 없는 고통의 나날을 보냈습니다. 그때 제가 선택할 수 있는 것은 육의 삶을 끝내는 길뿐이었습니다.

죽기 직전에 그동안에 죄를 지은 이들에게 용서를 빌고 인생을 끝내기로 작정하였습니다. 어려서부터 지은 죄를 빌고 빌다 보니 끝이 없었고, 죽음으로도 그 많은 죄를 용서받을 길이 없다는 생각에 하염없이 눈물이 흘렀습니다. 그 순간 '재래식 화장실의 구더기는 죄를 짓지 않는데, 나는 인간으로서 구더기만도 못한 삶을 살았구나.' 하는 생각이 들면서 괴로움에 몸부림칠 때, 갑자기 하나님의 음성이 들렸습니다.

"나는 여호와 하나님이니라. 너는 십계명을 암송하고 내가 내려 주는 메시지를 받아 책으로 만들어 만백성을 구하라." 하시며, 제 눈을 손으로 문지르게 하시고, 아픈 머리와 다리를 손으로 두드리게 하셨습니다. 그러고 나니 눈도 잘 보이고 걸을 수 있었으며 머리의 통증도 말끔히 낫게 되었습니다. 그때부터 십계명을 암송하고 나면 들려주시는 말씀을 기록하였고, 1999년 8월부터 2004년 7월까지 권당 288쪽, 총 160권을 받아서 "새로운 성경"이라는 책으로 펴내게 되었습니다.

그러한 저에게 죽기보다도 힘든 길이 시작되었습니다. 모든 교인들이 저에게 사탄이요, 이단이요, 악마요, 마지막 시대에 온 거짓 선지자라 하면서 공격하였고, 저를 짐승을 보듯이 대하는가 하면, 편협한 종교 지도자들의 선동으로 신도들이 이 책을 직접 읽어보고 평가할 기회마저 막아 버렸습니다. 그래서 하나님의 말씀을 세상에 내는 데 많은 어려움을 겪으며, 피를 토하는 심정으로 책을 전하고 있습니다.

그러나 아무리 인간의 힘으로 막으려 해도, 하나님의 뜻이 세상에 전해지는 위대한 역사는 계속될 것입니다. 책으로 전해지는 "하나님의 말씀"은 세상 끝날까지 항상 우리와 함께하실 것입니다. 사람은 죽어도, 책에 기록된 말씀은 영원히 남으니까요.

■ 따뜻한 실천

하나님께서는 어려운 사람들에게 삶의 터전을 마련해 주고, 미래를 열어 주는 것을 기뻐하십니다. 어려운 이웃이 스스로 자립할 수 있도록 이끌어 주는 것이 진정으로 이웃을 돕는 것이라고 말씀하셨습니다. 그래서 일자리가 없는 제자들에게 작은 사업장을 만들어 주는 "달란트 사업"을 하고 있습니다. 식당, 반찬 가게 등을 차려 주고, 기존의 어려운 사업장이 자립할 수 있도록 돕고 있습니다(커피숍, 미용실, 의상실 등).

하나님께서는 교회에 나와서 모든 시간과 재물을 쏟기를 원하지 않으시고, 그 시간과 재물을 교육에 투자하여 스스로 미래를 열어 가기를 원하십니다. 그래서 제때 공부하지 못한 제자들에게 학업을 이어 가도록 하였습니다. 중화요리 주방장을 하며 초등학교 검정고시부터 공부하여 2012년에 방통대를 졸업한 36세 남성, 만학도들의 2년제 중학교에 입학해서 2007년에 명지대학을 졸업한 38세 여성, 중학교 검정고시를 시작으로 숭의여자대학을 졸업한 47세 여성 등이 있습니다. 그밖에도 많은 제자들에게 나이를 초월하여 배우고 깨우쳐서 사회 속의 당당한 일원이 되도록 인도하고 있습니다.

학자금 대출로 힘겨워하는 젊은이들을 위해 "따뜻한 바람 장학회"를 발족하여(2016년 12월) 대출받은 학자금 전액을 매월 갚아 주고 있습니다. 또한, 다문화 가정을 위해 "다문화 가족 랜드"를 조성하여, 각종 시설을 무료로 활용하도록 하고 있습니다.

이러한 따뜻한 실천이 아직은 미약합니다. 그러나 책의 수입이 늘고, 저와 뜻을 같이하는 분들이 늘어나면 계속 확대할 것입니다. 지도자로서 신도의 재물을 헌금으로 거둬들여 착복하는 것이 아니라, 하나님께서 기뻐하시는 일에 사용하도록 중매 역할만 하며 살아가고자 합니다. 이런 제가 과연 사탄이고 이단인가요? 하나님께서 기뻐하시는 일이라면, 저에게 사탄이라 하든 거짓 선지자라 하든 굽히지 않고 실천해 나갈 것입니다.

끝으로, 일상의 삶 속에서 "지금 내가 하는 행동이 과연 하나님께서 기뻐하실까, 슬퍼하실까?" 생각하고, 매사에 하나님께서 기뻐하시는 길을 택하기 바랍니다. 교회에 모여서 집단적으로 예배 드리는 것이 아니라, 개인이나 가정 단위로 새로운 성경을 읽어 스스로 깨우치고 그대로 행하면 충분합니다. 그것이 마음속에 성전을 짓고, 신령과 진정으로 예배 드리는 길입니다. 그러면 천국의 문에 들어서게 됩니다.

2017. 2. 1.

하나님 말씀 대역자 김용철

차 례

십 계 명

이 책은 십계명을 암송하고 나면 내려 주시는 “하나님의 음성”을 듣고 그대로 받아쓴 기록입니다. 하나님께서 십계명을 모세에게 내려 주셨지만, 그것은 만백성에게 내려 주신 것입니다. 마찬가지로 이 책의 모든 말씀도 저에게 내려 주셨지만, 만백성 각자에게 들려주시는 말씀입니다. 여러분도 이 책을 접할 때마다 십계명을 암송하고 나서 정독해 주시기 바랍니다.

제일은, 너는 나 외에는 다른 신들을 네게 있게 말지니라.

제이는, 너를 위하여 새긴 우상을 만들지 말고, 또 위로 하늘에 있는 것이나, 아래로 땅에 있는 것이나, 땅 아래 물 속에 있는 것의 아무 형상이든지 만들지 말며, 그것들에게 절하지 말며, 그것들을 섬기지 말라.

제삼은, 너는 너의 하나님 여호와의 이름을 망령되이 일컫지 말라.

제사는, 안식일을 기억하여 거룩히 지키라.

제오는, 네 부모를 공경하라.

제육은, 살인하지 말지니라.

제칠은, 간음하지 말지니라.

제팔은, 도적질하지 말지니라.

제구는, 네 이웃에 대하여 거짓 증거하지 말지니라.

제십은, 네 이웃의 집을 탐내지 말지니라.

나 여호와가 존재함을 믿는 그 자체가 구원의 길에 들어서는 기본이요, 근본이며, 나의 새로운 성경을 가슴에 안고 정독하는 자, 반석 위에 서서 하늘에 오르는 찬란한 빛을 보게 되는 영광을 얻게 됨이니라. 진정 나를 따르고 믿는 자는 감히 사탄이나 마귀도 근접하지 못하느니라.

〈하나님 말씀〉

2003년 9월

7,397 번째 하나님 말씀

2003년 9월 4일 11시 58분

1 사랑하는 나의 아들아!
2 "네, 아버님! 말씀하옵소서."
3 너희는 너희가 지은 죄에 대하여 아무
리 작은 죄라도 너희 스스로 이 지상
에서 해결하지 아니한다면 나에게 오
를 수 없으며,
4 그 대가로써 지옥으로 가 거기에서
죄지은 것만큼, 인간의 향락을 즐기고
산 것만큼 너희가 그 대가를 치른다
내가 그리 너희에게 일찍이 깨우쳐
주었음이니라.
5 그러나 이 무서운 뜻을 너희 것으로
만들어 오늘에 바른 삶을 살고자 하는
것이 아니요,
6 남을 시기하고 질투하는 것, 그리고
남을 욕되게 하는 것, 그리고 남으로
부터 저주받는 그와 같은 죄를 짓는
행위는 나와 아무런 관계가 없으며
구원과는 관계가 없다 그리 말하고
오늘 가르치고 있음이니라.
7 그러니 죄를 짓고 사는 것은 마지막
죽음에서 너희가 나로부터 선택을 받
지 못하며 마지막 심판의 죽음과 구원
의 그 순간에 다시 태어나는 영광을
얻지 못하고 눈물 흘리며 지옥으로 가
는 그 길을 향하여 오늘의 삶을 사는
것이니라.
8 이제 나의 아들을 따르는 제자 너희는
들어야 할 것이며 너희 마음을 점검
해 보라.
9 너희가 오늘 마음을 비우고 세상을 보
며, 마음을 비우고 모두를 용서하는
마음으로써 세상을 보고 살아가고자
마음을 그리 다스리니, 과연 오늘의
마음이 어떠하던가?
10 이 세상에 미운 것도 없으며 소중한
것도 없으며, 만물을 다 똑같이 볼 수
있는 그와 같은 마음의 자리가 생기지
않더냐?
11 그것이 위대한 변화요, 변화의 역사임
을 너희는 알아야 할 것이니라.
12 너희가 오늘 변하는 마음, 너희가 오
늘 역사하고자 하는 그 마음이 하늘에
오르는 길이요, 나에게 오르는 길임을
알라.
13 너희는 이제 마음을 비우는 그 길에
들어섰음이니, 그를 바라보는 나 여호
와의 마음이 얼마나 기쁜 줄 알겠느냐?
14 나의 수많은 백성이 오로지 나에게
등지며 나의 뜻을 거역하며, 지옥 불
로 몸부림치며 달려가는 그와 같은 죽
은 삶을 사는 그 속에서,
15 산 자의 삶을 사는 너희를 바라보는
나 여호와의 마음의 기쁨이 이루 말할
수 없음이니,
16 너희가 변하고 변하는 만큼 나 여호와
의 행복이 같이한다는 것을 너희는
절대 잊어서는 아니 될 것이니라.
17 죄가 두려움을 알며 마지막 그 순간에
구원을 받는 그와 같은 삶을 위해 살
아가는 너희 모습을 바라보는 나 여호

와의 그 기쁨은 이루 말할 수 없음을
알아야 할 것이니라.
18 그러니 만백성에게 그리 전하라.
19 너희가 지은 죄를 회개하지 아니하고
나에게 와 심판을 받는다면 이는 곧
사망이니라.
20 사망은 곧 무엇이더냐?
21 너희가 죽은 자이니, 지옥으로 가 그
대가를 다 치르며 너희가 상상할 수
없는 영원한 그 세상에서 존재한다는
것,
22 영원토록 너희가 생각할 수도 없는
그 고통 속에서 헤어나지 못하고 그
대가를 치르는 것이 지옥으로 가는 길
이요, 오늘의 너희가 잘못 가는 삶이
라 내가 수없이 나의 법전에 기록하고
또 기록하여 너희에게 전하고 전했건
만,
23 이에 두렵고 무서움을 모르는 자, 오
늘의 너희가 얼마나 오만한 자들이며
방관하는 자들인지 알겠느냐?
24 너희가 지은 죄에 대해서 피 흘리는
고통과 싸워서 이기고 견디어, 나의
아들 예수의 죽음의 그 고통보다도 더
어렵고 힘든 길이라도, 아름다움이 아
니요, 진리가 아닌 것과 싸워서 이기
고 나에게 오르고자 하는 것이 아니요,
25 너희는 오로지 나의 아들 예수가 흘린
그 피의 대가로써 너희 죄가 먼저 다
면죄되었으며 사해졌으며, 그리하여
너희는 구원을 받았다는 잠꼬대 같은
소리를 하는 것이니,
26 너희는 나의 성서에 기록된 그 내막
도 모르더냐?
27 너희 자신의 십자가는 네가 지고 가
며 너희 자신의 피를 흘려 네 피로써
죄사함을 받지 아니하면 용서되지 아
니함을 너희는 알아야 할 것이니라.
28 절대 네가 지은 죄를 남이 대신할 수
없다는 것을 알라.
29 그 길을 내가 가르쳐 주는 것이요, 그
를 법전에 기록하여 너희에게 전하는
이것이 너희에게 내리는 큰 은혜요,
영광임을 알아야 할 것이니라.
30 너희는 알아야 할 것이니라.
31 나는 오늘 이 자리에서 내가 나의 아
들을 통하여 당당히 만백성 너희에게
전함이니라.
32 수천 년 동안 믿음을 오는 백성이요,
구원을 받았다는 백성이요, 그리고 종
교 지도자요, 그리고 집단의 우두머리
라는 자, 나의 아들을 따르는 제자들
이 바로 서려고 몸부림치는 그 고통
스럽고 힘듦을 너희는 만분의 일도
헤아리지 못하며 그를 보지 못하는 자
들이니라.
33 그들도 아직 멀었음이니라.
34 그들은 가슴을 조여 오는 아픔을 가지
고 오늘에 악습을 하나하나 버리려고
발버둥치는 그 노력함을 너희는 과연
얼마나 했으며 그와 같은 길을 가고
있더냐?
35 너희는 사탄은 꿀이요, 사탄이 아닌
참진리는 가시나무를 입에 무는 것이
라 하였음이니,
36 지금 나의 아들을 따르는 그 제자들은
가시나무를 입에 물고 있음이니, 아파
서 말을 하지 못하며 저희가 고통스러
움을 표현하지 못하며,
37 오로지 나의 법전을 만들어 세상의 만

백성에게 전하는 그 길만을 가고 입을
다문 그들의 고통을 너희 종교 지도
자가 과연 얼마나 알며 그와 같은 수
행을 했으며, 그들이 오늘 변해 가는
만큼 너희 자신이 변했단 말이더냐?
38 나는 여기서 내가 너희에게 말하느니
라.
39 나의 아들딸들이, 지금 나의 아들을
따르는 그 제자들이 어떠한 것을 명하
고 어떠한 것을 준다 해도 그들은 한
점의 부끄럼이 없이 다스릴 것이며 관
리할 것이며 그 길을 올 것이니라.
40 그러니 한 점의 부끄럼이 없이 남에게
실수하지 아니하고 질투하지 아니하
며 시기하지 아니하고 산다면, 이 세
상은 너희가 말하는 인간의 법도가
필요 없음이니, 곧 이는 하늘의 법도
도 필요 없는 것이 아니더냐?
41 그들이 살아가는 모습을 모르는 자가
어찌하여 그들을 사탄이요, 이단이라
말하는가?
42 이제 나의 아들딸들 그들의 가슴이 얼
마나 조여 오고 아픈가를 너희는 알
게 될 것이니라.
43 오늘의 그 고통만큼 그들은 상이 있으
나, 너희는 오늘의 즐거운 만큼 그 죄
의 대가가 있음이니라.
44 나는 여기서 자신 있게 너희에게 나
의 법전에 기록하여 전함이니라.
45 이 세상 모든 백성이요, 배운 자요, 지
식 있는 자요, 종교 집단이요, 나로부
터 대명을 받아 만백성을 인도한다는
너희는 나의 아들딸들이 가는 그 길을
10분의 1도 가지 아니하며 10분의 1
도 노력하지 아니하는 자들이니라.
46 그러니 너희가 얼마나 잘못된 것이며
너희가 얼마나 허황된 자들이요, 얼마
나 망각 속에서 살아가는가?
47 가슴을 졸이며 피를 토하는 그와 같은
고통과 싸워 바르게 살아가고자 하는
그들도 나에게 올 수 없는 것이니, 그
건 심판대에 서 봐야 알며, 그때 가서
내가 결정한다 그리하였거늘,
48 너희가 오늘의 향락이요, 방관한 것을
회개하지 아니하며, 네 살을 깎고 네
피를 토하여 네 피로써 사함을 받는
그와 같은 고통의 길을 가지 아니하는
자는 정녕 나의 아들 예수의 피로써
죄를 다 사해 줘 구원을 받으며 영광
을 받은 자라 그리 말하지 말라.
49 나의 아들을 예수를 통하여 내리는 것
만 너희를 구원하는 길이요, 나의 아
들 예수가 죽었음이니, 그가 남기고
간 그 복음서라는 것만 가지고 구원에
오르는 길이요,
50 그것 외에는 아무것도 하늘에 오르는
길이 없다 말함이니라.
51 그 복음서는 나의 아들 예수의 제자
요, 그 제자들이 강론하는 것을 그 또
제자들이 기록하여 전하였음이니라.
52 그리고 수천 년 동안 암실에서 사악한
나의 백성 너희가 그걸 손질하고 가
감하며 다스렸음이니, 과연 원본 그대
로 나의 성경인 구약과 신약이 기록되
고 역사했다 하느냐?
53 그러면서 또한 너희는 그 내막조차도
모름이니라.
54 앞뒤를 다듬고 가감하여 너희가 필요
한 것을 썼기 때문이니, 그러나 꼭 넣
어야 대목들은 내가 기록하였으며,

55 오늘의 나의 법전이 세상에 나와 역사
하는 것은 내가 거기에 다 기록하였음
이니,
56 너희가 그를 읽고 깨우쳤을 때 내가
법전에서 가르치는 하늘에 오르는 길
이요, 죄를 짓지 않는 길이요, 죄를 용
서받는 그 모든 내막은 거기에 기록되
어 있음이니,
57 있는 그대로 읽고 깨우치기만 해도 너
희가 지옥 불에 와서 울고불고하는
것은 면할 것이라 내가 그리 전했음을
알라.

7,398 번째 하나님 말씀

2003년 9월 4일 12시 05분

1 사랑하는 나의 아들아!
2 "네, 아버님! 말씀하옵소서."
3 내가 성경에 기록하여 너희에게 전하
기를, 죄를 사하지 아니하는 자는 구
원을 받을 수 없다고 말하였음이니라.
4 그러니 너희가 믿고 가는 오늘의 믿
음이요, 수천 년 동안 흘러오는 그 종
교 집단이요, 지도자들 그리고 구원을
받았다며 구원받은 것처럼 착각 속에
헤매는 그 신도라는 백성, 광분한 자
들, 그 모두가 가는 것이 허황된 길이
며 허수아비 같은 장난 짓을 하고 있
다면 너희는 어찌 보겠는가?
5 내가 보기는 나와는 아무런 관계도 없
는 너희가 자신에 도취되어 그리 울
고불고하고 있는 것이니라.
6 너희가 정녕 그와 같이 깨달음의 길이
요, 믿음의 길로 나에게 오르고자 한
다면,
7 나에게 오르는 그 제자들에게 그들이
가는 깨우침의 길이 무엇인가, 그들이
하나의 악습을 버리려고 몸부림치는
그것을 듣고 깨우쳐 제 것으로 만드는
현명한 자는 눈을 뜨게 될 것이니라.
8 죄지은 자가 어찌 남을 위하여 기도하
며 죄지은 자가 남의 생명을 어찌 인
도한다 하며 나에게 오른다는 말을
할 수 있단 말이던가?
9 죄를 가진 자, 죄를 지은 자, 죄가 더
덕더덕 붙어 있는 자는 남을 위하여
기도할 수 없으며 남을 가르칠 수 없
다는 것을 너희는 알아야 할 것이니
라.
10 그들의 가르침은 사탄의 가르침이요,
사악한 가르침이니라.
11 그리하여 내가 일찍이 나의 법전 열여
섯 권 속에 뭐라 말하였느냐?
12 종교 지도자는 거울로 비추어 봐서 유
리로 비추어서 한 점의 부끄럼이 없는
그와 같은 자가 되어야 한다 그리하
였음이니라.
13 그러니 그 길을 가려고 스스로 다스려
지지 아니하는 자는 가슴 가득히 욕
심이요, 다른 신을 가진 자가 가르침
이니,
14 그건 다른 신을 우상화시키는 것이며
다른 신을 받드는 것이니, 죄 있는 자
는 모든 백성을 이끌고 인도할 수 없
다는 것을 알라.
15 죄를 가득히 가진 자가 죄지은 자를
위하여 기도하고 설교한다 하니, 너희
가 아무리 울고불고 광란의 짓을 해도
그 모두는 나와 아무런 관계가 없으며
나와는 인연이 없는 자들이니라.

16 그러니 너희가 평생 나를 위하여 재
물을 바쳤으며 나를 위하여 경배했으
며 오로지 나 여호와를 위하여 살았
다 그리하며 어찌하여 너희를 버리느
냐 그리 말해도,
17 나는 너희를 알지 못하며 모른다는
것이 나의 정답이라 했음을 알라.
18 나 여호와와는 아무런 연관이 없는 것
이 그와 같은 자들이니라.
19 어떠한 형태든 너희는 지금 사기극을
연출하고 있으며 사기극을 벌이고 있
음이니라.
20 그리고 그 사기극에서 손뼉을 치고
춤추고 같이 놀아주는 것이 지금 믿음
의 길을 가는 백성 너희임을 알라.
21 어떠한 방법으로든 거기에 대해서는
결과가 없으며 얻는 것도 없으며 깨달
음도 없으며, 하늘에 오르는 그 길조
차도 알 수 없는 것이 지금 너희가 가
는 길이라는 것을 알라.
22 죄 있는 자가 인도한다면 너희는 모두
다 지옥으로 빠져들어 감이니라.
23 앞을 못 보는 자가 앞을 못 보는 자를
인도한다며 같이 끌고 간다면 그는 어
찌 되겠는가?
24 앞에 부닥치는 그 절벽이요, 앞에 부
닥치는 장애물을 모르고 가는 것이 아
니더냐?
25 그러니 앞을 못 보는 자가 앞을 못 보
는 자를 인도한다는 것보다도 더 어리
석고 우매한 것이, 죄를 더덕더덕 지
으며 날만 새고 밤이 지나고 또 낮이
될 때마다 수없이 죄의 고리만을 짊어
지는 종교 집단이요, 지도자요, 그와
같은 자들이 죄 있는 자들을 인도한다
함이니,
26 저희끼리 말하며 저희끼리 어울려서
저희의 잔치요, 저희만 흥겨워서 지금
같이 놀아나는 것이니, 까마귀 떼와
까마귀가 같이 노는 그와 같은 형국이
니라.
27 그러니 죄 없는 자만이 인도할 수 있
음을 너희는 알아야 할 것이니라.
28 죄 없는 자가 먼저 되어야 함이니라.
29 그리하여 나의 아들딸들에게 악습을
버리라 하며, 모두를 다 버리라 하며,
마음을 비우라 하며, 남이 용서할 수
없는 것을 용서하라 하며, 남이 갈 수
없는 그 길을 어떠한 고통과 몸부림을
치더라도 가라 함이니라.
30 그러니 너희가 먼저 죄 없는 자가 되
었을 때 만백성을 구하고 인도할 수
있음을 알라.
31 눈앞을 못 보는 자가 앞을 못 보는 자
를 이끌어 가는 그와 같은 형국의 오
늘의 믿음에서, 나의 아들딸들이 눈을
보며 미래를 보며 앞을 보는 길을 열
어 주고 눈을 열어 주어 나의 피조물
만백성 너희를 구하고자 함이니라.
32 이는 나의 법전을 읽고 그대로 행하고
정독해서 깨우치는 자는 곧 귀가 열리
며 눈이 뜨이며 나의 성령을 들음이니,
33 그리하여 너희만 나의 피조물 만백성
을 인도하는 전사요, 나의 피조물 만
백성을 구하는 자로서 선택되었다 함
이니라.
34 죄 있는 자가 죄 있는 자를 인솔할 수
는 절대 없으며 인도할 수 없으며, 그
들을 따라 아무리 인내한다 해도 너
희는 하늘에 오를 수 없다는 것을 알

라.
35 이 무섭고 두려운 것을 너희가 안다
면 스스로 죄짓지 않는 백성으로서
살아감이 먼저임을 알아야 할 것이니
라.
36 모든 종교 집단이요, 그 사악한 자들
이 그리 말하느니라.
37 저희가 죄를 짓지 아니하고 살 수 없
기에, 남을 시기하고 질투하고 음해하
는 것, 인간 세상에서 짓는 죄는 아무
것도 아니요, 하늘나라의 믿음이요,
하늘나라의 그 뜻에 따라서 하늘나라
에 죄를 짓지 아니하면 천국에 가는
것이니,
38 오로지 성서에 기록된 대로 그리고 저
희가 강론하는 대로 창조주 하나님 나
여호와를 기쁘게 하여 재물을 바치고
울고불고 기도하고 경배하며 그저 나
의 이름만을 부르기만 하면 구원을 받
는다고 가르치며,
39 그리하여 나의 피조물 만백성들을 지
옥으로 이끌어 가는 사악한 그들이니
라.
40 그들을 단죄하지 아니하면 너희 자신
뿐만 아니라 너희 후손까지도 영원히
구원받을 수 없는 지옥 불로 감을 알
라.
41 나의 이 애절한 뜻을 너희가 한 번이
라도 들여다보고 깨우침이 있다면, 지
옥 불 앞에 가서 두 손 잡고 그 문을
들어가지 아니하려고 몸부림치고 발
버둥치는 그와 같은 것은 면할 것이니
라.
42 피를 토하도록 소리를 지르며, 들어가
지 않으려 하며, 살결이 찢어져도 그
손을 놓지 아니하려 하며, 손가락이
떨어져도 그걸 놓지 아니하고 들어가
지 아니하려는 그 처참한 모습을 나는
보기가 아픔이니라.
43 너희는 그와 같은 모습으로써 나에게
와 심판받는 그와 같은 짓을 하지 말
라는 것이 나 여호와의 뜻이요,
44 그리하여 나의 법전에 모두를 기록하
여 전하는 것을 너희가 그래도 읽지
아니하며 보지 아니하며 사탄이요, 사
악한 자의 것이라 하여 태워 버리고
찢어 버리는 자는 그 죄가 이중, 삼중
으로 얼마나 무서운 짓을 하는 것인가
를 알게 될 것이니라.

7,399 번째 하나님 말씀

2003년 9월 4일 12시 16분

1 사랑하는 나의 아들아!
2 "네, 아버님! 말씀하옵소서."
3 너희는 그리 말하며 모두에게 가르치
느니라.
4 그러면서 너희는 또한 죄 있는 자가
죄 있는 자를 인도하는 것은 안 되는
것을 알면서 너희는 또 그래서 뭐라
가르치느냐?
5 너희는 이 세상에 어떠한 백성도 죄
없는 자가 이 세상을 인도하는 것이
요, 죄 있는 자는 절대 이 세상에서 모
든 백성을 인도할 수 없는 것이라 한
쪽 단상에 서서 그리 설교하느니라.
6 너희는 죄 없는 자가 이 세상에 와서
인도한다 하느니라.
7 그는 곧 무엇이더냐?
8 나의 아들 예수와 같이 성령으로 잉태

하여 죄 없는 자만 이 세상에 와 너희
를 가르치고 인도하는 그와 같은 것이
라 그리 말함이니라.
9 그러니 인간은 결국 죄 있는 백성이기
때문에 인도할 수 없으며 이끌어 갈
수 없다고 그리 말하느니라.
10 그리하니 너희는 과연 어떠한 백성이
더냐?
11 그리 가르치는 이 세상의 종교 집단
지도자들은 과연 죄가 없느냐?
12 너희 설교를 듣고 너희를 따르는 것
이 하늘에 오르는 길이요, 나에게 오
르는 길이라 하며,
13 너희 손으로 지은 성전에 와 재물을
바치고 기도하고 경배하며 각종 헌금
을 피가 나도록 바치는 자는 구원을
받는다고 말함이니, 그와 같이 가르치
고 설교하는 자는 과연 죄가 없는 자
들이냐?
14 그러니 죄 없는 자로 이 세상에 내려
와 나의 아들 예수와 같이 성령으로
태어나는 자만이 나의 백성을 인도한
다고 그리 가르치면서,
15 너희는 과연 그와 같은 자들인 종교
집단이요, 지도자요, 목자가 지금 나
의 피조물 만백성들을 구원하는 길로
인도한다 하여 끌고 가는 그와 같은
행위를 하고 있는가?
16 너희 자신을 돌이켜 보면 너희가 얼
마나 부끄러운 짓을 하며, 이중적인
자인지, 한치 앞만 봐도 다 탄로가 날
사기극을 연출하고 있음을 알아야 할
것이니라.
17 인간은 죄 없는 백성이 없기에 인간
으로서 이끌어 갈 수 없다는 것은 십
계명을 지키고 살 수 없다는 자들과
무엇이 다르더냐?
18 그리하여 죄 없는 나의 아들 예수가
왔으며, 또 재림하여 그 죄 없는 나의
아들이 와서 너희를 구원하고자 죽은
자 중에서 너희를 살리며 인도한다
하며,
19 나의 아들을 찾고 믿으며 울고불고 그
보혈로써 은혜를 받았다며, 재물을 바
치고 찬송하면 구원을 받는다고 그리
가르침이니,
20 너희 종교 집단과 지도자들이 구원할
수 있다고 그리 생각하는가?
21 그리고 너희가 인도할 자격이 있다고
자신 있게 말할 수 있는가?
22 너희가 그리 가르치면서 어떠한 짓을
하는가?
23 저희도 죄지은 자요, 저희가 말하는
모든 죄에 가담한 그 죄가 나의 사랑
하는 백성이요, 울고불고하는 신도보
다도 더 많은 죄를 짓는 그들이 과연
나의 피조물 만백성들을 인도할 자격
이 있다 말하는가?
24 저한테 오는 것이요, 저희 교회에 오
는 자만 구원을 받을 수 있다고 말하
는 자, 너희가 감히 구원을 받을 수 있
다는 그 말을 할 수 있는가?
25 그리 가르치면서 한 입으로 두말하면
서 하는 짓이 무엇이더냐?
26 나의 사랑하는 백성에게 재물을 거둬
들이고 금화와 은화를 거둬들이는 데
만 혈안이 되어 있는 것이니라.
27 너희 자신이 사기극을 벌이는 것이니,
이것이 무엇이더냐?
28 한 입으로 너희는 두말하는 자들이기

때문이니라.
29 정녕 나 여호와는 나의 아들 예수를
다시 보내지 않으니, 인간 중에서 죄
짓지 아니하고 사는 이런 자를 내가
만들고 찾아내 너희를 구원하는 그와
같은 역사를 이루고 있다면 너희는
과연 뭐라 말하겠느냐?
30 너희는 이것도 말이 아니 되며 이것
은 역사할 수 없다고 말할 것이니라.
31 그러니 나 여호와가 나의 법전에 기록
하여 책으로써 증명하여 내리는 나의
뜻도 나의 뜻이요, 명령이라 해도 그
리 어기는 자들이니 너희는 알아야
할 것이니라.
32 이제 예수와 같이 성령으로 태어나는
나의 아들이요, 대제사장이요, 너희가
말하는 지난날의 예언자요, 그와 같은
자들을 통해서만 너희에게 무엇인가
를 내리고 너희를 깨우친다는 생각에
서 벗어나라.
33 이제 나는 나의 아들을 인간 중에서
살아가도록 내가 만들었으며, 그중에
서 내가 나의 아들을 그리 명하여 내
가 그를 달구고 가르쳐,
34 이 세상 인간 중에서 거짓 하지 아니
하고 너희를 이끌어 가는 일인자를
만들고자 하는 것이 나의 뜻이요, 내
가 행하는 것이라는 것을 너희는 알
라.
35 그를 만들고 내가 그를 달구며, 그 제
자들 또한 내가 달구고 그를 다시 죄
없는 백성으로 만들어, 인자와 같은
백성으로서 만들어,
36 내가 그들로 하여금 나의 피조물 만백
성을 이끌어 가고자 하는 그 역사의
시대가 열렸음이니,
37 이게 제3의 시대가 열리는 것이라는
것을 알아야 할 것이니라.
38 나의 법전을 읽고 깨우치는 백성 중에
서 내가 인자와 같은 백성을 찾을 것
이며, 인간으로서 죄를 짓지 아니하고
살 수 있다고 자부하며, 그 길을 위하
여 어떠한 고통도 감내하며 피하지 아
니하며 돌아가지 아니하며 그를 받아
들이며 가는 선택된 사랑하는 내 아들
딸들이 세상에 있을 것이니라.
39 나는 그들을 통하여 만백성을 구하는
것임을 알라.
40 이제는 일인자와 같은 나의 아들딸들
을 수없이 세상에 배출하여, 그들이
그들을 구원하고 그들이 또 그들을 구
원하는 그와 같은 역사로써 천 년에
걸쳐 하늘의 영광이 지상에서 이루어
지도록 하는 것이 나의 뜻임을 알라.
41 모든 것을 얻는 것도 인간을 통해서
얻는 것이며, 모든 것을 거둬들이는
것도 인간을 통해 거둬들인다 하였음
이니라.
42 내가 인간의 형체를 가진 선택된 자로
서 너희에게 진리요, 성경이요, 말씀
을 전하며,
43 그를 통하여 너희 공을 인정하며 역
사한 자, 벌줄 자, 벌주지 아니할 자를
선별하여 선택한다 하였음이니라.
44 그러니 오로지 인간으로서 너희와 같
은 형체를 가진 자로서 일인자를 만
들어 내가 너희를 이끌어 가고자 함
이니,
45 나의 아들을 따르는 백성, 그 제자 중
에 수없는 일인자의 자리를 지키는 자

들이 나올 것이니 그리 알라.
46 너희가 인간의 형태로서 똑같은 인간으로서 변화되며 어떠한 고통과 시련 속에서도 참진리의 길을 가려고 자기 자신의 피를 흘려 자기 십자가를 짊어지고 가는 예수보다도 더한 고통의 역사를 하는 나의 아들딸들이 세상에 많이 나왔을 때, 그것만 오로지 나의 피조물 만백성을 구원하는 것이요,
47 하늘에서 잉태하는 것, 하늘에서 재림하여 천군을 데리고 나팔 불며 와서 너희를 구원하고 구할 줄 아는 자는 그 이치와 그 뜻을 모르며 아무것도 알지 못하는 자들이니라.
48 하늘의 천군이 나팔을 불고 와서 너희에게 하늘의 뜻이 무엇이라 아무리 가르쳐도,
49 너희가 듣는 순간이요, 세월이 지나가면 까맣게 잊어 버리며 너희 후손들 또한 그것은 옛날 동화 속에 나오는 하나의 이야기처럼 흘려버릴 것이며, 그 두려움과 무서움을 모르는 것이니라.
50 그러니 내가 이 세상에 나의 아들로 하여금 인자를 만들 것이며 그리하여 그 제자들로서도 인자를 만들어 그 모두가 다 일인자가 되도록 하여,
51 그들을 보고 깨우쳐 그들을 표본으로 삼아 나의 피조물 만백성을 다스리고 깨우치고자 하는 것이 나의 법도요, 나의 뜻임을 알라.
52 그와 같이 행하지 아니하고는 나의 피조물 만백성들을 영원히 지속시킬 수 없을 것이니라.
53 오늘 내가 나의 아들 예수와 천군을 불러 천사와 같이 나팔 불고 세상에 왔다 하여 너희를 구원한다 해도, 천년만년 흐른 다음에 그들은 지나가는 이야기요, 저희 피부로 느끼지 못하며 믿지 못하는 그와 같은 형국이니라.
54 그러나 내가 인자를 세상에 내보내 그 인자로 하여금 계속 그 인자의 씨앗이 번져 나가는 그와 같은 역사는 물 흐르듯이 그치지 아니하는 것이며,
55 그들이 그 선배를 보고 그 부모를 보고 깨우쳐 그 후배요, 자식이 아름답게 변하는 그 역사로써 내가 만백성을 구하여,
56 천 년 후에 이 지상에 정녕 하늘의 낙원을 이루며, 이곳에 존재하는 백성은 그저 살다 나에게 그대로 올라오는 그 역사를 이루는 것은 인간 너희를 통하여서 이룸이니라.
57 오늘 나의 아들을 따르는 제자 너희는 인자가 되어야 할 것이며 일인자가 되어야 함을 잊지 말라.
58 인간으로서 인자가 될 수 없으며 인간으로서 죄짓지 아니하고 살 수 없으며, 인간으로서는 죄 없다 부인할 수 없으며, 죄를 행하지 않는 사람이 될 수 없다는 그와 같은 말을 너희는 듣지도 말며 귀를 막으라.
59 너희가 죄 없는 인간이 될 수 있으며, 죄를 짓지 않는 사람이 될 수 있음이니라.
60 그리하여 너희는 인자가 될 수 있음이니라.
61 인간이 인자가 될 수 있는 것이니라.
62 천사는 이미 인자가 되어 있는 것이니, 그게 무슨 의미가 있단 말이더냐?

63 그러니 너희는 인간으로서 인자가 되며, 인간으로서 나의 백성으로서 일인자가 되는 것만이 만백성을 구하는 빛이 되며,
64 그와 같은 너희 후손이 세상을 덮어 나가는 그와 같은 역사만이 내가 이루고자 하는 새로운 시대를 건설하는 기초요, 근본이요, 기본임을 알라.
65 그러니 이제는 나의 아들 예수로부터 재림하여 제사장으로서 예언자로서 그들이 없기에, 내가 내리는 뜻이요, 나의 성령은 그리고 나의 말씀은 정녕 내려올 수 없다 그리 말하는 자들에게 철퇴를 가할 때가 왔음이니라.
66 정신 차리라고 깨우쳐 주라.
67 그리고 그들보고 환각에서 깨우치라 그리하라.
68 나 여호와는 이 세상의 그 오묘함을 다 창조했듯이, 내가 필요할 때 나의 아들을 선택하고 나의 아들을 보내어 나의 새로운 성령이요, 나의 뜻을, 하늘에 있는 참진리를 무한정 내려보낼 수 있으며 다시 역사할 수 있다는 것을,
69 너희는 어찌하여 그를 인정하지 아니하려 하며 그를 믿으려 하지 아니하여, 내가 지금 나의 아들을 통하여 160권 속에 내려보내는 그 참진리의 빛을 꺾으려 하며 그 책을 찢어 버리려 하며,
70 나의 말이요, 나의 뜻 그리고 너희가 그리 원하고 갈구하는 '하나님 아버지의 말씀'이라는 나의 성령이 내려가는 것을 이리도 박대하며 핍박하는 그와 같은 사악한 백성으로서 다시 한 번 예수를 죽였던 그 전철을 밟으려 하는가?
71 이제 내가 그들을 용서하지 아니할 것이니라.
72 이제 인간 세상에서 나의 백성 중에서 인도할 자를 내가 직접 육성시키며 내가 교육시켜 그들로 하여금 천년만년 물이 흐르듯이 그와 같이 그 후손들로 흘러가게 하고자 하는 그것만이 이 세상을 정화시킬 수 있으며,
73 하늘의 낙원을 지상에서 이루는 길이라는 것을 그들에게 깨우쳐 주고 그들의 정신을 돌려놓아야 할 것이니 그리 알라.
74 오죽하면 내가 너희에게 오른쪽으로 도는 팽이를 왼쪽으로 돌리며, 오늘의 삶을 180도 반대로 돌아야만 너희가 하늘의 이치요, 진리를 안다는 극단적인 그 말을 했겠느냐?
75 그보다 더한 고통이요, 그보다 더한 것을 역사하는 마음 자세가 아니면 참진리를 볼 수 없는 것이 너희니라.

7,400 번째 하나님 말씀

2003년 9월 4일 12시 23분

1 사랑하는 나의 아들아!
2 "네, 아버님! 말씀하옵소서."
3 수천 년 동안 믿음의 길을 온 종교 집단이요, 광신도 너희는 너희와 뜻을 같이하지 아니하며 너희 성전이요, 너희 손으로 지은 그 교회요, 죄의 온상에 와 경배하고 찬양하며, 십일조요, 각종 헌금을 너희에게 바쳐 즐거움을 주지 않는 백성은 모두 이단이요, 사

탄이라 그리 규정함이니라.
4 그러나 이 세상에 있는 너희와 뜻이
다른 작고 큰 모든 깨우침을 얻었다는
자들, 그와 같은 백성에게 너희가 이
단이요, 사탄이라 그리 말하나,
5 나 여호와가 직접 내려 나의 아들이
지금 써 내리는 160권의 나의 법전을
보고 이단이요, 적그리스도라 그리 말
할 수는 없음을 알라.
6 나의 성경에 기록하여 너희에게 뭐라
일찍이 깨우쳤느냐?
7 너희는 예수를 인정치 않는 자가 적
그리스도라 그리 말하지 않느냐?
8 오로지 예수를 인정하지 않는 자만 너
희가 적그리스도라 그리 말하고 그리
너희 백성에게 가르침이니,
9 그렇다면 나의 법전에 기록된 그 내용
160권 중에 내가 나의 아들을 통하여
내리는 내 새로운 성경에 '하나님! 말
씀하옵소서'라는 심판하는 이 책에 나
의 아들 예수를 부정하는 대목이 어디
있으며, 나 여호와를 부정하는 것이
어디 있으며, 나를 찾지 않는 대목이
어디 있느냐?
10 내가 친필로 쓴 나의 십계명을 나의
아들이 외우지 아니하며 암송하지 아
니하고 나로부터 기도를 받은 적이 없
으며 성령을 받은 것이 없으니,
11 너희는 말로 기도할 때마다 내가 친필
로 써 내린 십계명을 단 한 번이라도
암송하며, 그걸 지키지 못하는 부끄러
움을 알고 나에게 기도한 자 있는가?
12 너희는 그저 이해관계에 의해서, 손익
관계에 의해서 인간 세상의 장삿속으
로써 너희에게 더 바치는 자를 위대
한 자라 찬양하며,
13 너희는 살인하는 자가 금은 보따리를
하나 갖다 줄 때, 그가 의인이 되며 천
사가 되게 하니, 죄인이요, 사악한 자
도 천사로 만드는 것이 너희니라.
14 너희가 해서는 안 되는 강도질이요,
도둑질해서 금화와 은화를 한 보따리
너희가 지은 그 죄의 온상인 교회에
갖다 줄 때, 그들을 단죄하는가?
15 그들이 이 세상에 나에게 가장 사랑받
는 자요, 가장 위대한 자요, 육의 세상
에서 사람을 죽이고 죄를 짓고 했어도
그건 죄가 아니며,
16 오로지 하나님께 용서를 받으면 그건
죄가 아님이니 두려워하지 말라고 가
르치는 것이니,
17 너희는 그와 같은 생각으로써 기도하
는 자요, 그와 같은 생각으로써 나의
피조물 만백성들을 육성하고 가니, 그
게 죄의 온상이며,
18 그를 보는 내 가슴이 떨리며 치가 떨
림을 알겠는가?
19 나의 아들은 나의 법전 160권을 받아
낼 때 내가 친필로 쓴 십계명을 암송
하지 아니한 적이 없으며, 그를 머릿
속에 기억하지 아니한 적이 없음이니
라.
20 그리고 그가 나의 법전에 나의 아들
예수를 부정하였으며 나 여호와를 부
정하였으며 거부하였던가?
21 나의 아들 예수가 나에게 말미를 빌려
그에게 전한 대목이 거기에 있으며,
그리고 예수의 심정을 털어놓아 지금
의 믿음의 길을 가는 너희가 광분하여
나의 아들 예수를 너무 신격화하지 말

며 받들지 말아 달라 한 그것이 나 여
호와 앞에 있는 예수의 그 고통이요,
마음의 부담이요, 괴로움이니,
22 그걸 덜어 달라는 애절한 그 기도 소
리가 거기에 있으며,
23 나 여호와가 그 뜻을 내리는 것, 그리
고 나 여호와의 뜻에 따라 행하는 것,
나를 그가 경배하는 것, 그 모두가 거
기에 기록되어 있으니,
24 세상의 모든 것을 너희가 이단이요,
사탄이라 말한다 해도, 나의 법전을
가지고 적그리스도라 그리 몰아붙이
는 자는 그들이 바로 적그리스도요,
사악한 자들임을 알아야 할 것이니라.
25 이제 모든 신도요, 백성 너희는 알라.
26 성경에 기록된 것은 한 획도 고쳐서는
안 되며 한자도 빼고 더해서도 아니
된다 하며, 나의 아들 예수를 인정치
아니하는 그것만 적그리스도라 하였
음이니,
27 나의 160권의 법전은 나의 예수를 찬
양하였으며 그 고통을 같이 나누며 눈
물을 흘리는 기도가 거기 있으며, 나
여호와의 뜻을 이루며 나를 찬양하며,
그가 기록한 나의 법전이니,
28 너희는 나의 법전을 가지고 적그리스
도요, 이단이라 이야기를 하는 것은
너희가 바로 적그리스도요, 이단이라
는 것을 너희 스스로 알아야 할 것이
니라.
29 그러면서도 너희가 나의 법전을 적그
리스도요, 사탄이요, 사악한 자라 말
한다면, 과연 나의 아들을 인정하며
나를 인정하는 것이 적그리스도라면,
그렇다면 너희는 무엇이냐?
30 사탄이요, 사악한 자요, 마귀를 숭배
하지 아니하는 자를 이단이라 말하니
바로 너희가 그와 같은 자들이니라.
31 나의 아들이 예수와 나를 부정하더냐?
32 그는 절대 부정함이 없음이니라.
33 그리고 내가 내리는 것, 나의 아들이
그에게 간곡히 부탁하는 것을 지키려
고 그는 피나는 노력을 하느니라.
34 그러면 너희가 어찌하여 적그리스도
라 말할 수 있단 말이더냐?
35 너희처럼 교회의 형식에 얽매어, 너희
의 거짓 사기극에 얽매어 너희에게
재물을 바치지 아니하고 각종 헌금을
바치지 않는 자들, 그와 같은 자들을
너희가 적그리스도라 몰아붙이는 것
이 아니더냐?
36 너희 말이요, 설교에 귀를 기울여 손
뼉을 치며 '옳소, 맞습니다.' 무조건 소
리 지르고, 재물을 바치지 않는 자를
적그리스도라 평하는 자들이 아니더
냐?
37 그러니 너희가 어떠한 형태로 오늘
서 있는지 너 자신을 알아야 할 것이
니라.
38 이제 나의 법전이요, 나의 아들을 사
탄이요, 이단이라 하는 자, 적그리스
도라 말하는 자, 너희가 사탄이요, 이
단이며 적그리스도임을 알라.
39 그러니 나의 피조물 만백성 너희는
나의 법전을 읽어, 나의 아들 예수를
비방하며 예수를 인정하지 아니하며
나를 인정하지 않는 대목이 있거든 이
는 적그리스도의 책이라 하여 너희가
찢어 버리고 태워 버려도 말하지 않을
것이니라.

40 그와 같은 내용이 여기에 한마디도 없
으며, 나의 아들로서 예수의 뜻을 따
르며 나 여호와의 뜻을 따르며, 예수
가 이루고자 하는 그 길을 가는 그와
같은 삶을 나의 아들이 살아가며, 그
제자들이 그 길을 간다면,
41 너희는 그들 앞에 고개 숙여, 이 시대
에 마지막 너희를 구원하는 나 여호
와의 음성이요, 나의 가르침이요, 너
희가 말하는 창조주의 말씀인 성령을
직접 전하는 나의 아들이요, 그 제자
들임을 알아야 할 것이며, 경배하는
마음으로 돌아서지 아니하면 아니 될
것이니라.

7,401 번째 하나님 말씀

2003년 9월 4일 12시 29분

1 사랑하는 나의 아들아!
2 "네, 아버님! 말씀하옵소서."
3 너와 너를 따르는 제자들 그 모두를
나 여호와는 사랑함이니라.
4 너희가 나의 뜻을 거역하지 아니하며
그 뜻을 행하며 살아가고자 몸부림치
는 것을 모두 내가 다 알고 있으며 그
들을 바라보고 있음이니라.
5 그 마음의 기쁨은 내가 이루 말할 수
없음을 그리 알라.
6 사랑하는 나의 아들딸들아!
7 너희는 나의 법전을 만들어 세상에 전
하며 만백성을 구하는 데 모든 것을
다 바치며, 모든 것을 다 던지며, 모든
것을 희생하여 그들을 구원하도록 하
라.
8 그는 왜 그리 가야 하는지 알겠느냐?
9 사랑하는 나의 아들딸들아, 이 세상에
수없이 썩어져 가고 죽어 가는 그 백
성을 구원할 자는 너희밖에 없으며,
내 뜻을 따르는 자, 내 뜻을 거역하지
아니하는 자는 너희밖에 없기 때문이
니라.
10 너희를 통해야만 모든 것을 역사할
수 있는 것이 아니던가?
11 사랑하는 너희를 통하여 모두 역사할
수 있으며, 내 뜻을 세상에 펼 수 있음
이니라.
12 그러니 너희 모두를 다 희생하고 바쳐
구원하라 함은, 내가 이 세상에 있는
모든 백성 하나하나를 자식처럼 사랑
하며,
13 악한 짓이요, 사악한 짓을 하는 그 백
성이라도 그들이 나에게 돌아올 수만
있다면 나 여호와는 기다림이요, 기대
함이니라.
14 이 세상 피조물 만백성 그들을 내가
사랑하기 때문이니라.
15 그러니 나 여호와가 사랑하는 많은 나
의 아들딸이요, 그 백성을 구원하는
대명을 받고 역사할 수 있는 것은 너
희밖에 없기 때문에 너희의 모든 희
생을 원하는 것이니라.
16 너희의 피를 바쳐 네 십자가를 짊어지
고 가며, 어떠한 고통이 있다 하더라
도 너희는 사랑하는 나의 아들딸들을
구하는 그 역사를 해야 하기 때문에,
17 나에게 기쁨이요, 나에게 효성스런 아
들딸인 너희의 모든 것을 다 바쳐 나
의 피조물 만백성을 구하는 그 일을
역사하도록 하라.
18 내가 너희 모두를 바쳐 나의 피조물

만백성을 구하라는 것은, 내가 모두를
사랑함이니, 내가 사랑하는 그 백성을
구하는 길은 너희밖에 없기 때문이니
라, 사랑하는 나의 아들딸들아!
19 그리하여 내가 법전을 내려보내는 뜻
도 거기에 있음이니라.
20 내가 나의 아들딸들을 모두 다 사랑하
며, 그들이 나에게 돌아올 수 있는 자,
돌아올 때까지 기다리는 그 마음이기
에, 나의 법전을 내려보내 그들을 깨
우치고자 하며 그들을 변화시키고자
하는 것이니,
21 그러니 그 변화할 수 있게 하는 것은
너희뿐이니라.
22 나의 아들을 따르는 제자들이요, 나의
법전을 읽고 깨우친 사랑하는 선택된
백성 너희뿐이니라.
23 내가 사랑하는 그 백성을 하나하나
구할 수 있는 것은 너희뿐이기 때문
이니,
24 너희에게 희생을 강요하며 오늘의 그
고통을 즐거움으로 가며 주저하지 말
고 용기를 가지고 힘 있게 나가라 함
이니라.
25 나의 아들을 따르는 제자 너희만이
모두를 역사할 수 있음이니 이를 잊
지 말라.
26 이제 너희는 나의 계시를 듣게 될 것
이며, 나의 음성을 들을 것이며, 내가
명하는 것을 너희는 듣고 있음이니라.
27 다만, 그걸 아직 너희가 깨닫지 못함
이니라.
28 내가 나의 아들을 따르는 제자 너희에
게 계시를 내려 주며, 너희에게 깨우
침을 주며, 내 뜻을 직접 너희에게 전
하고 있다는 것을 알아야 할 것이니라.
29 너희가 아직도 성령으로 임하지 못하
며 너희를 다스리지 못하기 때문에 그
러하나,
30 내가 여러 가지 방법으로써 너희에게
계시를 내려 주고 있음이니, 내가 너
희를 얼마나 사랑하는 줄 알겠느냐?
31 너희만이 내가 사랑하는 모든 백성을
구원할 수 있기 때문이니라.
32 내가 내려 주는 계시요, 내가 내려 주
는 그 모두를 너희가 잘 깨우쳐 바로
서는 그와 같은 삶을 살도록 하라.
33 나 여호와가 너희가 다 돌아올 때까
지, 모든 백성이 돌아올 때까지 기다
리고 있다는 것을 잊지 말라, 사랑하
는 나의 아들딸들아!
34 그들이 죽어 와 나에게 심판을 받아
영원히 죽음으로 가는 그 길을 오기
전에 그들을 구원하라.
35 그들을 사랑함이니라.
36 모든 나의 백성 아들딸을 사랑함이니,
37 사랑하는 내 백성을 구하는 것은 너희
뿐이니,
38 너희 자신의 어떠한 희생도 감내하라
하는 것이 나 여호와의 뜻이니라, 사
랑하는 나의 아들딸들아!

7,402 번째 하나님 말씀

2002년 9월 4일 13시 50분

1 사랑하는 나의 아들아!
2 "네, 아버님! 말씀하옵소서."
3 나의 아들 예수를 세상에 보내어 죄
없는 백성이요, 죄 없는 세상이요, 사
랑을 실천하고 사는 그와 같은 세상을

만들고자 하였으며,
4 나 여호와의 그 뜻이요, 내가 역사하
고자 하는 것이 무엇인가를 나의 백성
에게 전하고 깨우치고자 하였으나,
5 내 뜻대로 사전에 계획된 그 무엇이
요, 선택된 그 모두가 다 실패작으로
무너지고 끝났음이라 그리 말하였음
이니라.
6 그리하여 그 후손들의 오늘의 그 믿음
의 길이 과연 무엇인 줄 알겠는가?
7 그들은 성령으로 임하는 것, 성령의
은혜를 입는 것만이 하늘에 오르며 나
에게 구원을 받는 것이라 그리 깨닫고
가느니라.
8 그러나 그들의 믿음이요, 그들의 기도
소리를 한번 들어 보았는가?
9 그들은 오로지 달라, 이루어 달라, 부
귀영화와 그리고 재물을 갖게 해 달
라, 그리고 소원을 비는 기도요, 그와
같은 믿음으로 가고 있음이니라.
10 그러니 너희가 더 잘 사는 것, 권력을
잡는 것, 부귀와 영화를 누리는 것, 인
간의 삶에서 남보다 뒤지지 않는 삶을
사는 것,
11 그와 같이 살 수 있는 생활을 유지하
는 그것이 나로부터 성령의 은혜요,
성령으로써 축복받은 것처럼 착각하
고 사는 자들이니라.
12 그러니 그들이 정녕 믿음이라는 길을
가며 하늘의 뜻을 알고 가는 백성이
더냐?
13 나로부터 성령이 임하는 것은 너희가
더 부자로 사는 것, 더 권력을 누리는
것, 그리고 더 호화로운 삶을 사는 것,
인간의 향락을 즐기며 살아갈 수 있는
재물이 있는 것, 그 모두가 얻어지는
것, 그것이 성령이 임하며 성령의 축
복이라 그리 생각하니,
14 성령으로 임하는 것은 사후 세계에 구
원을 받는 것이요, 너희가 천사처럼
변하여 하늘에 오르는 그와 같은 영광
을 얻는 그것이 성령의 은혜요, 성령
이 변하는 것이니,
15 그 뜻도 모르며 그 의의도 모르는 것
이 지금 수천 년 동안 흘러온 나의 피
조물 만백성들이요, 믿음의 길을 가는
백성의 그 형태가 그리되었음이니, 이
를 보는 나 여호와의 마음이 과연 어
떻겠느냐?
16 내가 나의 아들 예수를 통하여 너희에
게 그리 전하였느니라.
17 너희가 정녕 참진리요, 나 여호와의
뜻을 따르고자 하면, 너희가 가진 모
든 재산을 다 팔아 나눠 주고 돌려주
는 그와 같은 마음으로써 따라오라 예
수가 그리 말한 그 뜻이 무엇이던가?
18 세상 속에 성령이 임하는 것은 부귀와
영화요, 권력이요, 향락이요, 그와 같
은 것으로써 성령의 은혜를 내리는 것
이 아니라는 것,
19 그와 같은 것은 다 버린다 하여도 나
로부터 구원을 받을 수 있으며 성령으
로 임하는 삶을 사는 것이 더 축복이
요, 큰 영광이기에,
20 나의 아들 예수는 재물이요, 그 모두
를 팔아 불쌍한 이웃에게 가난한 이웃
에게 다 나눠 주고 나를 따르라 하였
음이니라.
21 그러니 너희의 지금의 그 믿음이 잘못
되었음을 나의 법전을 통하여 그들에

게 전하여 한 사람이라도 깨우치고자
하는 것이 오늘의 대역사를 이루는
것이라는 것을 알아야 할 것이니라.
22 너를 따르는 제자들이요, 나의 법전을
읽고 깨우친 백성 너희는 알아야 할
것이니라.
23 부귀영화요, 권력이요, 재물이요, 인
간의 향락이요, 남보다 더 좋은 집 남
보다 더 좋은 것, 남보다 더 풍요로운
삶을 사는 그것이 성령으로써 은혜 받
은 것이요, 나에게 축복받은 것이라
그리 생각하지 말라.
24 그와 같은 것은 나로부터 축복을 받고
안 받고 하는 것과 관계없으며, 너희
의 노력 여하에 달린 그 삶의 노력의
결과일 뿐이니라.
25 그것이 나로부터 성령이요, 나로부터
축복이요, 나로부터 은혜를 받았다 생
각하는 그 백성은 그러기에 그 고리
를 놓지 못하며 그 끈을 놓지 못하며
그것이 나에게 성령으로 축복받은 것
이니,
26 그게 그대로 가는 것만이 하늘에 오르
는 길이라는 착각 속에 헤매고 그리
살아가고자 하는 어리석은 백성이니,
27 이제 나의 법전을 전하여 그들을 깨우
쳐 주라.
28 너희가 이 세상의 부귀영화요, 재물을
위해 사는 그것은 성령의 은혜가 아
니요, 성령의 은총이 아니라는 것,
29 다만 성령의 은혜요, 성령으로써 거듭
나는 것은 천사와 같은 그 변함이요,
천사와 같은 다음 세상의 삶을 대비하
는 그것이 성령으로 임하며 성령의 은
혜를 받은 백성이라는 것을 그들에게
잘 깨우쳐 이해시키도록 그리하라, 사
랑하는 나의 아들딸들아!

7,403 번째 하나님 말씀

2002년 9월 4일 13시 57분

1 사랑하는 나의 아들아!
2 "네, 아버님! 말씀하옵소서."
3 나의 백성이 구원을 받은 자요, 하늘
에 오르는 길 위에 그 많은 물자와 그
많은 백성이 지금 울고불고 통한의
기도를 하며 광란의 짓을 함이니,
4 그리고 그 힘이요, 방대함을 감히 누
구도 다스릴 수 없는 이와 같은 형국
을 이루었음이니라.
5 그러니 그와 같은 자들이 잘못 가는
길이요, 지옥으로 가는 그 길을 구원
의 길이라 달려가는 그들을 내려다보
는 나 여호와의 마음이 어떻겠느냐?
6 그와 같은 세상을 내려다보는 이 지상
은 다 썩어져 있으며 다 무너져 가는
것이니라.
7 그러니 내려다보는 나 여호와의 그 마
음이 얼마나 아프고 내 가슴이 미어지
는지 아는가?
8 나 여호와가 피눈물을 흘리는 그와 같
은 고통을 느끼고 있다 함을 너희는
알겠느냐?
9 너희는 나로부터 선택된 백성이요, 내
가 너희를 초청한 백성이니라.
10 너희가 이 세상에 존재하여 나의 법전
을 가지고 연구하고 공부하며, 이게
나 여호와의 참진리라 하여 너희가
하나하나 악습을 버리면서 나의 법전
의 그 뜻대로 살아가고자 노력하는 그

고통의 길을 가는 너희가 있기에,
11 내가 너희를 보면서 나 여호와의 고
통스러운 이 마음을 다스리고 기다리
고 있다 하면 너희는 알겠느냐?
12 너희가 존재하기에 나의 사랑하는 피
조물, 모든 생명체를 가진 나의 백성
이 나에게 돌아오기를 나는 끝없이 기
다리고 있음을 너희는 알아야 할 것
이니라.
13 나 여호와는 너희가 나에게 돌아오기
를 기다리고 있으며, 결국 너희가 그
와 같이 돌아올 수 있는 그 역사를 이
루는 그 백성의 상이 또한 큼을 너희
는 알아야 할 것이니라.
14 그러니 지금 지옥으로 가는 나의 피조
물 만백성 그들을 지옥에 가기 전에
깨우치며,
15 지금 지옥행 열차를 타고 달려가는
그 열차를 중단시켜서라도 너희가 나
의 피조물 만백성들에게 나의 법전을
전하여 깨우쳐 주는 그와 같은 역사에
소홀히 해서는 아니 되니 그리 알라.
16 나의 법전을 받아 저희가 깨우침으로
인하여 구원을 받는 길이거늘, 나의
법전을 받으려 하지도 아니하며 그를
읽어 보려 하지도 않으며 그를 접하려
고도 아니 하며,
17 오로지 이단이요, 사탄이 저희를 무너
트리고자 하는 그와 같은 사악한 자라
그리 말하니,
18 그러니 나의 법전을 거절하면서 태우
고 찢어 버리는 것이 나의 백성이 오
늘에 가진 마음이니,
19 너희가 정녕 그리 갈구하고 구원받는
것이 나의 법전을 접하고 깨우치지 아
니하면 아니 되는 것을,
20 너희가 이를 욕하며 짓밟으며 핍박하
는 것, 그 모두가 지옥으로 이끌고 가
는 것이며, 이끌려 가는 그와 같은 현
실임을 너희는 모르고 있음이니라.
21 지금의 종교 집단과 지도자 그 신도들
이 맨 앞에 서서 나의 피조물 만백성
들에게 '나를 따르라, 이 길이 천국이
요, 하늘에 오르는 길이라.' 하여 각종
방법으로써 너희를 유혹하고 현혹함
이니,
22 불쌍하고 가련한 나의 백성이 지옥으
로 가는 길인 줄을 모르고 너희를 따
라가며,
23 너희가 당당한 모습으로 이끌어 가며
하는 것이 무엇이더냐?
24 '너희를 천국의 길로 인도함이니, 내
가 너희를 천국의 길로 인도하려면 많
은 재물이 필요하며 금화와 은화가 필
요하며 모두가 다 필요함이니, 그 대
가를 나에게 반드시 지불해야만 내가
안전하게 천국의 그 문까지 넣을 것이
니 그리 알라.
25 그러니 너희가 가진 재물을 십일조요,
기타 그 명분에 내가 명한 대로 재물
을 바쳐 종교 지도자요, 인간인 나를
기쁘게 하는 그것이 구원을 받는 길이
요, 하늘에 오르는 길이라' 그리 가르
치고 전함이니,
26 그것이 기복 신앙이요, 돼지머리를 놓
고 제사 지내고 굿하고 점치는 자들이
무엇이더냐?
27 너희 조상이 가는 길에 그를 편안하게
다스려 줘야 부귀영화를 누리고 살
수 있으며 소원을 이룰 수 있으며 너

희 자손이 끊기지 아니하고 대를 이을
것이라는 감언이설로써 거둬들이는
그와 같은 방법과 무엇이 다른가?
28 그들도 너희 앞길을 열어 주며 너희
에게 축복을 내려 주며 조상의 한을
풀어 너희가 역사할 수 있도록 해 주
겠다 하며 재물을 거둬들이니,
29 너희가 말하는 이단이요, 사탄이요,
미신을 숭배한다는 그들과 너희가 과
연 무엇이 차별화가 있단 말이더냐?
30 너희가 나의 피조물 만백성이요, 그들
을 하늘에 오르며 나에게 오르는 그
길로 인도하는 것이 진정 너희를 따
르는 길이라, 그러니 참진리요, 하늘
에 오르는 그 직통의 길을 갈 수 있도
록 깨우쳐 주었으며 인도하고 있음이
니, 너희가 그들을 인도하여 가는 동
안에 드는 그 경비요, 그 모두를 분담
해서 내라 하며 강제로 뺏다시피 하며,
31 한번 하늘에 오르는 그 길이라 하여
그 울타리에 걸려든 자는 아무리 빠져
나가려 해도 빠져나갈 수가 없으며,
32 그가 가진 그 재물 또한 수시로 거둬
들여 경비로 써야 하며 경비를 보충
해야 한다는 그 명분에서 각종 헌금이
요, 각종 행사의 명칭으로 거둬 나의
피조물 만백성들로부터 거둬들이는
그와 같은 일을 하고 있으니,
33 그것이 바로 하늘에 오르는 길로 인도
한다는, 그리고 참진리를 연구하고 간
다는 종교 집단 지도자 너희가 맨 앞
에 서서 나의 피조물 만백성들에게 기
를 높이 들어 '나를 따르라!' 하여 지
금 끌고 가는 것이니라.
34 그들을 구해야 하느니라.
35 나의 법전을 읽고 깨우친 만백성 너희
는 그들을 구해 줘야 할 것이며, 절대
그들을 구하지 아니해서는 아니 될 것
이니라.
36 그들을 구해 내는 것이 너희 임무임을
알라.
37 그러니 너희가 그들을 구원하려면 나
의 법전을 가지고 만백성에게 전해야
하니, 시간이 없음이니라.
38 그러니 너희 모두를 다 전폐해도 너
희는 모두를 다 바쳐 너희가 만백성
에게 나의 법전을 전하는 데 최선의
역량을 발휘해야만 나의 피조물 만백
성들을 지옥으로 가는 길에서 구원해
줄 수 있으며,
39 또한 반드시 그들을 구원할 수 있음을
알라, 사랑하는 나의 아들딸들아!

7,404 번째 하나님 말씀

2002년 9월 4일 14시 03분

1 사랑하는 나의 아들아!
2 "네, 아버님! 말씀하옵소서."
3 나의 아들 예수가 인간으로서는 견딜
수 없는 고통의 길이요, 그 죽음의 길
을 마다하지 않고 간 것은 무엇이더냐?
4 모든 종교 집단의 지도자, 광신도들,
지금 잘못 가는 너희를 구원하고 깨
우쳐 주고자 그 길을 가지 아니했던가?
5 종교 집단과 지도자요, 광신도 너희
때문에 나의 아들 예수가 그와 같이
고통스럽게 죽음을 맞이했으며, 너희
에게 견딜 수 없는 시련을 마다하지
아니하고 갔음이니라.
6 마지막 한 방울의 피가 다 마를 때까

지 그는 그 고통을 마다하지 아니하고
역사에 길이 남을 그 길을 갔음이니,
그가 갈구한 것이 무엇이더냐?
7 이 세상에 나의 피조물 만백성들이 죄
없는 백성으로서 사랑을 베풀며 예수
의 삶과 같이 자신의 십자가를 지며,
피 흘리는 그 고통보다도 더 어렵고
힘든 하늘에 오르는 길을 역사할 수
있도록, 그 길을 가도록 본보기로서
그가 그 역사를 했음이니라.
8 그러니 나의 아들 나의 예수는 너희를
위하여 그와 같이 죽음의 길을 선택했
건만, 지금 몇천 년이 흘러온 나의 피
조물 만백성들은 과연 어떠한 형국을
이루었느냐?
9 나의 아들 예수를 비난받게 하였으며,
나의 아들 예수가 조롱당하게 되었으
며, 그를 놓고 시시비비하는 이와 같
은 세상이 되었음이니라.
10 너희는 아는가?
11 나의 아들 예수가 만백성으로부터 환
영을 받아야 하였으며, 그리고 그들은
나의 아들 예수의 이름을 부르는 것을
영광으로 생각하며,
12 이 세상에 나의 아들 예수가 존재했던
것을 더 큰 은혜와 영광이 없다고 감
사하는 마음으로 살아가야 하거늘,
13 모든 백성이 나의 아들 예수를 비난
하는 시대가 되었으며, 조롱하는 그와
같은 형국으로써 지금에 이루어졌으
니,
14 이것이 다 누구의 뜻인 줄 알겠느냐?
15 오늘의 믿음의 길을 가는 만백성, 그
리고 종교 집단의 지도자 너희가 잘
못 가고 있으며 너희가 행동을 잘못
하며 가르침을 잘못하며,
16 가는 길이 모범이 된 삶을 살지 못하
고 너희가 말하는 이방인보다도 못한
사악한 삶을 살기에, 나의 피조물 만
백성들이요, 모든 백성이 나의 아들
예수의 그 죽음을 환영하지 못하며,
17 그를 찾아 비난하며 조롱하며 의심하
며 의혹하는 그와 같은 오늘의 형국이
이루어졌으니,
18 그 모두는 종교 집단의 우두머리요,
종교 지도자인 너희의 책임임을 알아
야 할 것이니라.
19 너희는 나의 백성을 위하여 법전을 전
하는 데 최선을 다하라는 뜻이 여기에
있음이니라.
20 나로부터 선택된 대명을 받은 백성 너
희가 그 불쌍한 백성을 구원하기 위
하여, 너희밖에 그들을 구원할 길이
없으며, 그들을 구원하는 것은 나의
법전을 그들에게 전하여 그들이 읽고
깨우치는 그 길밖에는 없음이니,
21 너희가 사람을 구하는 하나의 대명을
받은 자로서 잠시도 게으르며 잠시도
나태해서는 아니 될 것이니라.
22 너희가 이 세상에 살다 나에게 와 가
장 큰 은혜요, 영광을 받는 것은 무엇
이더냐?
23 내가 똑같이 사랑하는 나의 아들딸,
지옥으로 가는 그 백성을 최선을 다
하여 구원하는 것보다도 더 귀하고 소
중한 것이 없음을 너희는 알아야 할
것이니라.
24 나의 사랑하는 백성을 한 사람의 생
명을 구원하는 것, 그리고 한 생명을
구원하는 그 역사를 실천하여 이루는

것, 그것보다 너희가 더 귀중하고 소
중한 상은 없으며, 그 임무가 그 이상
의 것이 없다는 것을 알라.
25 내가 나의 피조물 만백성 그 모두를
사랑하기 때문이니라, 사랑하는 나의
아들딸들아!

7,405 번째 하나님 말씀

2002년 9월 4일 14시 09분

1 사랑하는 나의 아들아!
2 "네, 아버님! 말씀하옵소서."
3 수천 년 동안 살아오는 나의 백성 너
희가 정녕 나를 믿으며 나에게 오르는
길이며 나의 진리를 연구하고 공부하
는 백성이더냐?
4 너희가 진심으로 나의 법전을 공부하
며 나의 성경을 공부하며 내가 내린
나의 법전대로 살아갈 수 있는 그와
같은 삶을 살아가는 백성, 그리고 나
여호와가 존재함을 진심으로 믿는 너
희는,
5 어찌하여 너희가 사탄이요, 악마요,
그들에게 두려움을 가지며 그들에게
공포를 가지며, 그들에게 대적하여 싸
울 수 있는 그와 같은 용기가 없는가?
6 이 세상을 창조한 나 여호와와 뜻을
같이하며 나와 더불어 한다면, 나를
당하고 이길 자가 세상에 아무도 없으
며 이 우주 공간에 없거늘,
7 어찌하여 사탄이요, 마귀들에게 너희
자신을 팔며 그리 넘어지고 쓰러져 그
들에게 힘을 실어 주는 그와 같은 사
악한 행위를 하는가?
8 너희는 알아야 할 것이니라.
9 악마나 사탄이요, 그것들은 결코 너희
보다 강자가 아님을 알아야 할 것이
니라.
10 이 세상을 창조한 나 여호와가 너희를
받치고 있으며, 너희와 더불어 가고
있으며, 너희가 나를 믿어 하나가 되
는 그와 같은 삶을 산다면,
11 그들은 절대로 너희에게 군림하지 못
하며, 그들은 너희 앞에 불가사의한
존재가 아니라는 것을 알라.
12 나 여호와가 존재하며 나와 더불어 살
아가는 너희 앞에 감히 너희를 공격
하지 못하며 훼방하지 못하며 무너트
리지 못하는 것이 사탄의 한계요, 사
탄의 능력임을 알아야 할 것이니라.
13 너희 종교 집단이요, 지도자들이 가면
서 하는 말이 무엇이던가?
14 너희는 어찌하여 사탄이 나 여호와와
같다 그리 말하며 사탄도 내가 하는
그 모든 역사의 흉내를 낼 수 있다 그
리 말하는가?
15 그건 바로 무엇이더냐?
16 너희가 숭배하는 사탄이 나 여호와와
대등한 능력이요, 대등한 실력이 있다
는 것을 암시적으로 과시하는 행위라
는 것을 내가 너희에게 일찍 가르쳤으
니,
17 정녕 그렇지 않다면, 너희가 나 여호
와의 흉내를 낼 수 있으며 나 여호와
와 같은 역사를 할 수 있다면 그게 무
엇이더냐?
18 나와 똑같다고 칭송하는 것이 아니더
냐?
19 내가 할 수 있는 것을 흉내 낼 수 있으
며, 내가 하는 것을 모두 그대로 역사

할 수 있다면 그게 바로 무엇이더냐?
20 나와 대등하다는 것이니, 너희는 사탄
과 내가 똑같다 그리 말하니,
21 너희가 사탄의 자식이기에 그와 같이
말하며 그와 같이 너희 눈에 보임을
알아야 할 것이니라.
22 그는 감히 나의 흉내를 낼 수 없으며
나에게 대적할 수도 없는 자들이요,
내가 필요로 하여 그들이 존재하도록
지금 놔두고 있음을 알라.
23 그러니 사랑하는 백성 너희는 너희
자신이 용기 있는 믿음과 용감한 자세
로써 모두를 접하고 행동하는 그와 같
은 삶을 산다면 두려워하는 마음이 없
으며,
24 사탄과 마귀가 너희에게 침투하는 그
마음을 싸워서 이길 수 있는 과감한
용기의 그 정신만을 가지고 있다면 절
대 너희를 무너트리지 못하며 너희에
게 접근하지 못함을 알아야 할 것이
니라.
25 사탄이나 마귀는 너희를 절대 대적할
수 없음이니라.
26 그리고 너희를 싸워서 이길 수 없음
이니라.
27 다만, 너희가 용기 있는 믿음으로써
나를 굳건히 믿는 그 마음이 완벽하게
너희 마음속 깊이 뿌리를 내렸을 때,
28 그들은 두려워 너희에게 접근하지 못
하며, 너희를 무너트리는 그와 같은
간교한 방법을 쓸 수 없는 것이니라.
29 그러니 너희 가슴에는 나 여호와가
존재함을 굳건히 믿으며, 천사와 같은
아름다운 삶으로 변해 가는 그와 같은
삶을 역사하도록 하라.
30 그러한 너희에게는 사탄이요, 마귀가
감히 접근하지도 못하며, 너희와 대적
하여 무엇을 이루고 견주려 하는 그와
같은 생각조차도 그들이 할 수 없다는
것을 알라.
31 사랑하는 나의 아들딸들아!
32 너희를 내가 세상에 내보내면서 사탄
과 악마에게 너희가 싸워서 질 수 있
는 부족한 너희를 만들어 그들과 싸
워서 나에게 오르라 하는 그와 같은
불공평한 나 여호와가 아님을 알라.
33 나 여호와는 공의의 하나님이요, 내가
역사하는 것은 정확하며, 내가 나의
아들을 통하여 내리는 모든 것은 하늘
의 뜻이며 정확함을 알라.
34 그러니 너희가 용기를 가지고 이기라,
그리고 용기를 가지고 싸워 살아가는
삶을 살라.
35 용감한 자세로써 그 누구도 근접하지
못하는 당당한 모습으로써 나 여호와
가 존재함을 믿으며 하늘에 와 심판받
음을 믿으며,
36 심판이 지옥과 천국이 구분되는 그 무
서움을 너희가 가슴에 안고 살고 살아
간다 해도 그들은 감히 너희에게 접근
하지 못하며, 너희를 무너트리려 할
수 없는 것이 사탄의 한계이니 그리
알라.
37 너희가 싸워서 조금도 손색이 없이
내가 나의 피조물 만백성 너희를 세상
에 내려보냈으니 그리 알라.

7,406 번째 하나님 말씀

2002년 9월 4일 14시 20분

1 사랑하는 나의 아들아!
2 "네, 아버님! 말씀하옵소서."
3 너희는 나의 십계명이요, 나의 법전에
의하여 변화되는 삶을 살아야 하며,
4 그리고 나로부터 선택된 백성 너희는
변화될 수 있는 그 길을 가는 자들이
니, 그것으로써 너희가 얼마나 크나큰
은혜요, 영광을 받은 것인지 알겠느냐?
5 너희가 감당하기 어려운 큰 은혜요,
영광이요, 소중한 것을 가슴에 나로부
터 받았다면,
6 그 모두를 너희가 소장하며 네 것으
로 만들려는 마음이 아니라,
7 나의 피조물 만백성들에게 그와 같은
은혜를 내려보내고 깨우쳐 주어, 그들
이 나의 은혜를 알 수 있도록 깨우치
는 것이 너희가 해야 할 대명임을 절
대 잊어서는 아니 되니 그리 알라.
8 너희는 선택된 백성이니 크나큰 그
영광의 은혜를 항상 생각하는 삶을 살
며,
9 모든 것을 다하여 그 은혜에 보답하는
아름다운 모습으로 변하는 나의 백성
이 되어야 할 것이니 그리 알라.
10 악마들의 그 많은 유혹의 손길을 뿌리
칠 수 있는 것은 너희가 인간의 힘으
로서 어렵다는 것을 알며, 인간의 노
력으로써는 그를 역사할 수 없다 함
이니,
11 그를 잘 가르치는 스승이요, 그를 인
도하는 어떠한 성서의 가르침이요, 또
한 나 여호와의 메시지가 너희에게
직접 내려지고 상달되었을 때, 그리고
내가 하달하였을 때, 그와 같은 역사
의 교류가 이루어질 때만 너희가 사탄
들의 그 무서운 유혹의 손길에서 벗어
날 수 있으며 뿌리칠 수 있는 것이니
라.
12 그러니 너희가 유혹의 그 길에서 벗어
날 수 있는 것은 지금 나의 아들을 통
하여 160권의 법전으로써 세상에 내
려보냈음이니, 그보다 더 큰 영광이
요, 은혜가 너희에게 없음을 어찌하여
그리도 모르느냐?
13 나의 법전밖에 사탄의 유혹에서 뿌리
칠 수 있는 그와 같은 길이 없음을 알
라.
14 그 비법이요, 너희가 모두 살아남는
길, 그리고 너희가 악마의 유혹에서
그들을 뿌리칠 수 있으며 악마를 다스
릴 수 있는 것, 너희 마음의 욕심의 근
원의 뿌리를 뽑아낼 수 있는 그 모든
비법과 방법이 나의 법전 안에 다 기
록되어 있음이니,
15 이 모두가 너희보다 더 은혜요, 영광
을 받은 자가 없음이니라.
16 너희가 이를 읽고 깨우치며 자유로이
보고 읽고 평가하고 깨달을 수 있으
며, 나의 아들을 통하여 내리는 강론
까지도 너희가 접하는 그 은혜를 받은
자들이기 때문이니,
17 너희보다 더 소중한 것을 가슴에 안은
백성이 이 세상에 없음을 알라.
18 이 세상이 더 이상 무너지도록 해서는
아니 되느니라.
19 지금의 이 지상의 낙원이 더 이상 무
너지고 더 썩어져 간다면 정녕 나의

법전을 가지고 너희가 아무리 몸부림 친다 해도 하늘에서 이루어진 것같이 지상의 천국이 이루어질 수가 없음이니,
20 더 이상 무너지는 것을 봐서도 안 되며, 더 이상 썩어지는 것을 봐서도 아니 되며, 더 이상 악한 것으로써 이 세상을 지배하는 이와 같은 형국이 되어서도 아니 되며,
21 모든 종교 집단이요, 교회요, 성당이요, 회막이 이 세상을 더 이상 덮어 나가는 그와 같은 일이 있어서도 아니 됨을 너희는 알아야 할 것이니라.
22 그 모두가 다 잘못 가는 것이니라.
23 그러니 잘못 가는 종교 집단이 이루어 놓은 그 역사는 과연 무엇인 줄 알겠느냐?
24 그들이 나의 피조물 만백성들이요, 하늘이요, 나에게 오르는 길을 인도하는 그 길만 갔더라면 오늘과 같이 험악한 시대요, 사악한 시대요, 너희가 말하는 종말의 시대라는 것은 있을 수도 없을 것이며,
25 내가 나의 아들을 통하여 밤낮을 가리지 아니하고 내리는 160권의 이 법전이 세상에 내려간 이 길고도 긴 여정의 고통스러운 이 시간도 또한 정녕 있지 아니했을 것이니라.
26 그러나 모든 종교 집단 너희가 지금까지 몇천 년 동안에 이루어 놓은 것은 나의 백성을 유하고 부드러운 백성이요, 순종하는 백성으로 만들고 깨우친 것이 아니라,
27 그저 욕심의 근원만을 심어 놓았으며, 그리고 진리를 파괴하는 것만 역사하는 그와 같은 가르침을 가르쳤으니, 그 광분한 신도들까지 지금 가는 길이 무엇이더냐?
28 그저 욕심의 근원을 버리지 못하며 참진리를 파괴하며 비진리를 진리라 존경하며 따르며 아우성치는 그것만이 하늘에 오르는 길이라 역사하는 그것을 여태껏 이룬 것이 종교 집단 너희가 한 결과이니라.
29 종교 집단이요, 지도자 너희가 지금 하는 행위가 얼마나 야만적이고 얼마나 맹목적이며 얼마나 허구요, 허상을 가지고 목숨을 걸고 가는 길인 줄 알겠는가?
30 그리하여 너희가 맹목적인 허상에 젖어 있기에 참진리요, 아름다운 하늘의 뜻을 너희에게 내려보내도 그를 알아듣지 못하며 그를 듣지 못하느니라.
31 야만적인 그 백성이 문명의 세계에 내리는 것을 받아들이고 그리 변하는 것이 당연한 것이거늘,
32 문명의 세계에 적응할 수 없으며, 그리하여 야만적인 생활이요, 습성으로써 살아가는 것이 최상인 줄 알며 변화될 줄 모르는 백성이 있음이니,
33 그들과 같이 종교 집단의 지도자 너희가 지금까지 폐쇄되어 병폐가 된 믿음이라는 길을 오는 것을 버리지 못하며 놓지 못하는 자들이니라.
34 그리하여 내가 너희를 다스리고자 하여도 이는 어떤 방법으로도 다스릴 수가 없음이니,
35 오로지 그 모든 깨우칠 수 있는 비법이요, 그 방법을 기록하여 전한 나의 법전만이 너희 목숨을 구하는 길이기

에 내가 오늘 이와 같은 역사를 이루
고 있음을 알라.
36 그들을 깨우쳐야 하는 것이 지금 선택
된 백성 너희니라.
37 너희가 받은 은혜만큼 너희가 그 이
상으로 나의 피조물 만백성들을 구하
는 데 최선을 다하라.
38 나의 법전을 전하며 지옥 불에 달려드
는 그와 같은 백성, 불을 보고 날아드
는 불나비처럼 그저 지옥 불에 현혹
되어 지옥으로 가는지 안 가는지도 모
르고 그저 날아드는 불나비처럼,
39 지금 잘못된 죄의 온상이요, 그 교회
라는 곳에 수없이 불나비가 불을 보
고 날아들듯이 그리 날아들었으며 뛰
어들고 있음이니, 그들을 구원하라.
40 그들을 바로잡아야 할 것이니 그리
알라.
41 떨어져 죽어 가는 그 불쌍한 백성을
위하여 너희가 최선을 다해야 할 것
이며 그들을 구원해야 함을 절대 잊
지 말라.
42 너희가 어떠한 고통과 시련이 있다 하
여도 바꿔서는 안 되며, 양보해서는
안 되며, 주저앉아서도 물러나서도 아
니 되느니라.
43 그 모두 내가 사랑하는 나의 아들딸이
기 때문이니라, 사랑하는 나의 아들딸
들아!

7,407 번째 하나님 말씀

2002년 9월 4일 14시 24분

1 사랑하는 나의 아들아!
2 "네, 아버님! 말씀하옵소서."
3 지금 나의 백성이요, 몇천 년 동안 믿
음의 길을 살아오는 그 백성, 그리고
저희는 다 구원을 받아 천국에 온 자
라 그리 말하는 자,
4 너희 조상도 그리 믿고 속아 왔으며,
그 조상 또한 내 곁에 온 자가 없으며,
천국의 문에 들어선 자 없으며,
5 그 종교 집단의 우두머리요, 지도자
요, 그리고 울고불고했던 광신도까지,
수많은 재물을 바치고 하늘에 오는 표
를 사려고 했던 그 사악한 장사꾼의
속성인 그들이 모두 다 지금 지옥 불
에서 허덕이고 있다면 너희는 과연
믿겠는가?
6 그들은 정녕 구원을 받은 자가 하나도
없음을 너희는 알아야 할 것이니라.
7 그러니 지금도 몇천 년 동안 구원받은
백성이 없는 그와 같은 지옥의 길을
지금의 믿음의 길을 가는 백성이 그대
로 전철을 밟으며 구원을 받았다 자부
하며, 하늘에 오르는 길의 황금 열쇠
를 손에 든 것같이 착각하는 백성,
8 그 모두가 다 제정신이 아닌 자들이
요, 착각 속에 살아가는 불쌍한 나의
백성이니, 정상적인 삶으로 돌아올 수
있도록 그를 먼저 바로잡아야 할 것이
며,
9 그들이 착각에서 깨어나 정상적인 삶
의 길을 갈 때만 그나마 하늘에 오르
는 진리요, 그 뜻을 알 수 있게 됨을
너희는 알아야 할 것이니라.
10 지금까지 수천 년 동안 이끌어 온 잘
못된 종교 집단이요, 지도자요, 그들
이 어떠한 길을 가고 있는가?
11 지금 착하고 아름답게 살며 나의 뜻대

로 계명대로 지키며 살며 조용히 나에
게 구원을 받는 영광을 얻고자 하는
그 백성까지도 복음이라는 걸 전하며
그들을 이끌어 내 그들을 다 무너트
리며 지옥으로 인도하는 이와 같은
사악한 형국이 지금 이 지상에서 이루
어지고 있음이니라.
12 그러니 불쌍한 나의 백성까지 잘못되
어 그 복음을 전한다는 사악한 자들을
따라가 평생 각종 헌금이요, 재물을
바치며 모든 노동력을 다 바치고 살아
가며,
13 부모와 형제간의 인연까지도 접어 가
면서 그 길을 가는 그들을 바라보는
나 여호와의 마음이 너무나 아프고 가
슴이 아픔을 너희는 알아야 할 것이
니라.
14 그를 바라보는 나 여호와의 마음이 어
떻겠는가?
15 너희 인간 세상에서 가죽 채로 채찍
질을 당할 때 그 아픔이 어떻더냐?
16 그보다 더한 아픔을 겪는 것이 나 여
호와의 뜻이니라.
17 그리하여 내가 나의 법전을 세상에 내
려보냄이니,
18 그 선택된 제자들이요, 그리고 나의
뜻을 읽고 가는 그 백성의 고통이요,
고난의 그 길을 가며 예수가 역사했던
그 길보다 더 어렵고 힘들게 자기 자
신을 다스리며 육으로서 세상에 온 자
들이 의인이 되며 이 세상의 일인자가
되려고 고행의 그 길을 가는 너희를
바라보며,
19 내가 오늘의 잘못 가는 그 백성이요,
나를 거부하며 나를 능멸하는 그들에
게 재앙을 내리고자 하나, 너희가 있
기에 내가 참고 기다리고 인내하고 있
음을 어찌하여 만백성은 모르느냐?
20 이제 내가 너희에게 뭐라 하였느냐?
21 구원의 길이라 하는 것은 너희 개개인
이 깨우쳐 하늘에 오르면 된다고 그리
말하였음이니라.
22 단 한 명이 남아서 나에게 오를 때까
지 변화되는 역사가 있을 때까지 나
여호와는 절대 중단하지 아니하며 기
다리는 마음으로 너희를 기다릴 것이
니라.
23 나 여호와는 너희를 기다릴 것이니
그리 알라.
24 나의 법전이요, 십계명을 보라.
25 그리고 개개인이 이를 보고 깨우쳐 이
대로 행하는 것이 하늘에 오르는 길이
니,
26 그 간단한 기도요, 너희가 바로 역사
할 수 있는 그 길을 다 내려보내 주었
거늘, 정답은 보지 아니하고 오답의
채점표를 들고 점수를 매겨 달라 하니,
27 그를 바라보는 선생의 마음이요, 그
가르친 선생의 가슴이 얼마나 아프겠
는가?
28 나의 피조물 만백성 너희가 아름답게
살다 제자리에 나에게 오라 하여 세
상에 내려보내어 모든 능력을 다 주었
음이니라.
29 노력하는 만큼 거두고 얻을 수 있는
것까지 다 준 너희가 그걸 행하고 살
지 아니하고 지옥 불로 가는 삶을 사
는 너희를 보는 내 가슴이 찢어짐을
알라.

7,408 번째 하나님 말씀

2003년 9월 4일 14시 42분

1 사랑하는 나의 아들아!
2 "네, 아버님! 말씀하옵소서."
3 나의 백성 너희가 세상에 나감이니, 너희가 나로부터 더 이상 얼마나 큰 은혜요, 영광을 받고 살아갈 수 있으며, 세상에 나갈 수 있다고 생각하는가?
4 내가 너희에게 무엇을 더 주며 무엇을 더 역사해야만 너희가 나의 은혜에 감사하며 나의 뜻에 따라 참진리의 길로 살아가겠는가?
5 내가 너희를 세상에 내려보내니, 내가 너희에게 큰 은혜를 모두 다 주었다 하였거늘, 어찌하여 너희는 그 뜻의 은혜에 감사하는 마음으로 살지 못하는가?
6 너희가 이 세상에 살아가면서 부귀영화를 얻고 못 얻는 것도 다 너희의 노력에 달렸다 하지 않았는가?
7 나는 너희에게 모두를 다 주었음이니라.
8 각자가 노력하여 얻고 못 얻는 것은 너희에게 달렸음이니라.
9 손을 게으르게 놔두며 손을 움직이지 아니하는 자는 가장 기본인 질서요, 배고픔을 면치 못할 것이며, 가정을 다스리지 못할 것이며,
10 식솔들을 다스리지 못하고 남에게 얻은 재물로 남에게 신세를 지며 비굴하고 천한 삶을 사는 것이 손을 게으르게 놔두는 자요, 움직이지 아니하는 자요, 그와 같은 것을 면치 못하는 것이 삶의 법도요, 그것도 또한 내가 너희에게 내려 준 것이니라.
11 손을 부지런히 움직이는 자, 부지런히 일하는 자는 얼마든지 원하는 것을 얻을 수 있으며, 너희가 그리도 원하는 부귀영화요, 아름다움이요, 권력의 힘이요, 권좌에 앉아 많은 백성을 다스리고 살아가는 육의 삶의 행복의 극치를 살아갈 수 있는 것이니라.
12 그러니 내가 너희에게 똑같이 준 손을 게으르게 놔두고 쓰지 않느냐, 그 손을 부지런히 놀려 씀으로써 소기의 목적을 달성하느냐 그 모두가 다 너희 손에 달렸으며, 마음에 달렸음이니라.
13 그 모두는 너희 탓이니라.
14 내가 너희에게 모두를 다 내려 주었고 너희가 노력하는 만큼 얻게 해 주었음이니,
15 얻지 못하는 자, 실패하는 자는 무엇이 잘못되었으며 무엇을 잘못 가고 있으며 무엇을 잘못 역사한 것인가를 스스로 항상 생각하고 반성하는 그와 같은 삶을 살아야 할 것이며,
16 그리하여 깨닫는 삶이요, 자신을 들여다보는 삶을 살면서 너희 자신을 바로잡으며 다스려 가는, 그리고 부족함을 보충하는 피나는 노력으로써 역사할 때, 너희는 지상의 세상에서 모두 이룰 수 있을 것이며,
17 지상에서 안정된 그 삶 속에서 진정한 다음의 사후 세계의 믿음의 그 길을 간다면 너희는 바른길을 갈 수 있는 것이니라.
18 다만, 노력하지 아니하고 손을 게을리 하여 이루지 못하는 것을 나 여호와를

원망하며 나를 핍박하는 그와 같은 백
성은 얼마나 어리석은 자들이냐?
19 이 세상의 나의 백성은 가난하게 태어
난 자도 있느니라.
20 그러나 너희가 가난하게 태어난 자요,
유업을 받은 게 없으며 유산이 없으
며, '소도 언덕이 있어야 비빈다'는 말
마따나 형제나 주변이요, 그 누구에게
도 기댈 곳이 없으며 의탁할 곳이 없
으며 길을 열어 달라 할 만한 사람이
없는 가난하고 가난한 속에서 태어난
그 백성도,
21 손을 놀리지 아니하고 부지런히 일을
하고 노력하면 이룰 수 있으며, 부를
누릴 수 있으며, 너희가 말하는 권좌
에 오를 수 있으며, 부족함 없는 인생
을 살 수 있는 것이 너희가 아니더냐?
22 그러나 너희가 부잣집이요, 가진 자
요, 명문 가정에 태어났다 해도 손이
게으르며 손을 쓰지 아니하는 게으른
자는 결국 망하게 되어 있으며,
23 그는 없는 자가 열심히 노력하여 얻은
자만도 못한 비참한 인생을 살아가는
것이 세상의 이치가 아니더냐?
24 그러니 나는 노력하는 자가 관리하고
얻을 수 있도록 모두를 다 주었으니,
너희는 나로부터 받은 그 은혜에 감사
하는 마음을 잊지 않고 살아가는 것이
도리가 아니더냐?
25 게으른 자는 어찌 되느냐?
26 아무리 큰 부잣집이요, 아무리 큰 권
력이요, 재물을 가졌다 해도,
27 그가 그걸 탕진하고 사치스러운 생활
이요, 방탕한 생활을 일삼고 산다면,
그는 결국 패망하게 될 것이며 패가망
신할 것이며,
28 그는 최후에 저 자신의 몸 둘 곳도 없
는 그와 같은 비참한 꼴로 살아가는
것이 너희 인생들이 살아가는 것이 아
니냐?
29 그러니 너희가 나로부터 받은 그 은혜
가 얼마나 큰 것인가, 나로부터 받은
그 은혜에 대해 감사하는 마음을 가지
고 평생을 살아도 아니 된다 하였음이
니라.
30 그리하여 너희는 남을 위하여 베푸는
것, 남을 위해 역사하는 것, 그 모두는
내가 너희에게 내려 준 그 은혜의 기
준 함량에 도달할 수 있도록 노력하는
것이라 하였음이니라.
31 너희는 나로부터 받아 나가 쓸 수 있
는 그 생명의 시간이 정해져 있음이니
라.
32 그러니 내가 너희를 세상에 보낼 때
노력하여 얻을 만큼 얻도록 하되, 단
한 가지 너희 임의로 할 수 없는 것이
무엇이더냐?
33 내가 너희에게 성령을 부어 생명을 줘
세상에 내려보냈으니, 그 생명의 시간
이요, 정해진 그 시간만큼은 너희가
어찌할 수가 없는 것이라 하였음이니
라.
34 너희가 최선의 노력을 하는 삶을 살
다 나에게 왔을 때, 그리고 나의 은혜
를 감사하게 생각하며 항상 은혜에 보
답하고자 하는 마음을 가지고 사는 백
성, 그와 같은 삶을 사는 자를 내가 기
억하며 나에게 올 수 있는 것이라는
것을 너희는 알아야 할 것이니라.
35 나로부터 은혜를 입은 자는 질서가

있는 삶을 살아야 할 것이며 바른 삶
을 살아가는 것이 도리이니라.
36 그러나 지금 믿음의 길에서 나로부터
구원을 받았으며 저희만 특권을 받았
으며 내가 저희를 선택한 것처럼, 저
희가 부름을 받은 선택된 백성인 것처
럼, 그와 같은 착각의 삶을 사는 자는
질서가 없으며,
37 저희가 믿음만 열성이면 모든 은혜를
받는 것은 당연하다 그리 생각하느니
라.
38 나의 아들을 찾으며 나를 부르짖는
것, 그 믿음만 열성을 가지고 있으면
저희가 노력하고 안 하는 것은 관계
없이 모두 구원을 받는다는 그러한
생각을 하는 백성,
39 그와 같은 정신 빠진 백성은 그 꿈에
서 깨어나야 함을 알아야 할 것이니
라.
40 정신 차리지 아니하면 너희는 아무것
도 이 세상에서 얻을 수 없으며, 지상
에서 사는 동안에 너희가 가진 것마
저 다 소멸하며 이루는 것이 없으며
얻는 것이 없음이니라.
41 지상에서 아무것도 얻지 못하며 구하
지 못하는 자가 구원의 길에 와서 구
원의 은혜를 받을 수 있으며 구원에
오르는 길을 볼 수 있으며 나로부터
축복을 받을 수 있다고 생각하는가?
42 지상의 세계에서 아무것도 얻지 못한
방탕한 생활을 하는 자, 죄 속에서 살
아가는 자는 죽어 나에게 와도 구원
을 받을 수 없음이니라.
43 아무리 울고불고 나를 찾으며 나의 아
들 예수를 찬양하며 구세주라 몸부림
치고 말로써 행해도,
44 너희는 아무것도 구하고 얻을 자가 없
다는 것을 알 것이니, 구원이라는 것
은 생각도 해서도 아니 될 것이니라.
45 다만, 너희의 요즘의 믿음이요, 나의
피조물 만백성들이 재물 만능 시대가
되어,
46 하늘에 오르는 그 길도 재물만 갖다
바치고 하늘에 많이 쌓으며 잘못되고
사악한 종교 지도자에게 많이 바칠수
록 구원을 받는다는 그와 같은 생각
에서 살아감이니,
47 지금의 세상에서 재물이요, 금화와 은
화라면 이루지 못하는 것이 아무것도
없으며 모두를 소유할 수 있으며 마음
껏 이룰 수 있으며 누릴 수 있다는 그
생각을 버리지 못하여,
48 하늘나라에도 그와 같은 것이 통할 것
이며, 그와 같은 역사 속에서 구원을
받고 못 받는다는 착각에서 벗어나지
아니한다면,
49 너희는 지옥문에 매달려 죽을 힘을 다
하여 떨어지지 아니하려는 그 처참한
모습의 그와 같은 꼴이 너희 스스로
될 것이니 그리 알라.

7,409 번째 하나님 말씀

2003년 9월 4일 14시 49분

1 사랑하는 나의 아들아!
2 "네, 아버님! 말씀하옵소서."
3 사랑하는 나의 백성 너희는 참진리의
길을 찾아가야 함이니라.
4 참진리의 길은 오직 한 길이며, 그 참
진리는 변하지 아니하며 영원히 존재

하는 것이니라.
5 그러니 변하지 아니하고 영원히 존재
하는 참진리의 길을 찾아와야만 하늘
에 오르는 길이요, 그 영혼이 축복을
받는다는 것을 절대 잊지 말라, 사랑
하는 나의 아들딸들아!
6 참진리의 길을 알며 그 의미를 깨달
았을 때, 너희는 헛된 욕망과 끝이 없
는 욕심의 그 고리를 벗어날 수 있으
며, 진정한 인간의 삶이 무엇인가를
알게 될 것이니라.
7 참진리의 길을 보며 그 진리가 무엇
인가를 깨달아, 너희 스스로 세상을
어떠한 자세로 살아가야 할 것이며 그
모두는 너희가 관리하다 놓고 가는
것이며,
8 나 여호와의 은혜로써 나 여호와의 것
을 관리하다 가는 그와 같은 세상사
이곳에서,
9 개인의 어떠한 욕심이요, 자기를 위한
길이요, 자기를 위한 삶을 살지 아니
하고,
10 남을 위한 삶이요, 남을 위해서 살아
가는 것이요, 그리고 마음을 비우고
가는 그 뜻을 깨닫는 것이 참진리에
들어섬이니,
11 그와 같은 참진리의 길을 찾아 나서
기 시작하며 그 길을 가기 시작하는
백성 너희는 지금까지 인간으로서 넘
을 수 없는 그 고개를 넘는 것이며,
12 인간으로서 버릴 수 없는 그 헛된 욕
망과 끝없이 불어나는 그 욕심의 공장
을 너희 마음속에서 다 뽑아낼 수 있
는 것임을 알아야 할 것이니라.
13 진정한 인간의 삶이 무엇인가를 너희
는 그때 깨닫게 되며, 이 세상에 존재
하는 네가 얼마나 소중하며, 너희가
나로부터 존재하는 그 은혜를 입은 것
이 얼마나 위대하고 감사한 것인가를,
14 너희가 매사에 감사하는 마음으로써
살아가도 못다 한다는 것을 그때 깨닫
게 될 것이니라.
15 그러니 너희 자신이 참진리의 길을
가도록 그리하라.
16 참진리의 길을 깨달아 가는 자의 행
복함과 영광스러움은 네 주변에 있으
며, 모든 것이 스스로 이루어지는 그
위대함을 알게 되며 느끼게 될 것이니
라.
17 너희가 참진리를 깨닫는 순간 진정한
행복과 불행과 자유로움의 그 의미 또
한 알게 될 것이니라.
18 너희가 참진리의 길을 가지 아니하며
참진리를 알지 못하는 자는 세상에
살면서 가장 양립되는 것, 그리고 너
희가 놓을 수 없으며 네 주변에서 떠
나지 않는 진정한 행복과 불행과 그
모두 다 알지 못하며, 자유로움의 그
의미까지도 알지 못할 것이니라.
19 그리고 참진리에 눈을 뜨는 자는 태
어남이 무엇이며 새로 역사하는 것이
무엇이며 죽음이 무엇인가를 모두 초
월할 수 있는 그와 같은 삶을 사는 것
이니라.
20 너희가 이 세상에 살면서 가장 소중한
것이 무엇이냐 물으면, 목숨이라 그리
말할 것이니라.
21 태어나고 죽는 그와 같은 목숨이요,
그것을 모두 초월하며, 그리 갈구하는
다시 태어남이요, 새 생명을 얻어 천

국에서 영원히 태어나는 그와 같은 역
사함도 다 초월할 수 있는 믿음의 자
세로 변할 수 있으니, 참진리의 위대
함이 거기에 있음을 알아야 할 것이
니라.
22 그때야말로 너희는 영원히 구원의 길
에 들어섬이니라.
23 참진리요, 나 여호와가 이루고자 하는
그 뜻을 들여다보고 깨우쳤을 때, 너
희는 정녕 나의 아들딸이요, 너희가
상상할 수 없는 그 축복이요, 천국의
나라에 존재할 수 있게 된다는 것을
알라, 사랑하는 나의 아들딸들아!
24 지금의 모든 종교 집단이요, 그리고
광분하는 신도들이요, 구원을 받았다
하는 자들이 얼마나 어리석은 삶을 사
는지 아느냐?
25 그들은 영원히 사는 길, 그리고 하늘
에 오르는 길이요, 나와 더불어 사는
그 길을 위하여 그 필요한 양식을 구
하며 그걸 얻고자 노력하는 자들이 아
님을 알아야 할 것이니라.
26 그들은 썩어져 가는 것, 그리고 죽어
가는 삶을 위하여 거기에 필요한 양식
을 구하는 데 그곳에서 얻고자 하는
것을 위하여 그 모두를 다 바치며 서
로 물고 뜯으며 사랑을 모르니,
27 욕하고 시기하며 질투하며 비방하며
남을 넘어트리며, 그와 같이 해서는
안 되는 사악한 짓을 하고 살아가는
것이 무엇인 줄 알겠느냐?
28 성령이 임하지 아니하며 깨달음이 없
는 그 백성이기에, 썩어져 가는 냄새
나는 삶을 위하여 그 삶에 바치며, 그
삶에 필요한 양식을 구하고자 하는 데
만 혈안이 된 자들이니라.
29 그러니 과연 그들이 나에게 오를 수
있겠느냐?
30 지금 나의 아들을 따르는 제자들이요,
나의 법전을 읽고 깨우친 만백성 너희
는 참진리의 길을 가고 있으며, 너희
마음을 다스려 천사와 같이 변하고자
함이니,
31 너희는 썩어져 가는 육의 삶의 양식을
구하고자 동분서주하는 것이 아니요,
32 이미 너희는 그것을 모두 놓았으며
모두 다 등을 돌렸으며, 영원히 사는
데 필요한 양식을 구하려고 살아가는
나의 백성으로서 지금에 와 있음이니,
33 오늘의 그 은혜와 영광이 더함이 없음
을 너희는 알아야 할 것이니라, 사랑
하는 나의 아들딸들아!

7,410 번째 하나님 말씀

2003년 9월 4일 14시 53분

1 사랑하는 나의 아들아!
2 "네, 아버님! 말씀하옵소서."
3 지금의 믿음의 길을 가는 그 백성이
저만을 위하는 길이요, 제가 역사하고
자 하는 길이요, 그리고 제가 더 높고
자 더 갖고자 하는 그 욕심에 그득 찬
그들도 하늘을 향하여 울부짖고 있음
이니,
4 그와 같은 그 울부짖음은 내가 강아지
짖는 소리만큼도 듣지 아니하며 관계
없다 그리하였음이니라.
5 너희가 나에게 오르며 구원을 받기
위한다면 오로지 남을 위한 기도요,
남을 위한 삶을 사는 것이 바로 나에

게 오르는 길이라 하였음이니라.
6 그러니 너희가 주일이라는 것을 지켜 기도하고 경배하는 것도 곱게 몸단장하고 종교 지도자에게 네 이름을 불리려고 봉투를 담아 가슴에 안고 가 바치는 행위를 하는 것은,
7 너희를 위해서는 아무런 가치가 없으며, 너희를 위해서는 아무런 도움이 되지 아니하며, 너희가 아무리 매달려도 이루어지지 아니한다 하였음이니라.
8 그러니 너희는 모두 다 남을 위해서 하는 길이요, 남을 위해서 하는 그 행위만 구원을 받을 수 있는 길이요, 내가 너희를 기억한다 하면 과연 너희가 그와 같은 행위를 계속하겠는가?
9 너희는 어떠한 짓을 하는가?
10 지금 하는 짓은 모두 다 허황된 짓이요, 너희가 남을 위해 바치는 십일조요, 남을 위해 바치는 헌금이 되어야 한다면 너희가 과연 남을 위하여 십일조를 바치며 헌금을 바치며 감사 헌금을 바치며 그 수천수만 가지의 이름을 대는 대로 과연 헌금을 바치는가?
11 너희 자신을 위해서 바치는 것은 다 죄가 된다 하였음이니라.
12 이제 남을 위해서 바치는 것만 구원을 받는다 하였음이니, 이를 명심하여 깨달아야 할 것이니라.
13 내가 너희에게 뭐라 말하였느냐?
14 오늘의 그 믿음이 부귀영화를 얻는 것이요, 성령으로서 임하는 것이요, 나로부터 은혜를 받는 것이요, 그 은혜를 위해 지금 믿고 감이니,
15 그 모두 기복 신앙이요, 그게 대표적으로 잘못된 자들이라 하였음이니라.
16 그러니 내가 오늘 이와 같은 뜻을 다시 한 번 너희에게 깨우침은,
17 남을 위한 기도요, 남을 위한 헌금이요, 남을 위한 십일조요, 남을 위해서 주일을 지키며 봉사하며 경배하는 그와 같은 마음으로 살아가지 아니하면 너희는 죄만 더 가중된다는 내용을 다시 한 번 너희에게 전함이니라.
18 그와 같은 마음으로써 과연 교회라는 곳에 주일에 가 헌금 내며 그것에 감사하며 눈물의 기도를 드리며 '아멘, 옳소, 맞습니다.' 소리 지르고 광란의 짓을 하며 찬송하며 눈물짓고 콧물 흘리며 과연 그와 같은 행위를 할 수 있는가?
19 그 모두가 죄를 짓는 행위이니라.
20 그 모두가 다 남을 위해 절하는 마음이요, 기도하는 마음이요, 경배하는 마음이라면 너희에게 상이 있다 하였음이니,
21 과연 너희가 그리 갈 수 있는가 내가 이제 볼 것이니 그리 알라.

7,411 번째 하나님 말씀

2003년 9월 4일 15시 09분

1 사랑하는 나의 아들아!
2 "네, 아버님! 말씀하옵소서."
3 나의 아들 예수를 2천 년 전에 세상에 내려보냈음이니, 그가 왜 세상에 내려가 그 어렵고 힘든 고행의 길을 간지 너희는 알고 있지 않으냐?
4 그는 죄 없는 백성이 세상에 살아가게 하려고, 또 나 여호와의 큰 사랑을

전하고 내가 원하는 진리의 복음을 전
하고자 세상에 내려갔으며 그 역사를
했음이니라.
5 너희가 예수의 행함과 그가 가르쳤던
그 진리를 깨달아 그대로 행한다면 과
연 어떠한 백성이더냐?
6 예수가 역사한 것을 그대로 따라 행
한다면 너희는 예수와 다를 것이 무
엇이 있겠느냐?
7 그러니 너희가 예수가 행하고자 한
그 역사를 그대로 했다면 너희는 곧
예수와 하나가 되는 것이 아니더냐?
8 그러면 너희가 예수와 하나가 되는
그와 같은 역사의 은혜를 입었을 때,
정녕 나의 아들 예수는 나 여호와의
뜻이요, 내가 예수와 같이 있음이니,
너희가 나와 더불어 하나가 되는 그와
같은 은혜와 영광이 아니던가?
9 내가 통제하는 그 집단 속에 너희가
분신으로서 역사하는 은혜를 입는 것
이니, 그와 같은 역사의 변화를 그대
로 행하지 아니하고는 나에게 와 내
분신이 될 수 없거늘,
10 어찌하여 너희는 예수의 보혈로써 너
희가 어찌 살아가든 간에 나의 분신이
요, 나에게 오를 수 있는 나의 아들딸
로서 거듭나는 영광을 얻는다며 지금
앵무새처럼 계속 반복해서 지껄이는
가?
11 예수가 내 뜻을 그대로 행함이니 나를
대신함이요,
12 너희 또한 내 뜻대로 그리 행한다면
나를 아버지라 영원히 부를 수 있는
자격을 얻으며, 죽어 나에게 오를 수
있으며, 영원한 나의 천국의 나라에
와 나의 아들딸로서 거듭남이니라.
13 너희는 영원히 나를 아버지라 부를
수 있는 것이니, 우편에 와 앉아 있는
나의 아들 예수와 무엇이 다르겠느냐?
14 똑같은 은혜와 영광을 받음이니, 나의
아들 예수가 가서 복음을 전하고 역사
하고자 했던 것, 행하고자 했던 것, 그
가르침을 그대로 행하는 것만이 너희
가 예수와 하나가 되며 나 여호와와
하나로 일치됨이니,
15 너희가 나의 분신이며 나를 영원히 아
버지라 부를 수 있는 자격을 얻게 됨
이니, 그 외에는 아무것도 너희가 예
수와 같이 될 수 없음이니라.
16 나의 아들 예수는 고통 속에서 죽음으
로 너희에게 무엇을 깨우치게 하려 그
길을 갔거늘,
17 너희는 어찌하여 그와 같은 고통과
어려움이 없이 그저 남의 죽음에 편승
하여 구원을 받았다는 어리석은 말을
한단 말이던가?
18 같은 길을 가도 너희가 진 죄가 있음
이니, 그 역사의 은혜를 받을까 말까
한 것이 너희니라.
19 예수는 성령으로 잉태하여 죄가 없었
으며 죄짓는 행위를 하지 아니했으며
죄짓는 삶을 살지 아니하고 그와 같이
나의 뜻을 순종했으나,
20 너희는 예수와 똑같은 삶을 살며 그리
순종한다 해도 너희가 육의 세상에서
지은 그 죄를 감면을 받으려면 나의
아들 예수와 같이 하나가 될 수 없거
늘,
21 어찌하여 그보다 더 피나는 노력이요,
제 십자가를 짊어지고 피로써 사죄하

는 그와 같은 삶을 살고자 아니 하며,
22 예수가 흘린 보혈로써 구원을 받았으
며 속죄양으로써 예수를 보냈으니, 너
희 죄는 다 씻었으며 천사와 같이 되
었다 하는가?
23 그 어리석고 맹랑한 말로써 구원을 받
은 것처럼 생각하니, 두 번 다시 없는
육의 세상의 삶에서 이 귀중한 시간을
낭비하는 것을 알겠는가?
24 너희가 심판을 받는 그 순간에 두 번
의 죽음으로 인하여 두 번 다시 태어
나느냐 죽느냐에 따라서 나를 아버지
라 부를 수 있으며,
25 용서를 구할 수 있으며, 회개하고 변
할 수 있는 것은 그때는 아무것도 용
납되지 아니하며 아무것도 이룰 수 없
으며,
26 오늘 너희의 육이 살아 있는 이 순간
만 그 모든 은혜를 얻을 수 있으며 이
룰 수 있으며 역사할 수 있다는 나의
가르침을 어찌 그리 소홀히 듣는가?
27 이제 내 품에 나의 나라에 올 수 있는
자격을 얻는 자는 바로 예수의 삶을
그대로 행하는 그와 같은 것임을 너희
는 알아야 할 것이니라.
28 그러한 길을 가야 하거늘, 너희는 그
저 예수가 그 모든 대속물로서 보내
졌기 때문에 너희는 그 모든 죽음으
로부터 구원을 받았으며 너희는 죽음
이 없는 것이요, 다시 태어난 백성이
라 그리 말하니,
29 나의 아들 예수의 그 고통스러운 죽음
이 과연 너희가 대속물이요, 너희 죄
를 대신하여 그와 같은 역사를 이루었
다는 것이 논리적인 계산법으로 과연
맞느냐?
30 이 세상의 계산이요, 이해관계요, 사
랑도 너희 스스로 그 계산에 따라서
이해관계에 의해서 베풀고 받아들이
는 것이거늘, 어찌하여 너희 자신은
그렇게 너그러운 계산법을 적용한단
말이더냐?
31 예수가 전하고자 했던 그 진리의 길을
같이 가지 않는 자는 구원의 길이 아
님을 너희는 알아야 할 것이니라.
32 예수는 그와 같은 고통의 길을 갔거
늘, 어찌하여 너희는 괴롭고 힘든 그
길을 피하며 쉽고 넓은 그 길을 가고
자 하는가?
33 쉽고 넓은 그 길은 지옥 길이니라.
34 내가 너희에게 뭐라 말하였느냐?
35 성서에 기록하여 전하기를, 하늘에 오
르는 길은 험난하고 좁으며 협착한 길
이며,
36 오죽하면 내가 낙타라는 사막의 큰 동
물이 바늘구멍을 통과하는 것이 곧 하
늘에 오르는 길이라 하여 넘고 넘을
수 없는 그 무서운 가르침을 전해 주
었거늘,
37 그걸 한쪽 귀로 들으면서 남의 일이
요, 너희 일이라 생각지 아니하는 자
들이 감히 하늘에 오를 수 있으며 구
원을 받았다 말하는 것이니, 그 어리
석음을 알 날이 머지않았음이니 그리
알라.

7,412 번째 하나님 말씀

2003년 9월 4일 15시 19분

1 사랑하는 나의 아들아!

2 "네, 아버님! 말씀하옵소서."
3 수많은 나의 백성 너희는 뭐라 말하
여도 너희 육체가 죽으면, 그리고 육
이 숨을 거두는 그 순간에 모든 것은
끝나는 것이라 그리 생각하는 자들이
있을 것이니라.
4 그러나 육체의 죽음으로써 모두 끝나
는 것이라면 얼마나 편안하겠느냐?
5 그저 이 세상에서 악한 일이든 선한
일이든 생각나는 대로 치고받고 방탕
한 생활을 하다 그저 숨을 거두면 다
음의 사후 세상이 없다면 너희는 얼
마나 행복하고 편하겠느냐?
6 그리고 너희 자신이 존재하지 아니하
며 너희 자신의 흔적도 없는 이 세상
에 너를 그릴 사람도 없으며 너를 생
각할 사람도 없으며 너를 시시비비할
사람도 없음이니,
7 육체의 죽음으로써 모든 것이 끝난다
면 그보다 더한 영광이요, 은혜요, 축
복은 정녕 없을 것이니라.
8 그러나 육체의 죽음으로써는 아무것
도 끝남이 없음이니라.
9 끝나지 아니함을 너희는 알아야 할
것이니라.
10 아주 끝남이 아니요, 다시 시작하는
것이요, 영원한 세상이 다시 시작되며
다시 태어나는 것이 너희임을 알아야
할 것이니라.
11 너희는 육의 세상에서 죽는 그 순간에
영원한 세상에서 다시 태어나 영원히
사는 그 삶이 연장선상이라는 것을
먼저 깨우치고 알아야 할 것이니라.
12 그러니 지상의 삶에서 모두 막을 내
린다고 생각하는 자, 그리고 소망을
하고 사는 백성이 있으나, 절대 그건
있을 수 없으며 그와 같은 것은 있을
수 없음이니 그걸 알아야 할 것이니라.
13 그리하여 지상의 삶에서 참진리를 찾
아야 할 것이며, 선행을 하고 살며 악
의 뿌리를 뽑으려 하며 어렵고 힘든
자기의 습성이요, 악습을 버리고 살며
하나하나 지우라 내가 그리 너희에게
가르치지 아니하더냐?
14 너희는 죽지 않는 영원한 세상이요,
영원한 생명을 얻으려고 영원히 사는
그 세상에 오르고자 하여 오늘 모두를
다 바쳐야 함이니라.
15 이는 나의 계명대로 살며 율법대로
살며 그리고 제3의 시대에 내가 모든
것을 다 풀어서 내려보낸 나의 법전을
가슴에 안고 정독하고 그대로 행하는
삶을 살지 아니하면,
16 너희는 영원한 생명을 얻을 수 없으며
영원한 세상에 다시 태어나는 그 축복
은 없을 것이니라.
17 사랑하는 나의 아들아!
18 나는 너희를 위하여 영원히 사는 세
상에 오르라, 그리고 영원히 사는 생
명을 다시 얻으라 그리 말할 때,
19 너희가 그를 알지 못하며 그 소중함이
얼마나 위대한 것이며 그 역사가 어떤
것인가를 모르고 살아가는 너희를 바
라보는 나 여호와의 가슴이 얼마나 아
프고 저린 줄 알겠느냐?
20 그 세상이 반드시 있음이니라.
21 그 세상을 얻기 위하여 오늘 최선을
다한다는 것을 잊지 말라.
22 너희는 나의 아들 예수만 믿으면 죽었
다가도 다시 살아나며, 그리고 썩은

시체가 다시 육신이 되어 살아나온다
는 말을 하는 자가 있는가 하면,
23 나의 아들 예수가 천군을 데리고 와
천사와 더불어 나팔 불며 너희를 구
원할 때 지금의 믿음의 길을 가는 너
희는 구원하여 천국에 오를 것이며,
믿지 않는 자들은 지옥으로 간다는 그
세상의 환상에 젖어 있는 것이 너희니
라.
24 그러나 너희가 예수를 믿기만 하며
찬양한다고 말로써 부르짖음으로써
죽은 자가 다시 살아나며 영원히 죽지
않는 그 세상에 돌아가며, 영원히 죽
지 않는 생명을 부여받는다는 그와
같은 생각을 해서는 절대로 아니 됨을
알아야 할 것이니라.
25 육체 자체도 죽지 않고 다시 산다는
것, 그 모두가 허황된 것이며, 허황된
속에서 잘못 가르치는 종교 지도자들
이 너희에게 재물과 금화를 거둬들이
며 너희를 고리에 꿰어 끌고 가고자
그와 같은 행위로 만든 사기극임을
알아야 할 것이니라.
26 그 모든 것은 참진리가 아니니라.
27 참진리의 그 길만 나에게 오르는 길
이거늘, 그것은 참진리의 길이 아니
요, 인간의 종교 집단 우두머리들이
요, 지도자들이 만들어 낸 인간의 진
리라는 것을 명심하지 아니하면 아니
될 것이니 그리 알라.
28 지금의 너희가 가는 그 길은 참진리
가 아니요, 인간의 종교 지도자들이
만들어 낸 인간의 진리요, 인간의 길
이라는 것을 내가 너희에게 말하여
전해 주었음이니,
29 이를 알고 깨우치고 못 깨우침은 나와
는 관계없으며, 너희 손에 달렸음이니
라.
30 나의 아들 예수가 나의 계명을 지켰으
며 나의 뜻에 순종하여 그는 죽어 나
에게 와 내 우편에 앉아 있다 그리 말
하지 아니했더냐?
31 그러니 너희가 그와 같이 내 옆에 올
수 있으려면, 바로 그와 같은 은혜를
입고 살고자 한다면,
32 나의 계명을 지키며 나의 법전대로 살
며 나의 율법대로 살며, 나의 아들 예
수가 역사하고자 한 그대로 밟아오는
삶을 사는 것이며, 그리되면 너희는
구원의 모든 소원이 이루어지는 것임
이니라.
33 그 외에는 어떠한 방법으로도 구원을
받을 수 없으며 나에게 오를 수 없다
는 것을 내가 수천수만 번 나의 법전
에 기록하여 전하거늘, 너희는 이 무
서움을 어찌 모르는가?
34 너희는 말로써 행하는 것이 구원을 받
는다는 그와 같은 생각을 버리며, 그
망상이요, 그 착각이요, 그 환상에서
벗어나야 할 것이니라.
35 뼈를 깎는 고통이요, 피를 뿌리는 그
고통의 행함이 없이는 믿음에서 죽음
의 그 길을 가는 것이요, 다시 태어나
는 그 영광의 믿음의 길이 아니라는
것을 깨우쳐야 함을 잊지 말라, 어리
석은 나의 백성들아!

7,413 번째 하나님 말씀

2003년 9월 4일 15시 26분

1 사랑하는 나의 아들아!
2 "네, 아버님! 말씀하옵소서."
3 '아버지와 내가 하나인 것처럼 이 사
람들도 다 하나가 되게 하여 주옵소
서.' 그리 예수가 나에게 기도하였음
이니라.
4 예수는 나의 뜻에 따라 그리 행하고
살아감이니, 그는 나의 분신이요, 나
와 같다 그리하였음이니,
5 나의 사랑하는 백성 너희도 예수의
삶을 똑같이 살아가는 자는 그가 나와
같은 자가 될 것이니,
6 그리하여 나의 아들 예수는 너희가
그와 같이 회개하고 깨우치며 죄 없는
백성으로서 역사해 주기를 나에게 간
곡히 기도드린 그 역사가 성서에 기록
되어 있을 것이니라.
7 이는 나의 백성이 예수의 행함을 그
대로 행하고 산다면 너희 또한 예수와
같은 나의 아들딸이 될 것이니,
8 그는 바로 나 여호와가 너희와 하나
가 되며 너희는 나의 분신으로써 역
사하는 그와 같은 영광의 은혜를 얻게
됨이니라.
9 그는 나의 뜻에 따라 너희가 생각하
고 행동하고 살아가는 것이 나의 분신
으로서 모든 백성을 깨우쳐 나가는
역사를 하며,
10 너희 개인이 변한 그 전체가 내가 이
끄는 그 속의 일원으로서 이제는 임하
는 것이며 들어온다는 것이며, 같이
더불어 가는 것이라 함이니라.
11 내가 이루는 그 역사 속에 너희가 깨
우쳐 천사요, 예수와 같은 백성이 됐
을 때, 내 분신의 일부로써 너희가 존
재함이며 내가 역사하는 그 뜻을 받
들어 더불어 같이 가는 것이니라.
12 그리하여 나와 너희가 같이 가는 길
이요, 너희와 나와 같은 자요, 하나가
된다는 그와 같은 말을 함이니,
13 이 세상을 주관하고 역사하는 나 여
호와가 너희와 하나가 된다는 것은,
내가 주관하고 역사하는 그 속에서
너희가 하나의 틀을 유지하며 살아가
는 그와 같은 역할을 하기 때문이니라.
14 너희 개인은 하나의 육신이 존재함이
니, 그 속에 얼마나 많은 세포가 속해
있는가?
15 그 세포 하나하나가 존재하여 너희의
그 육신이 이루어지고 그 육신 속에
세포가 존재할 것이니라.
16 그러나 하나의 세포가 저만 독단적이
요, 저만 영원히 존재하는 자요, 저만
특별한 자라 그리 말하면 되겠느냐?
17 그 세포는 더불어 그 많은 헤아릴 수
없는 세포들이 존재하여 하나의 인간
의 형태가 이루어짐이니,
18 너희가 깨달아 나의 뜻이요, 예수의
뜻대로 사는 자는 바로 내가 이룬 전
체의 그 속에 하나의 세포처럼 그 자
리를 지키고 역사하는 것이지,
19 너희가 이 세상을 관리하며 이 세상을
창조하고 그리고 모두를 주관한 나 여
호와와 똑같이 능력을 발휘하고 역사
하는 것이 아님을 알아야 할 것이니
라.
20 그러니 너희의 깨달음이 예수와 같을

때 예수와 같아지며, 예수가 나의 뜻
을 따라 행함이니, 예수가 나의 뜻을
받아 일함이니라.
21 그러나 너희는 어찌하여 예수가 그와
같이 내 뜻을 따라 행하는 것이며 나
의 분신의 일부라는 것을 깨닫지 못하
고, 삼위일체며 나와 예수가 똑같다
그리 말하는가?
22 이를 구분도 하지 못하는 것이 지금의
종교 집단이요, 지도자들이요, 꿈속에
서 헤매는 자들이 너희니라.
23 이제 나의 전체 속에 너희가 들어옴
이니, 곧 너희가 무엇이더냐?
24 나의 분신으로서 너희가 역사할 수
있는 그 자격을 얻게 됨이니라.
25 너희는 정녕 나 여호와 자체가 될 수
없음이니라.
26 나의 아들 예수도 나 여호와가 될 수
없으며 나 여호와 자체가 될 수 없으
며,
27 또한 나의 백성 너희가 깨달았다 하
여도 나 여호와 자체가 될 수는 없는
것이요,
28 오로지 나를 보좌하며 나의 뜻에 따라
내 전체의 틀 속에 들어오는 내 일부
이니, 그리하여 너희가 나와 같다는
뜻이니라.
29 그와 같이 가르친 그 뜻을, 종교 집단
지도자들이 잘못 깨달아 삼위일체다
또 무엇이다 그리 말하고 있음이니라.
30 이것이 얼마나 어리석은 자들이요, 하
늘의 뜻을 모르며 나를 욕되게 하는
것인가를 그들이 모르고 있음이니라.
31 지금의 종교 집단과 지도자, 그리고
같이 가는 모든 광신도는 삼위일체가
아니라 사위 일체라 말하고 싶은 것이
너희 마음일 것이니라.
32 나 여호와와 성령과 예수와 그리고 종
교 지도자요, 집단의 우두머리인 너희
가 똑같으니, 사위 일체라 생각하고
싶은 자들이며,
33 그 생각에 빠진 자들이 착각하고 살아
가는 것이 오늘의 종교 집단의 지도자
너희니,
34 얼마나 너희가 망각하는 자들이며 얼
마나 제 분수를 모르며 제자리를 모
르고 살아가는 어리석고 불쌍한 종교
집단이요, 지도자인 줄 알겠느냐?
35 이제는 너희가 삼위일체라는 그 말을
써서는 아니 되며, 나의 아들 예수가
나와 더불어 있다 하는 그 뜻을 알겠
는가?
36 나의 아들 예수는 일부분이요, 나의
분신으로서 내가 이루어 놓은 전체
속에 그가 역사하는 것이며 그가 임
하는 것이니라.
37 그리고 나의 피조물 만백성 너희가
내 뜻대로 살아가는 자들이 내 전체의
틀 속에 임하는 것이요,
38 그렇다 하여 너희가 나를 능가하며
내가 역사하며 주관하는 이 세상의 그
모두를 너희가 이루고 행할 수 있는
그와 같은 똑같은 나라 착각하지 말라.
39 그것이 너희가 과연 어떠한 삶인 줄
알겠느냐?
40 지금 너희가 예수가 나와 같으며 내
가 예수라 그리 말하는 자, 그리고 내
가 역사하는 것을 예수가 역사할 수
있으며 예수가 나와 똑같이 역사한다
함이니,

41 하늘의 이치요, 하늘의 역사하는 것은
아무도 모름이니라.
42 나 여호와 외에는 그 누구도 모름이니
라.
43 이와 같은 이치는 오로지 나의 분신으
로서 내 틀에 내 자체에 존재하는 일
부분일 뿐이요, 나 자체를 통제하는
너희가 아니니,
44 삼위일체라는 흉악하고 사악한 말로
써 나의 피조물 만백성을 우롱하지 말
며, 나 여호와를 욕되게 하지 말며, 나
의 아들 예수를 그리 곤혹스럽게 하지
말라, 나의 사랑하는 아들딸들아!

7,414 번째 하나님 말씀

2003년 9월 4일 15시 34분

1 사랑하는 나의 아들아!
2 "네, 아버님! 말씀하옵소서."
3 참진리란 무엇인 줄 알겠느냐?
4 참진리는 곧 나의 뜻이요, 나의 성령
이니라.
5 그러니 이보다 더 위대하고 소중하며
그 위의 것이 없음을 알라.
6 내가 구약의 성서를 내려보내 너희를
깨우치고자 하였으며 신약의 성서를
내려보내 그를 역사하고자 하였으며,
나의 아들 예수를 세상에 내려보내 모
두를 역사하고자 하였음이니라.
7 그리고 십계명을 지키고 살라 그리 말
하였으며, 지금은 제3의 시대요, 내
뜻을 열어 내가 너희에게 전함이니라.
8 그러니 그 모든 것의 위에 있는 것이
무엇인 줄 알겠느냐?
9 참진리이니라.
10 참진리는 모든 것 위에 존재함을 너
희는 알아야 할 것이니라.
11 참진리는 곧 나 여호와요, 내가 직접
위에 참여하는 것이며, 내가 참진리이
니라.
12 내가 진리를 전함이며, 나는 진리 외
에는 너희에게 전함이 없음이니, 참진
리란 곧 나라는 것을 너희가 의식하
고 그 길을 가는 삶을 살아야만 될 것
이니라.
13 성경과 십계명을 지키는 것보다도 그
위에 있는 것이 참진리라는 것을 절
대 잊지 말라, 사랑하는 나의 아들딸
들아!
14 그리하여 너희는 믿음의 길을 가고
있으면서도 어떠한 길이 참진리의 길
인지 그것조차도 알지 못하고 지금
방황하는 것이 너희니라.
15 인간 세속에 살아가는 질서요, 법도
하나 제대로 지키지 못하고 욕심이라
는 뿌리 하나를 버리지 못하고 사는
너희가, 성경의 위에 존재하는 그보다
도 더 위대한 역사를 만드는 것이요,
전하는 것이 참진리의 길이니, 너희가
과연 참진리를 알겠느냐?
16 그러니 참진리는 모두를 초월하는 것
이기에 너희가 그걸 알지 못하며 깨닫
지 못하는 것이니라.
17 인간 세상에서 이루어지고 행하여지
며 너희가 짓고 사는 모든 죄, 그리고
질서를 파괴하는 것, 선행하는 것, 윤
리를 망가트리는 것, 도덕적인 것에서
무너지는 것, 정의로운 일을 하지 않
는 것, 사랑을 하는 것,
18 그 모두 이 세상에서 이루어지는 것은

육의 세상에 이루어짐이니, 아무런 가
치가 없으며 구원을 받는 데 아무런
관계없다고 그리 가르치고 지금 가는
자들이 아니더냐?
19 그러니 너희가 얼마나 어리석은 백성
인 줄 알겠는가?
20 그러니 하늘의 참진리의 깨우침을 얻
고자 한다면 육의 세상에서부터 기초
하여 행함과 마음에서부터 행하는 그
와 같은 깨달음을 얻는 것이 하늘의
그 높은 참진리를 깨닫게 되며 그 기
초가 된다는 것을 절대 잊지 말라.
21 지금의 모든 믿음의 길을 가는 백성
너희는 어찌하느냐?
22 너희는 기복 신앙의 대표자들이며 진
정한 참진리를 연구하지 아니하려 하
며 참진리를 알려 하는 백성이 아님
이니라.
23 그저 순간에 스쳐가는 기적이라는 것
을 이루는 것을 믿고 따르고자 하며
병을 고치는 능력 있는 자의 잠깐 스
쳐 가는 그와 같은 능력으로 너희는
믿음을 측정하며 믿음에 이르고자 하
며,
24 유창한 설교요, 유창한 말로써 너희를
이끌어 가는 그와 같은 것만이 너희를
구원하는 길이요, 하늘에 오르는 길이
라 그리 착각하는 것이니,
25 기복 신앙의 그 심성을 아직 버리지
못하고 있기 때문이니라.
26 구원의 길이며 은혜라 하고 너희가
믿고 있음이니, 그것은 무엇이더냐?
27 너희는 정녕 지옥 불로 가는 길이요,
참진리의 길을 모르며 그 뜻을 모름
이니, 너희가 어찌하여 그 진리의 열
매를 열게 가꿀 수 있느냐?
28 그러니 진리의 뜻이 무엇이며 진리의
길이 무엇이며 진리가 원하는 것이 무
엇이며 내가 역사하는 것이 무엇인지
를 모르니,
29 내가 원하는 그 열매를 열지 못하며
그 이치를 모르니, 그 열매를 익게 하
지 못하며 가꾸지 못하는 것이 너희니
라.
30 참진리의 깨우침은 기초 질서 모두를
이루는 것임을 알아야 할 것이니라.
31 그러니 참진리의 깨우침은 기초 질서
를 지킴으로부터 시작되는 것임을 너
희는 절대 잊어서는 아니 됨이니 그리
알라.
32 진리가 성서보다도 위에 존재하며, 성
서를 지키는 것보다 더 위대한 것이
진리의 길을 가는 것이니, 참진리는
나 여호와이기 때문이니라.
33 사랑과 기쁨과 슬픔이요, 그리고 진실
한 것이요, 온유한 것이요, 친절한 것
이요, 선행하는 것이요, 이 모두가 무
의미하다고 가르치며 그리 말하지 말
라.
34 너희가 그리 행하는 것이 인간의 사랑
이요, 인간의 계산에서 이루어지는 것
이 아니요,
35 참사랑이요, 참진리의 뜻에서 나 여호
와가 이루고자 하는 그 사랑의 마음으
로써 그 모두를 행한다면 이것이 하늘
에 오르는 길이요, 나에게 오르는 길
이니라.
36 너희가 인간 세상에서 베풀고 이루어
지는 것, 그리고 너희가 행하는 것은
아무런 가치가 없다 함은 그것이 무

엇인 줄 알겠느냐?
37 육의 세상에서 계산된 방법으로서 행
하는 것이기 때문에 너희가 하늘에
오르는 길에 아무런 관계도 없다 하나,
38 육의 생각이 아니고 나 여호와의 참사
랑이요, 진정한 사랑의 역사에서 이루
어지는 온유하며 진실하며 기쁨이요,
그 친절함이요, 그 모두는 바로 하늘
에 오르는 길임을 너희가 알아야 할
것이니 그리 알라, 사랑하는 나의 아
들딸들아!
39 나 여호와의 사랑으로써 진실로써 모
두를 임하도록 하라.
40 그리하면 너희가 하나하나 숨 쉬고
잠자고 입고 먹는 것, 대화하는 그 모
두가 나의 뜻에서 역사함이니, 내 삶
을 사는 것이라는 걸 절대 잊지 말라.
41 그것이 너희가 나에게 오를 수 있는
훈련이요, 기초가 다져짐이니라.

7,415 번째 하나님 말씀

2003년 9월 4일 21시 25분

1 사랑하는 나의 아들아!
2 "네, 아버님! 말씀하옵소서."
3 내가 의인이 한 사람이 나오면 이 세
상의 모두와 바꾸지 아니한다 하였음
이니, 의인이란 무엇을 말하는가?
4 너희는 여러 가지 정의로 말하나, 의
인이란 바로 나 여호와의 뜻에 따라
살며 그대로 행하는 자요, 그걸 순종
하는 자요, 그걸 거역하지 아니하고
사는 자이니라.
5 이는 곧 나 여호와의 참진리요, 내가
내린 그 진리는 모든 법도며 그것이
정의요, 정의로움이기 때문이니라.
6 그러니 그 모두를 행하고 지키는 것이
바로 이 세상에 의인이 한 사람 났다
할 수 있음이니,
7 그리하여 그대로 지키고 사는 것이 너
무나 어렵고 힘든 길이기에, 한 사람
의 의인이 세상에 나오면 모두를 다
주고도 바꾸지 아니한다고 말하였음
이니라.
8 그러나 너의 제자들이요, 너를 따르는
나의 백성이 이제는 마음의 각오가
어디까지 달하였느냐?
9 인간 세상에 사는 것, 인간의 생각이
요, 인간의 계산을 모두 다 저버리며
오로지 성령에 의한 삶이요, 나 여호
와의 뜻에 의한 삶을 살기에 한 점의
부끄럼이 없는 그와 같은 삶을 살아가
고자 그들의 마음에 다져 가고 다스려
가고 있음이니, 네가 지금 나의 법전
을 가지고 강론하는데 길게는 2년이
요, 또는 아직 1년도 아니 된 제자들
이 있음이니라.
10 그러니 그와 같은 제자들의 마음가짐
이 인간의 생각을 저버리며, 오로지
창조주 나 여호와의 뜻에 따라 삶을
살며, 한 점의 부끄럼이 없는 삶을 살
고자 노력하며 지금 발버둥치고 있음
이니라.
11 그러나 수천 년 동안 역사가 흘러오며
그 많은 백성이요, 그 많은 종교 지도
자들이 의인이 되고자, 제일인자가 되
고자 이 세상에 살아가는 자들이 없음
이니,
12 지금 너를 따르는 제자들이 단 1년이
요, 2년 동안 공부를 하고 강론을 들

은 그 제자들이 그와 같은 길을 가고 있으니, 과연 네가 얼마나 많은 큰 성과의 역사를 이루었는지 알겠느냐?
13 그러니 나 여호와의 기쁨이 배로 있음을 너희는 알아야 할 것이니라.
14 이제 너를 따르는 제자들이요, 나의 법전을 읽고 깨우친 백성이요, 나의 아들의 강론을 듣는 그 백성이 변하기 시작하면 그들은 한없이 변하게 될 것이며,
15 그를 보고 또 따라가는 자, 그를 보고 배우는 그 백성이 모든 죄의 덩어리를 다 털어 버릴 그와 같은 각오로써 나의 뜻에 순종하며 살아가는 그 백성이 세상을 덮을 것이니라.
16 하나가 나옴으로 인하여 둘이 나오며, 둘이 그 배로 지배하는 그와 같은 역사가 이룰 것이니,
17 그리하여 내가 천 년 후에 이 세상에 하늘에 사는 그 백성이 여기에 산다 함이니,
18 나의 진리요, 남을 위해서 살아가는 그와 같은 백성이 천 년 후에 이 세상을 지배하며 이 세상을 다스리고 살아가는 그와 같은 역사가 이루어지니,
19 그보다 더 큰 역사요, 그보다 더 행복한 것이요, 그보다 더 축복받은 것이 없느니라.
20 그러나 반드시 그와 같은 역사가 이루어질 것이니 그리 알라, 사랑하는 나의 아들딸들아!
21 선택된 백성 너희가, 나의 아들을 따르는 그 제자들이, 오늘의 너희가 변하는 그와 같은 속도로서 변하며, 참진리의 길을 가고자 어렵고 힘든 그 길을 마다하지 아니하고 간다면,
22 이 세상에 그와 같이 꽃필 날이 머지않았음이니 그리 알라, 사랑하는 나의 아들딸들아!

7,416 번째 하나님 말씀

2003년 9월 4일 21시 32분

1 사랑하는 나의 아들아!
2 "네, 아버님! 말씀하옵소서."
3 나의 아들 예수가 그와 같이 어렵고 힘든 죽음의 길을 가며 인간으로서는 인내할 수 없는 그 한계의 길을 모두 인내하고 간 그 죽음 앞에,
4 그 후예들이요, 그 뜻을 기리며 나의 피조물 만백성들을 하늘에 오르는 길로 인도한다는 지금의 종교 집단이요, 지도자들이 가는 형국이 어떠한 줄 아느냐?
5 너희는 나의 아들을 통하여 역사하고자 하는 그 뜻을 행함이 아니요, 나의 백성을 혼미케 하고 있으며, 나의 백성이 제정신을 차리지 못하도록 그들을 모두 흔들어 놓는 그와 같은 형국으로써 지금 이끌어 가고 있음을 알아야 할 것이니라.
6 모든 종교 집단이요, 지도자들이 나 여호와의 뜻에 따라 참진리를 깨우치며 참진리를 가르치는 것이 아니라,
7 인간의 생각이요, 저 자신의 이기적인 생각과 이기적인 행동을 충족하기 위한 그와 같은 방법으로써 제 생각으로써 모두를 이끌어 가며,
8 저희의 교회법이요, 교리를 만들어 마음대로 행하는 것이 그들이 가는 길

이니,
9 나 여호와가 내린 성경이요, 내가 내
린 그 진리의 뜻과는 전혀 관계없는
그와 같은 길을 가고 있음이니라.
10 저 자신의 욕심의 뿌리를 연구하고 그
를 충족시키겠다는 모든 생각에서 그
들이 지금 행하고 이끌어 가는 것이
니, 그 모든 것은 나 여호와의 뜻과는
관계없는 그와 같은 길을 그들이 가고
있다 함을 내가 너희에게 수차 말하
여 전했느니라.
11 나 여호와의 뜻이 아니요, 그들이 가
는 것은 나와는 아무런 관계없는 그
길을 가며,
12 성령이 너희에게 임하는 것이 아니요,
성령이 임하는 것을 거부하며, 너희
자신이 성령이 임할 수 없도록 썩어지
고 상해져 있는 것이 오늘의 위치라
는 것을 알아야 할 것이니라.
13 나의 백성에게 모든 죄와 비리와 추
함을 정당화시켜 가며 그리 이끌고 가
는 것이 오늘의 믿음의 길을 가는 백
성 너희니라.
14 너희가 지은 모든 죄요, 그리고 비리
요, 추함이요, 인간으로서 건널 수 없
고 해서는 아니 되는 그와 같은 행위
들, 모든 범죄에 가담하는 자, 그와 같
은 오늘의 삶을 사는 자들,
15 그리고 모든 종교 집단이요, 지도자
요, 구원을 받았다 하는 그 백성이 그
속에 연루되지 아니한 자가 없으며,
이해관계를 위하여 그와 같은 것에 자
신이 부끄러운 줄 모르고 행하고 살아
가는 것이니라.
16 그러면서 너희가 그것이 죄요, 부끄러
움이 아니라, 그 모두를 정당화시키며
정당한 방법이라는 궤변을 통하여 나
의 피조물 만백성들을 혼미케 하는
것이 너희임을 알아야 할 것이니라.
17 그리하여 참진리의 길을 찾아 나의
뜻에 따라 나에게 오르고자 하는 그와
같은 어렵고 힘든 길을 가는 것이 아
니요,
18 너희는 그저 기적이요, 흔적의 역사를
따라다니며, 그저 예언이라 하여 말하
는 자들, 방언하는 자, 병 고치는 능력
을 가진 자, 그리고 치료하는 것들을
하는 자, 그와 같은 것들만 진정한 믿
음이요, 나의 성령이 임한 것이라 그
리 가고 있음이니라.
19 눈에 보이는 것에 대해 희망과 기도를
걸고 있으며, 그리하여 그것을 위하여
나를 찾고 나를 경배하는 그와 같은
믿음으로 가는 것이 오늘 믿음의 길을
가는 백성 너희니라.
20 그러나 그 모두는 다 일시적이요, 다
한순간이요, 다 지나가는 그와 같은
역사임을 알아야 할 것이니라.
21 정녕 나의 성령으로서 거듭나는 백성,
나의 성령의 참진리는 영원히 변하지
아니하는 것이며 변할 수가 없는 것이
나의 뜻이니라.
22 그러니 너희가 말하는 창조주 나 여호
와의 뜻이요, 나의 성령이요, 너희가
말하는 아버지며, 그 말씀에 의하여
너희가 거듭나고 새로운 생명으로써
나에게 와 영원히 사는 그 세상에 존
재할 수 있는 그 길은,
23 오로지 나 여호와가 내리는 나의 성령
이요, 너희가 말하는 창조주 아버지

말씀만으로서 너희가 거듭날 수 있다
는 것을 그리 부르짖으면서도,
24 너희는 기적이요, 흔적을 찾으며 예언
이요, 병을 고치는 능사요, 지나가는
그와 같은 것들, 또 잘못된 자들이 역
사하는 그와 같은 것을 나 여호와의
성령으로 임하여 모두 이루어 주는 것
처럼, 눈에 보이는 가시적인 것만 찾
아다니며,
25 그곳에 가서 믿음이라는 것에 목매어
무엇인가를 얻고자 이적을 이루고자
하나,
26 너희가 얻을 것이 없으며 이루어질 것
이 없는 것이 그곳임을 알라.
27 그 모두는 나의 성령으로 임하는 것이
아니니,
28 진정한 나의 피조물 만백성을 구원하
는 완전한 나의 성령이요, 나의 뜻이
요, 너희가 말하는 하나님의 말씀이
세상에 내려올 때,
29 그 모두는 다 거두어지며, 그들은 모
두 다 이제는 패망의 길로 들어간다
하였으며 더 이상 그들이 그 역사를
할 수 없다 하였음이니라.
30 그러니 그 기록된 내용을 너희가 안
다면, 이제 내가 나의 아들을 통하여
160권의 법전으로써 완전한 나의 성
령을 내려보내니, 너희는 이를 믿고
깨우쳐 하늘에 오르는 그 변화된 삶으
로 살아야 할 것이니,
31 오늘의 형태로써 너희는 어떠한 것도
이룰 수 없다는 것을 깊이 깨우쳐야
함을 잊지 말라, 사랑하는 나의 아들
딸들아!

7,417 번째 하나님 말씀

2003년 9월 4일 21시 41분

1 사랑하는 나의 아들아!
2 "네, 아버님! 말씀하옵소서."
3 창조주 나 여호와가 나의 뜻을 만백성
에 전하여 너희가 그대로 받아 깨우
치고 오늘의 삶을 산다 하면 이 지상
이 낙원이 되었을 것이며,
4 너희 또한 구원을 받으려고 어렵고
힘든 그 길을 가지 아니하여도 될 것
이니라.
5 그러나 너희가 잘못 살아왔으며 바로
살지 못하였으며, 나의 뜻을 거역하는
그와 같은 삶으로써 살아온 것이 오늘
이니라.
6 그러니 나 여호와의 뜻을 너희에게 전
한 것이 그대로 전해진 것이 아니요,
빛이 꺾여 전하듯이 굴절되어 너희에
게 전해졌으며, 잘 다스려지지 아니하
였으며, 제대로 전달되지 못한 그와
같은 형국이니라.
7 그러니 굴절되어서 내려갔으며 또 잘
려 나갔으며 토막 났으며, 그것이 나
의 뜻이라 하여 완벽한 나의 성령의
뜻이요, 내가 너희에게 명하는 것이라
하여 그걸 가지고 깨우쳐 나간다 하며
지금까지 너희가 이끌어 왔음이니라.
8 그러니 나의 뜻을 너희는 나의 뜻과
는 전혀 관계도 없는 그와 같은 형국
으로써 나라와 나라마다 가르치는 것
이 다르며 해석하는 것이 다르며,
9 집단은 집단대로 나의 뜻을 가지고 해
명하고 가르치는 그 방법이 다르며 설
교함이 또 다르니라.

10 그러니 지도자라는 것은 또 어떠냐?
11 지도자가 설교하며 가르친다 하나, 그
것도 제 생각에 따라서 거기에 또 한
번 굴절되고 잘려 나가고 찢겨 나가고
토막이 나는 그와 같은 방법으로써 나
의 피조물 만백성에게 성서를 가르치
며 성경을 가지고 나에게 오르는 그
길을 인도한다며 그리 가고 있음이니
라.
12 지금까지 너희가 흘러온 그 형국이
그러하니라.
13 그와 같은 형국으로는 정녕 나의 백
성을 구할 수 없으며, 너희 자신도 나
로부터 구원을 받을 수 없다는 것을
내가 명확히 기록함이니,
14 그와 같은 오늘의 그 믿음에서 정반대
의 믿음의 길로 가지 아니하면 너희는
나에게 오를 수 없다는 것을 알라.
15 그러니 그와 같은 방법으로써 굴절되
며 잘리고 토막 난 그 믿음을 가지고
나의 피조물 만백성들을 이끌어 간다
고 말함이니, 진정한 나의 뜻을 알지
도 못하며 제대로 알지 못하니,
16 너희가 가르치지도 못하며 전달도 하
지 못하는 것이 지금의 종교 지도자
들이 가는 길임을 알아야 할 것이니
라.
17 그러니 너희는 하늘의 뜻을 모르며
나의 성령의 뜻을 모르고 내가 역사
하는 것을 모르니, 너희는 어찌 가는
가?
18 나의 사랑하는 백성에게 너희 개인의
주관적인 생각이나 주관적인 그 중심
하에서 자기의 생각을 관철하고자 하
는 그와 같은 믿음이요, 그와 같은 집
단을 이끌어 가는 것이 오늘의 종교
집단이요, 교회라는 곳에 속해 있는
자들이니라.
19 그러니 제 뜻을 관철하기 위하여 제
중심에 모든 것을 맞춰 이루도록 인간
생각을 하고 살아가면서 성령으로 임
한 것이요, 나 여호와의 뜻으로 역사
한다는 착각 속에 지금 헤매는 것이
모든 종교 지도자들이니라.
20 너희가 설교하고 서 있는 그 자체가
얼마나 부끄럽고 추한 자세인 줄 아는
가?
21 너희가 무엇을 알고 있으며 무엇을 나
로부터 응답을 받아 나로부터 나의 뜻
을 전하는 만백성을 구하는 목자요,
그리고 지도자라 말하더냐?
22 한 점의 부끄럼이 있는 자는 지도자의
자격이 없다 하였으며, 나는 너희에게
지도자로서 명한 사실이 없음을 알아
야 할 것이니라.
23 너희가 지금 가는 종교 집단의 믿음이
자기 자신의 욕망이나 욕구를 충족시
키기 위하여 교묘하게 나의 성경을 팔
아먹고 있으며,
24 그리고 나의 성령을 탈바꿈하여 지금
나의 아들과 나의 이름을 탈바꿈하여
그걸 쓰고, 그로써 위장하여 나의 피
조물 만백성들에게 재물을 거둬들이
는 즐거움 속에서 살아가는 것이 오늘
의 믿음의 길을 가는 집단이요, 지도
자들이 가는 형국이니라.
25 나의 사랑하는 백성을 평생 아무런 자
본도 들이지 아니하고 노예로 만들었
으며,
26 그리하여 제왕적인 자리에서 그 백성

위에 군림하여 다스리며 저희 자신이
호의호식하고 살아가는 것이 지금 너
희요, 제왕이나 된 것처럼 착각하며,
27 또한 더 정신 나간 자, 그와 같은 정신
병자는 나 여호와가 저라 그리 말하며
제가 예수라 말하며 제가 나를 대신하
여 역사하는 자라 그리 말하니,
28 그 정신병자들의 말에 현혹되어 너희
자신이 지옥 불로 따라가는 그와 같은
길에서 중단해야 함을 너희는 알아야
할 것이니라.
29 지금의 모든 종교 집단과 지도자는 진
정한 하늘의 뜻을 모르고 역사하고 있
음이니, 그러니 저 자신이 서 있는 것
도 모른다 하였음이니라.
30 거짓된 가르침이요, 거짓된 설교로써
나의 백성을 현혹게 하는 것이 그들
이니, 거기에 너희 자신을 팔지 말도
록 그리하라.
31 너희가 한번 발을 잘못 들이면 영원히
나올 수 없으며, 영원히 지옥으로 가
는 그 길밖에 없음이니라.
32 그러니 진정한 참진리요, 나의 성령으
로써 바르게 깨우치고 바르게 인도하
는 그와 같은 스승을 찾아야 할 것이
니,
33 정녕 너희가 스승을 찾을 수 없거든
나의 법전을 접하여 그를 보고 깨우쳐
너희 스스로 하늘에 오르는 길을 이루
도록 그리하라, 사랑하는 나의 아들딸
들아!
34 너희가 성령을 바로 인식하지 못할
때, 어떠한 형국이 생기느냐?
35 너희가 성령을 놓고 천태만상의 사람
마다 각자 다른 생각이요, 너희가 연
구하는 것이 다 다름이니,
36 그리하여 너희가 천태만상으로 어떠
한 것이 진정한 나의 성령이요, 나의
뜻이요, 하늘에 오르는 길이라 너희가
본 대로 느낀 대로 그리 강론하고 설
교하니,
37 헤아릴 수 없는 종파가 생겼으며, 교
리가 지금 난무하게 되었음이니라.
38 너희가 사물을 보는 시각은 너희가
어떠한 형태에서 어찌 보느냐에 따라
서 그 사물을 보는 것이 다르듯이,
39 너희가 성령으로 갖고 성령을 생각하
는 것을 그와 같이 천태만상으로 너희
가 각자 나름대로 생각하는 그와 같은
오늘의 형국이니,
40 너희가 성령을 제대로 이해하고 성령
의 뜻이 무엇이며 성령이 어찌 임하는
것인가를 먼저 깨우치는 그와 같은 변
화되는 삶을 살지 아니하면 나의 백성
을 구한다는 그와 같은 소리 하지 말
라.
41 너희는 나의 피조물 만백성을 지옥으
로 가장 앞장서서 끌고 가는 사악한
자들임을 알라.

7,418 번째 하나님 말씀

2003년 9월 4일 21시 59분

1 사랑하는 나의 아들아!
2 "네, 아버님! 말씀하옵소서."
3 종교 지도자요, 선택된 백성이라 그리
자부하며, 그리고 나의 아들 예수를
부르고 찾음으로써 하늘에 오를 수 있
는 그 모든 영광을 얻었다며 가는 백
성, 그들의 믿음의 길은 과연 어떠한

믿음인가?
4 믿고 가는 그 신도들, 그리고 영광의
하늘에 와 나로부터 상을 받을 것만을
생각하고 사는 그 백성, 너희는 과연
구원받았다 말하는 그 말에 책임을 질
수 있으며,
5 그와 같은 역사가 이루어질 것이라 생
각하며, 나에게 옴으로 나로부터 큰
상을 받는다는 그 상이 너희에게 내
려질 것이라 그리 생각하는가?
6 그와 같이 생각하는 자, 그와 같은 말
을 하는 백성 너희가 제일 먼저 지옥
문 앞에 가 들어가지 않으려고 몸부림
치는 형국이 될 것이니 그리 알라.
7 하늘에 오르는 길이요, 천국에 들어오
고 못 오는 것은 나 여호와의 고유의
권한이거늘, 너희가 얼마나 오만방자
하기에 그 문을 마음대로 열고 들어올
수 있는 자라 그리 말하는가?
8 너희는 감히 나 여호와보다 위에 있는
자요, 너희가 나 여호와에게 명령을
내려야 그 문을 열어 줄 수 있거늘, 너
희는 나에게 명령권을 가진 자라 그리
착각하는 것이니,
9 그것이 창조주 나 여호와를 능멸하는
것이며 나를 욕되게 하는 말인 줄 너
희는 알겠는가?
10 그와 같은 그 의미요, 이치도 모르는
자들이 구원을 받았으며 천국의 문을
들어올 수 있다고 그리 말하며,
11 나에게 와 받을 수 있는 상이 과연 어
떤 것인가, 얼마나 큰 것인가를 그리
생각함이니,
12 너희야말로 지옥 불의 가장 고통스러
운 그 길을 가는 것에 선봉장으로서
가장 고통스럽고 험악한 그 죄의 대가
를 치른다는 걸 절대 잊지 말라.
13 그것이 얼마나 교만한 자들이며 얼마
나 방자한 자들이며 나를 능멸하는 죄
인가를 너희가 알게 될 것이니라.
14 너희는 언제나 겸손한 자세로 순수한
마음으로써 자신을 검증하고, 냉혹하
리만큼 무섭게 너희 자신을 심판하여,
15 네가 서 있는 자리가 과연 어떠한 자
리며 너희의 오늘의 삶이요, 하루의
삶이 과연 어떠했는가 그를 검증하고
살아가도 너희는 바로 사는 삶을 살
수 없거늘,
16 그저 아무렇게나 되는대로 살아도 너
희는 구원을 받은 자들이요, 그리고
금화 몇 닢을 갖다 바치며 나의 아들
예수를 찬양한다며 눈물 콧물 흘리며
찬송 부르며 광란의 짓을 하는 것으로
써 나에게 오를 수 있는 자요, 온 자라
그리 말함이니,
17 과연 그것이 얼마나 무서운 죄인가를
너희가 알 날이 머지않을 것이니라.
18 너희는 어떠한 것도 완전히 이 세상
것을 알 수 없으며, 너희가 이 세상의
어떠한 것 하나라도 제대로 완전히 알
수 있는 것이 있는가?
19 너희는 이 세상의 어떠한 것도 완벽하
게 완전히 알고 파악하는 것이 하나도
없는 것이 너희가 가진 한계며 능력
임을 알아야 할 것이니라.
20 너희는 이 세상에 살아가면서 모든 것
에서 부분적인 것을 아는 것이며, 부
분적인 것만을 바라보고 살아온 것이
너희임을 알아야 할 것이니라.
21 너희 육체에 형성되는 그 모두도 완벽

하게 아는 자 있는가?
22 너희는 이 세상에 존재하는 모든 것을
부분적인 것, 일부분만 아는 것이 너
희의 한계요, 그 전부를 알지 못하는
것이 너희니라.
23 그러나 모두를 다 아는 것처럼 행하고
행사하는 것이 바로 종교 집단이요,
지도자들이니라.
24 너희가 구원의 길이요, 감히 하늘에
역사하는 것이요, 나 여호와가 직접
관장하는 이 세상의 모두를 다 역사하
고 정복한다 하여도,
25 내 뜻이요, 내가 역사하는 것은 너희
가 감히 도전할 수 없거늘,
26 그 구원이요, 구원을 받고 못 받는 것,
너희가 나에게 와 상을 받고 못 받는
것까지 너희가 다 구원을 받은 자요,
상을 받을 것만을 기다리는 그와 같은
것으로써 가르치는 종교 집단 지도자,
27 너희가 오늘의 나의 피조물 만백성들
을 지옥으로 가라 하면서 그것이 지옥
으로 가는 줄 모르도록 그리 세뇌시켰
으며, 그들을 죽음으로 너희가 앞에서
이끌어 가는 자들이라는 것을 깨닫고
알아야 할 것이니라.
28 너희가 죽어 나에게 와 지옥에서 그
죄의 대가를 치르는 고통이 얼마나
무섭고 두려운 것인가를 단 한 번이라
도 생각한다면,
29 나의 법전을 읽고 깨우쳐 하늘에 오르
는 진정한 진리의 그 길을 깨닫도록
그리하여야 할 것이거늘,
30 어찌하여 이번의 이 기회요, 살아 있
는 마지막 기회를 그리 소홀히 보내
며, 나의 아들을 공격하며, 나의 법전
을 핍박하는 것으로써 즐거움이요, 나
에게 은혜를 받는 길이라 하여 광란의
짓을 하는 것만 계획하는가?
31 그와 같은 자들이 얼마나 무모하고 어
리석고 불쌍한 백성인가를 알게 될
것이니라.
32 그리하여 너희는 모든 것을 알고 살
아가는 것이 없음이니라.
33 그리고 아무것도 제대로 아는 자가 없
거늘, 그러나 종교 집단이요, 지도자
요, 신도들 너희는 그 모두를 다 아는
것처럼 생각하며, 너희만 모두 다 역
사하는 것처럼 생각하는 것은 모두 나
여호와의 뜻이 아니요, 성령의 뜻이
아니요,
34 너희 각자의 생각과 그와 같은 생각으
로써 너희 자신의 판단 기준에 의하
여 살아가는 자들이라는 걸 알아야 할
것이니라.
35 그리하여 너희는 얼마나 오만하고 잘
못된 백성인가?
36 사람과 사람 간에 화목하며 서로 대화
를 나누며 서로 상의하며 의논하며 살
아가는 그것이 인간 세상의 살아가는
도리며 집단의 원칙이니라.
37 그러나 너희는 어찌하는가?
38 지금의 종교 집단이요, 지도자, 제 생
각대로 제 뜻대로 이끌어 가며 아무것
도 모르는 자가 제 뜻이 관철되지 아
니할 때는 사람과 사람이요, 인간 대
인간으로서 대화하는 것마저도, 평범
한 사람들이 나누며 살아가는 그와 같
은 대화도 하지 아니하려 하며, 절대
그를 행하지 아니하며,
39 이방인이라 그리 간주하며 그리고 이

단이요, 사탄이라 하여 그들과는 보통
나의 백성이 서로 행하며 살아가는
평범한 대화도 절대로 하지 않으려
하며,
40 그저 제 뜻만 옳다 고집하며 고집으로
써 뭉쳐진 자들이 바로 오늘의 종교
집단의 지도자들이니라.
41 자기 생각과 자기 고집을 절대적으로
관철시키려 하며, 그게 관철되지 아니
할 때는 모든 통로를 막고 사는 자들
이니라.
42 그리하여 너희는 대화의 통로를 막고
살며, 너희 스스로 깨우칠 수 있는 그
와 같은 통로도 막아 놓았으며, 오로
지 너희만 전지전능한 나 여호와의
뜻인 것처럼 착각하는 자들이니라.
43 그리하여 모든 역사하는 것을 다 막
아 놓고, 오로지 제 고집으로써만 모
두를 관철하려 하는 것이 오늘의 종
교 지도자들이니라.
44 그리하여 남으로 하여금 정죄하고자
하는 발상, 그리고 어떤 것이든 제 뜻
과 다르면 정죄하고자 하는 그 연구
요, 발상이요, 그들을 세상에 존재치
못하도록 하는 데 물불을 가리지 않는
자들이요,
45 이것저것을 생각하지 않는 자요, 도덕
이요, 인간의 질서요, 인간의 살아가
는 그와 같은 것도 생각하지 아니하며,
46 너희 뜻과 다른 것은 어떠한 누구든
정죄하여 이 세상에 존재치 못하도록
하는 그와 같은 발상이요, 연구요, 그
와 같은 계획을 항상 세우는 자들이
너희니라.
47 그리하여 너희는 교리요, 분쟁이요,
형제간의 분열이요, 그와 같은 것으로
조작하고자 하는 자들이요,
48 그와 같은 것을 죄가 되지 아니한다
하며, 그와 같은 삶을 살되 나의 아들
예수를 찾기만 하면 너희는 모두 면
죄부를 받는다고 그리 가르치고 있음
이니라.
49 그리하여 나의 피조물 만백성들이 저
자신을 모르며 이성을 잃으며, 제가
어찌 갈 것인가, 저 자신을 돌이켜 볼
수 없게 나의 피조물 만백성들을 환각
상태로 그리 몰아넣었으며,
50 그들은 저 자신이 기운이 없으며 저
자신을 구원할 수 있는 능력이 없으
며, 저 자신을 분별할 수 있는 그 모두
를 잃어버린 나의 피조물 만백성들로
만든 것이니라.
51 그러니 그들을 그리 조작하여 만들어
놓고 지금 이끌어 가는 것이 너희임을
알아야 할 것이니라.
52 너희는 어떠한 자세로써 가야 하는가?
53 나의 아들을 따르는 제자요, 나의 법
전을 읽고 깨우친 만백성 너희는 군림
하는 것이 아니요, 분열을 시키려 하
는 것이 아니요, 분쟁을 시키려는 것
이 아니요, 그리고 말로써 모든 구원
의 역사를 받았다고 말해서는 아니 될
것이니라.
54 너희는 겸손과 미덕으로써 너희 자신
을 다스려 나갈 것이며, 자기 자신이
절대적이란 그와 같은 생각을 버릴 것
이며,
55 오로지 남이 이야기하는 것, 남이 가
르치는 것을 듣고 네 것으로 소화시키
는 그와 같은 현명함으로써 살아가야

할 것이니라.
56 이 세상에 모두가 존재하는 것은 나
여호와의 뜻이요, 내가 역사하고 존재
하게 하였음이니, 그 모두는 나의 것
이니,
57 너희가 나의 아들이요, 나의 딸이라면
너희는 내 것을 모두 소중히 알아야
할 것이며, 소중히 들어 너희 것으로
만들어야 하는 것을 잊지 말라.
58 너희가 이해 못 하는 것, 너희가 어려
운 것, 너희 상식으로써 받아들일 수
없는 그 모두를 너희는 읽고 또 읽고
또 깨우쳐, 그 속에 내가 너희에게 무
엇을 원하는 것인가 그 정답을 찾으면
거기에는 반드시 정답의 진리가 있음
을 알라, 사랑하는 나의 아들딸들아!
59 모든 종교 집단들은 절대적인 제 고집
이요, 제 것만으로써 위대한 것이라
주장하고 고집하며 제 뜻을 관철해야
만 직성이 풀리는 그와 같은 형국으로
가는 것이 오늘의 종교 집단이요, 지
도자이니라.
60 그들은 모든 백성의 두려움을 모르며,
그 백성의 소중함을 모르며, 그 백성
의 구원의 길이 무엇이며 그들이 나에
게 오는 길이 무엇인지 그와 같은 것
은 관계없음이니라.
61 그저 재물을 거둬들이며 제 고집을 관
철시켜 제 고집대로 모두 따라오게
하며, 그대로 다스릴 수 있는 것만 그
들에게 가장 큰 관건이요, 그들이 모
든 목표를 두고 사는 것이 거기에 있
음이니라, 사랑하는 나의 아들딸들아!

7,419 번째 하나님 말씀

2003년 9월 5일 06시 40분

1 사랑하는 나의 아들아!
2 "네, 아버님! 말씀하옵소서."
3 이 세상의 모든 종파요, 그 집단들이
너를 공격할 것이며, 또한 너의 제자
들을 공격할 것이니, 어떠한 힘으로도
그들을 감당하고 그들을 이길 수는 없
는 것이니라.
4 다만, 너희가 그들을 이기며 그들이
너희 앞에 고개를 숙이며 너희가 나
의 뜻을 역사하여 만백성을 구하는 그
길을 갈 수 있는 것은, 내가 직접 친필
로 쓴 그 십계명대로 지키고 사는 것,
그것밖에는 없음이니라.
5 너희가 십계명대로 지키고 살 때, 당
당히 호령할 수 있으며 그들이 너희
앞에 감히 고개를 들지 못하는 그와
같은 역사를 이룰 것이니라.
6 내가 너에게 일찍이 그와 같은 현상을
보여 주었듯이, 수많은 자들이 너를
공격할 것이며 너를 제거하고자 그들
이 벌떼처럼 모여들 것이니,
7 그것은 너의 제자들과 네가 십계명을
지키고 그대로 사는 그것밖에는 없음
을 이제 명심해야 할 것이니 그리 알
라.
8 그를 위배하고 그대로 지키지 못했을
때, 너희가 그들을 호령할 수 없으며
그들을 다스릴 수 없으며,
9 그들이 스스로 네 앞에 와 온순한 양
이 되어 고개를 숙이는 길은 그것밖에
없음이니,
10 나 여호와는 너희에게 모두 다 가르쳐

주었음이니, 그를 행하고 행하지 못하
는 것이 너희에게 달렸음이니라.
11 오로지 십계명을 지키는 그와 같은 삶
을 살았을 때, 모두는 다 너희 앞에 와
순진한 양처럼 고개를 숙일 것이니라.
12 너희를 물고 공격하려 했으며 맹수와
같은 모습으로 돌진하며 너희를 무너
트리고자 하나,
13 너희가 십계명을 지키고 삶으로 인하
여 그 호령함이 당당하며 그 음성이
하늘을 울림이니,
14 감히 그 음성 앞에 거역할 자가 없어,
사자와 같이 그 험악한 모습으로 너희
에게 달려왔으나 그들이 양처럼 온순
하여 너희 뜻을 따르는 그와 같은 백
성으로 변하는 것이니,
15 이를 명심하고 또 명심해야 함을 잊
지 말라, 사랑하는 나의 아들아!
16 너는 어떠한 역사가 있어도 이 길을
가야 하며 이 역사를 이루어야 하는
것이니, 내가 너에게 이기는 모든 방
법이요, 네 마음이 편안하게 갈 수 있
는 것을 깨우쳐 줌이며 이리 전함이니
라.
17 너희가 사탄이요, 이단들의 공격에 두
려워하며 겁먹으며 그를 대처할 방법
이 없어 마음이 초조함을 알고 있음이
니,
18 그 모든 것은 어떠한 성곽으로써도 어
떠한 방어막으로써도 그들을 막을 수
가 없는 것이니라.
19 그러나 단 하나 막을 수 있는 것이 나
의 십계명대로 사는 것이니라, 사랑하
는 나의 아들아!
20 그를 지키고 살아야 할 것이니라.
21 네가 십계명을 지키려고 발버둥치며,
그를 위해 한 점의 부끄럼이 없는 삶
을 살고자 감이니, 내가 너에게 모두
를 이기는 방법을 가르쳐 줌이니라.
22 너의 제자들과 네가 십계명을 지키는
데 한 점의 부끄럼이 없이 살아갈 때,
네가 나서지 아니하여도 너의 제자
하나가 이 세상의 모든 것들이 공격해
도 그를 다 제거할 수 있으며, 그를 막
을 수 있으며, 그를 다스릴 수 있을 것
이니라.
23 만에 하나 너희를 해하고자 왔을 때,
그를 나서서 다스리지 못하는 제자는,
그는 정녕 십계명대로 살지 못한 자요,
24 십계명대로 지키고 살고자 했다면 그
음성이 하늘에서 내리는 천둥소리보
다도 더 그들의 귀를 때림이니, 그들
이 감히 대적하지 못함이 여기 있음이
니라.
25 그러니 이제 이 모두를 역사하는 것은
너와 너의 제자들 단 한 사람이라도
십계명을 지키고 그대로 한 점의 부끄
럼이 없는 삶을 살 때, 그가 나섰을 때
그를 감히 대적하지 못함이니, 너를
우러러보는 그와 같은 형국이 될 것이
니라.
26 그렇지 아니할 때는 너희가 아무도
그 십계명을 지키고 그대로 행한 것이
아니요, 너희는 이중적인 마음이요,
부끄러움을 안고 살아가는 자들일 것
이니 그리 알라.
27 그리하여 너희끼리 의인 하나가 나오
면 세상과 바꾸지 아니한다 하였음이
니, 그와 같은 의인의 마음을 가진 네
제자가 한 사람, 즉 나의 십계명을 목

숨을 바쳐 그대로 행하고 지키는 제자
가 나왔을 때,
28 너희가 홍수처럼 몰려드는 그 사악한
백성 앞에 그 음성 하나로써 모두를
다스릴 수 있는 것이요,
29 그것 외에는 무섭게 맹수같이 물고 뜯
으려 대드는 그들을 막는 길이 없음
이니,
30 오늘부터 너의 제자들에게 이를 깨우
쳐, 그들이 바로 그와 같은 제자가 나
와 너를 보호하며 나의 법전을 보호하
며 내가 이루는 역사를 이루도록 그리
전하라, 사랑하는 나의 아들아!

7,420 번째 하나님 말씀

2003년 9월 5일 06시 48분

1 사랑하는 나의 아들아!
2 "네, 아버님! 말씀하옵소서."
3 지금의 모든 종교 자체가 과연 어떠한
믿음의 길을 가는가?
4 정녕 스스로 어렵고 힘든 그 행함의
길은 가지 아니하고 다만 입으로만 나
의 아들 예수를 찬양하며 나를 찾고
있음이니라.
5 그러나 그들은 그와 같은 믿음으로써
저 자신을 지킬 수 없으며 그들은 저
자신을 보호할 수 있는 능력이 없음이
니라.
6 너를 따르는 그 제자들이 하나의 악습
을 버리려고 그들이 얼마나 고통스러
운 그 싸움에서 스스로 지켜 나가고
있는가?
7 그러니 말로써만 나의 아들을 찬양하
며 그것이 구원의 길이요, 나를 경배
한다는 것이 구원의 길이라 믿는 그
백성이 다 다른 사탄에 사로잡혀서 그
들이 그곳에서 헤어나지 못하는 지금
의 이 형국이 되어 있음을 알아야 할
것이니라.
8 그 방대한 조직이요, 그 방대한 인원
이요, 물자를 가지고 나로부터 은혜를
받아 나로부터 성령이 임하여 저희가
오늘에 역사한다 하나,
9 그들이 모든 범죄에 동참하고 있으며
모든 범죄를 같이하고 있음이니,
10 나를 향하여 내가 명한 것, 해서는 안
되는 그 모두를 스스로 자행하는 자들
이니,
11 그들이 정녕 천사와 같이 변할 수 있
으며 과연 하늘나라에 오를 수 있다고
생각하는가?
12 그들이 이미 다른 사탄에게 잡혀서 그
들 속에서 그 종이 되고 그 백성이 되
어 지금 그들을 숭배하고 따르고 가는
것이 지금 너희가 가는 형국이니, 내
가 하늘에서 바라보는 너희가 그러하
니라.
13 나 여호와가 원하지 않는 그 길을 너
희는 관심 밖의 세상에서 다른 일을
하고 있으면서도 너희는 나에게 오르
는 길이요, 나에게 은혜 받은 자들이
요, 그리하여 나의 아들 예수와 나를
찾으면서 구원받았다고 말하느니라.
14 나의 아들 예수와 나를 보호막으로써
위장하여 그리 쓰는 자들이 아니던가?
15 그러니 나의 아들과 나의 이름을 보호
막으로써 그를 빙자하여 독버섯처럼
나의 백성에게서 피를 빼는 흡혈귀보
다도 더 무서운 자들로 되어 나의 피

조물 만백성들의 모두를 빼앗고 갈취
하는 것이 너희임을 알아야 할 것이
니라.
16 너희가 가는 길이라면 과연 너희는
어떠한 길인 줄 알겠는가?
17 그리하여 나의 피조물 만백성들까지
도 지옥으로 이끌어 가는 그와 같은
형국에 있는 것이 너희니라.
18 그리하면서도 너희가 나로부터 구원
을 받을 수 있다고 말할 수 있는가?
19 정녕 너희는 그와 같은 말을 할 형편
도 아니며 그와 같은 말을 할 자격도
없는 것이 너희임을 알아야 할 것이
니라.
20 나 여호와가 하늘에서 보는 그 모든
형태는 너희는 피를 빠는 흡혈귀보다
도 더 사악한 자들이며 더 잔인한 모
습으로 변질되어 있으며, 교회라는 그
곳이 그와 같은 자들이 들끓는 형국이
라 하였음이니라.
21 내가 오죽하면 너희에게 공동묘지라
했겠는가?
22 그 공동묘지 속에서 인간이 죽어 있는
것이 아니요, 사악한 피를 빠는 흡혈
귀들이 들끓는 그와 같은 형국으로써
너희가 서로 그곳에서 아귀다툼하며
사랑이라는 그 근본 자체도 볼 수 없
는 그와 같은 형국이니, 그것이 바로
너희의 오늘의 형국이니라.
23 너희가 진정한 참진리를 보지 못하고
있으며 그를 알려 하지도 않으며 그를
따르려 하지도 않는 것이 너희니라.
24 그러니 너희는 나의 아들딸이요, 나와
무슨 관계가 있다고 나를 그리 찾는가?
25 나의 자식으로 정녕 너희가 거듭나고
자 한다면 너희는 내가 친필로 써 내
린 십계명을 가슴에 안고 그를 정독하
고 그를 읽고 지키는 것과,
26 제3의 시대에 참진리로 살아가는 길
과 하늘에 오르는 그 모두를 상세히
나열하여 내가 전하는 나의 법전을 정
독하고 깨우치는 그와 같은 백성으로
서 변화되지 아니하면 절대 역사할
수 없음을 알아야 할 것이니라.
27 나의 아들딸들이 오늘에 가는 길, 나
의 아들을 따르는 그 제자들이요, 나
로부터 선택된 백성이 십계명을 지키
며 나의 법전대로 살려 하며 자기 자
신의 악습을 도려내며 그 고통과 그
모두를 다 사랑하는 것, 그들이 얼마
나 위대한 자들인 줄 알겠는가?
28 내가 나의 아들 예수를 통하여 예수가
너희에게 뭐라 하느냐?
29 그를 따르며 그와 같이 너희가 나에
게 오르고자 하면 모두를 다 버리며
너희의 기득권을 다 버리며 모든 것을
불쌍한 자에게 나누어 주고 나에게 오
라 하였음이니라.
30 오로지 그들이 지금 모두를 저버림은
인간이 사는 그 향락과 인간의 삶이니
라.
31 너희는 나의 아들 예수가 모두를 다
버리라는 것은 재물이요, 너희가 가진
금화와 은화요, 명예만을 가지고 다
버리라 함이 아니니라.
32 그것보다 먼저 버리라는 것이 무엇인
줄 알겠는가?
33 인간의 인간관계에 인간 속에 사는 향
락이요, 서로 맺어진 인연이요, 그리
고 인간 세상에 사는 그 모든 고리를

다 놓으라 함이니라.
34 그러니 지금까지 살아왔던 너희 삶을
180도로 돌려서 삶을 살라 하는 것이
지,
35 너희의 재물이요, 너희가 가진 그 명
예요, 그 모두를 버리고 놓고 오라는
것을 얘기하는 것이 내가 강조하는 것
이 아니요,
36 너희가 살아가는 인간관계요, 오늘까
지 살았던 삶을, 그저 인간의 즐거움
을 위하여 좋은 옷 좋은 음식을 먹는
일들이요, 향락적으로 살았던 그 삶의
인간의 고리를 다 끊으라 함이니라.
37 욕정의 고리를 끊으며 남녀의 인연의
고리를 끊으며, 사랑하지 못하고 살아
가는 자, 그 모든 아쉬움과 그 아픔을
다 인내하고 버릴 수 있는 삶,
38 인간관계에서 너희가 짜릿한 것, 그리
고 아름다운 것, 그리고 행복한 것, 그
모두를 다 놓고 살아야 한다는 것이며,
39 나의 성령에 의하여 나의 계명대로 살
아가야 하는 그 삶을 살기 위해 너희
가 모든 인간관계의 고리를 놓고 버리
고 따라오라는 그 가장 중요한 의미가
거기에 있음을 알라, 사랑하는 나의
아들딸들아!
40 지금 나의 아들을 따르는 제자들이요,
나의 법전을 읽고 깨우친 백성 그들은
인간의 모든 향락이요, 인간에서 즐길
수 있는 그 모두를 다 놓고 가고자 함
이니,
41 그것이 재산을 버리는 것이요, 권력을
버리는 것보다도 더 위에 있으며 위대
한 변화임을 알라, 사랑하는 나의 아
들딸들아!
42 나로부터 선택된 그들은 그리 가고 있
음이니라.

7,421 번째 하나님 말씀

2003년 9월 5일 11시 24분

1 사랑하는 나의 아들아!
2 "네, 아버님! 말씀하옵소서."
3 인간이라는 것은 노상 하던 재주요,
그리고 뛰어난 재주를 가진 자도 실
수한다 하였음이니, 그리하여 원숭이
라는 동물도 나무에서 떨어지는 실수
를 한다 함이니라.
4 인간은 항상 정신을 바로 세우지 아니
하며 마음을 바로 세우지 아니할 때,
너희가 노상 하던 것도, 그저 밥 먹듯
이 하던 것도 실수하며 잊는 그와 같
은 것을 범하는 것이 인간이니라.
5 그러니 인간인 너희는 완벽함이 없으
며 완벽하게 이루어지는 것이 없다는
것을 알아야 할 것이니라.
6 세상사 어떠한 것도 완벽히 하는 것은
하나도 없는 것이 너희요, 그저 일부
분만을 알며 부분적인 것을 알고 살아
가는 것이 너희라 그리하였음이니라.
7 나 여호와가 창조한 이 세상의 그 많
은 것 중에 너희가 완벽히 완전히 아
는 것은 하나도 없으며, 모든 것을 부
분적이요, 일부분만을 알고 살아간다
면,
8 정녕 너희는 얼마나 나약한 자며 얼
마나 미미한 존재인지를 어찌하여 생
각하지 못하고, 겸손한 마음으로써 세
상사를 살아가는 그와 같은 삶을 살지
못하느냐?

9 그러니 이제 나의 법전을 읽고 깨우치
는 그 백성, 그리고 특히 나의 아들을
따르는 그 제자들의 마음의 변함은 하
늘에서도 놀라며 모든 천사도 고개를
흔드는 그와 같은 무서운 변화를 이루
고 있음이니,
10 사탄들이 조바심하며 사탄들이 발을
구르는 그 마음이 오죽하면 너희 인
간이 말할 때 죽어 가는 부모 앞에서
가슴을 태우는 것보다도 더 그들의 가
슴이 타고 있으며 불안해하고 있으며
공포에 떨고 있음을 너희는 알아야
할 것이니라.
11 사탄도 그랬으며 천사도 그랬으며, 나
의 아들과 나의 아들을 따르는 제자
너희가 정녕 그와 같이 인간 모두를
다 버리고 모두를 놓으며 하늘의 뜻에
따라 너희가 인간 세상의 고리를 끊
으며 그 모습으로 변해 갈 것이라고는
그 누구도 생각하지 아니하였으며, 그
를 믿지 아니하였기 때문이었음이니
라.
12 나의 아들 예수를 성령으로 태어나 세
상에 내보냈으니, 그도 내가 미리 계
획한 것, 내가 선택했던 모든 과제를
역사하지 못하고 인간의 그 사악함에
무너졌음이니,
13 그를 경험한 천사들이요, 그를 본 사
탄들이 과연 지금 나의 아들을 통하여
따르는 제자들과 더불어 그보다도 더
위대한 역사를 이룰 것이라 생각하지
도 아니하였으며 사탄도 방관하였으
며 천사들도 이를 믿지 아니하였음이
니라.
14 그러니 내가 1부의 법전에 뭐라 말하
였느냐?
15 내가 너를 선택했을 때 천사도 반대했
으며 하늘에서 모두 다 반대했다 했
음이니라.
16 그러나 나는 너를 알고 있다 하지 아
니하였더냐?
17 그러니 지금 제일 다급하며 제일 당황
한 것은 사탄들이니라.
18 그들은 방심한 상태였음이니라.
19 설마하니 너희가 그와 같은 위대한
마음의 변화요, 의인과 같은 그 길을
갈 수 있는 백성이 나올 것이라 그 누
구도 생각하지 아니하였음이니,
20 그러나 너희가 무섭게 변하는 그 길을
가는 것, 너희가 이미 변하는 그 길에
들어섰음이니,
21 너희가 변하는 마음이요, 아름다운 마
음이요, 천사와 같은 마음으로 변하는
것은 인간인 너희가 그와 같이 변하
는 것은 시간문제요, 시간만 가면 되
느니라.
22 그 기초가 다져지기가 힘이 들며 깨우
치기가 힘이 들며 모든 유혹함을 놓기
얼마나 어렵고 힘든 길이었더냐?
23 그것이 가장 중요하니라.
24 예수가 너희에게 모두를 다 놓고 나를
따르라 했던 그 의미를 내가 가르쳐
주지 아니하였더냐?
25 재물이요, 명예요, 부귀영화를 놓는
것은 아무것도 아님이니라.
26 인간이 세상에 살아가면서 인간관계
요, 인간 향락의 즐거움의 맛을 보고
살던 너희가 춥고 더움을 알며 행복
을 알며 즐거움을 아는 너희가 그 모
든 삶을 다 놓아야 하는 그것이 명예

요, 재물을 놓기보다 더 어렵고 힘든
길이라 그리하지 아니하였더냐?
27 그러니 그걸 다 놓고 예수를 따르라
했음이니,
28 세상 삶에 모두 다 죽은 자가 되어 그
를 따를 수 있으면 따르며, 산 자라 생
각하면 따르지 말라 한 것이 그 뜻임
을 너희는 알아야 할 것이니라.
29 더운 것을 알며 추운 것을 알며 배고
픈 것을 배를 채우려고 남의 것을 훔
칠 수 있으며 남의 것을 먹을 수 있으
며,
30 너희를 보호하기 위하여 거짓말을 하
며 너희가 탈피하기 위해서 남을 속
이는 그와 같은 인간 세상의 그 마음
을 비우는 것이 재물이요, 명예를 버
리고 따르는 것보다 더 위대함이니라.
31 예수가 '나를 따르라.' 한 것은 모두를
다 버리라 하는 것은 무엇이더냐?
32 죽음이라 하였음이니라.
33 그러니 너의 제자들이 지금 변하는 그
모습이 무엇인 줄 알겠느냐?
34 다 죽은 자의 그 길을 향하여 가며 죽
은 자라 그리 생각하고 있음이니, 이
를 보는 나 여호와의 기쁨은 이루 말
할 수 없으며,
35 사탄들도 놀라며 천사도 놀라고 있음
이니라.
36 그러니 이제 너희는 그 길로 가면 되
는 것이니, 내가 너희를 믿고 이 세상
에 재앙을 내리지 아니하며 오늘의 이
역사함이 나 여호와의 기쁨이며 이보
다 더한 기쁨이 없음이니라.
37 이제 내가 너희를 사랑함이니, 벼 이
삭이 익으면 익을수록 고개를 숙인다
하였음이니라.
38 쭉정이가 아무것도 없는 것이 고개를
들며 요란하다 하였음이니, 너희는 내
가 뭐라 하였느냐?
39 점점 낮은 자가 되라 하였음이니라.
40 너희가 낮아질 수 없을 때까지 낮아
지는 자가 되라 하였음이니라.
41 이제는 너희는 깨우쳐야 할 것이니라.
42 그리하여 길거리에서 동전 하나를 달
라 손을 내미는 자에게 너희가 그 지
전 일부를 줄 때,
43 과연 그것이 너희가 사랑의 마음에서
주는 것인가 형식적인 마음에서 주는
것인가, 그저 네가 조금 있으니까 어
려운 사람을 돕겠다는 마음에서 주는
가?
44 그것도 사랑이 듬뿍 담긴 마음으로써
주어야 함을 알아야 할 것이니라.
45 너희가 지전 하나 동전 몇 개를 놓고
가는 것은 사랑이 담긴 것이 아니요,
형식적이요, 그저 깨달음에서 나누며
산다 하니 그리 주는 것이니,
46 그것이 사랑이요, 나눔이 아니니라,
사랑하는 나의 아들들아!
47 끼니 한 끼를 할 수 있도록 그와 같이
도와주는 것이 사랑이니라.
48 너희는 남이 할 수 없는 것이 사랑이
듬뿍 담긴 것이니, 이제는 그와 같은
것들도 너희가 행함에 있어서 자세를
바꿔야 함을 알아야 할 것이니라.
49 남들이 지전을 하나 주고 생색을 낼
때, 너희는 감히 남이 말할 수 없도록
그가 끼니를 채울 수 있게 지전 두 개
세 개를 주는 마음, 그것이 사랑이니
라.

50 너희는 모두 지금까지 어려운 자, 가
난한 자, 손을 벌리는 자에게 무엇을
동정한 그 모두도 진정한 사랑에서 이
루어진 것이 아니요,
51 형식적이요, 그저 흐름에 따라서 그저
그리 가는 것이 착한 것이기에 이것을
하나 놓음으로써 나 여호와가 생각하
며 너희에게 은혜가 있지 않을까 하
는 그와 같은 생각,
52 거기에 사랑이 없으며 나눔이 없으며
진정한 나 여호와의 사랑이 없었음이
니라.
53 다만, 인간적인 인간의 육을 가진 사
랑은 있다 하나 나 여호와의 사랑은
없었음이니,
54 너희는 나 여호와의 사랑을 가지고 살
아가며 그 사랑을 행하는 것이 너희임
을 알라.
55 이제 너희는 내가 하나를 가르쳤을
때 열 개, 백 개, 천 개의 깨우침을 알
아야 함이니, 너희가 손을 내미는 것,
걸인에게 동전 한 닢 지전 하나 주는
것도 듬뿍 줄 수 있는 그와 같은 마음
이 진정한 사랑이 담긴 것이요, 그저
형식적으로 주는 것은 사랑이 아니니,
그것은 다 불필요한 행동이니라.
56 육의 세상에서 이루어지는 아름다움
은 될 수 있으나,
57 나 여호와를 대신하는 백성 너희는
그게 아니니, 어떤 것이 사랑인가를
너의 제자들은 알아야 할 것이니라.
58 사랑으로써 모두를 베풀라.
59 그렇지 아니하면 아무것도 아님이니
라.
60 정녕 사랑으로 베풀라.
61 그 길이 가기가 그리도 어렵고 힘든
것이니라.
62 그리하여 예수가 모두를 다 버리고 저
를 따를 수 있으면 따르라 그리 말한
의미가 거기에 있음이니,
63 곧 죽은 자라는 것이니 그리 알라, 사
랑하는 나의 아들딸들아!
64 너희는 더 낮은 자가 되며, 가장 밑바
닥에서 너희가 진리를 깨우쳐야 하며,
밑바닥에서 행하는 것을 너희가 스스
로 행해야 함이니, 너희가 하는 것을
하나하나 점검해 보라.
65 거기에 놀라운 정답이 있는 것이니라.
66 너희는 무서우리만큼 거기에 진리가
있으며 정답이 있으니,
67 그 밑에서 그것을 하나하나 찾아 깨달
음을 얻을 때 그것이 기쁨이요, 그 깨
달음을 하나 얻을 때 내가 너희에게
역사하며 은혜를 내림을 알아야 할
것이니라.
68 오늘 내가 나의 아들에게 비둘기 네
마리를 보내어 그를 비추어 주었음이
니, 그는 그 제자들 네 사람이 그렇게
변한 증거를 보여 주기 위해서 함이
니라.
69 지금 너의 제자 네 명이 그리 무섭게
변해 가고 있으며 스스로 자신을 다
스려 가는 그 증표로 내가 나의 아들
에게 네 마리의 비둘기의 형상을 보
여 주었음이니라.
70 사랑하는 나의 아들아, 그것이 너의
제자 네 사람이 지금 아랫입술을 깨물
며 피를 토하는 그 아픔으로 가고자
노력함이니라.
71 그러니 내가 너에게 그 증표로써 보내

주었음이니, 그 비둘기를 셀 수 없이
네 앞에 보일 때, 내가 너에게 그 형상
을 보여 줄 때, 그것이 네 제자가 변함
이니,
72 오늘의 너의 제자 네 명을 보여 주었
음이니, 그 네 명이 지금 무서우리만
큼 변해가고 있음을 알라.
73 나 여호와의 기쁨이요, 천사들도 놀라
며, 공포에 떠는 것은 사탄들이라는
것을 알라, 사랑하는 나의 아들아!
74 이제 너희가 동전 한 닢을 줄 때 정녕
그것이 사랑인가, 생각하여,
75 정녕 너희가 작은 동전 한 닢을 주더
라도 그것이 사랑을 듬뿍 담은 마음으
로 사랑하는 마음으로, 귀찮은 마음이
요, 형식적인 마음이 아니고, 사랑이
담긴 마음으로 주라.
76 사랑하는 아들아, 그것이 너희가 가야
할 길이며 너희가 행해야 할 길이니
그리 알라.
77 내가 너희를 사랑하여 또한 이 아침
에 밤과 낮을 가리지 아니하고 너희에
게 지키기 어려운 것을 명함이니, 나
의 마음을 알라, 사랑하는 나의 아들
딸들아!
78 너희를 사랑하기 때문이며 내 뜻이 그
러함이니, 내 뜻을 대신하여 지키고
행하는 자, 지금 너를 따르는 그 제자
들이요, 비둘기로 보여 준 그 네 명의
제자 위에 그들이 먼저 가야 하며 그
들이 행해야 함이니 그리 알라, 사랑
하는 나의 아들아!

7,422 번째 하나님 말씀

2003년 9월 5일 11시 32분

1 사랑하는 나의 아들아!
2 "네, 아버님! 말씀하옵소서."
3 나의 사랑하는 백성이라 내가 말할 수
있음이니, 오늘의 내가 네 마리의 비
둘기로써 그들을 상징하여 주었음이
니, 그들은 영원히 변하지 아니할 것
이니라.
4 그리고 그 비둘기는 정녕 나에게 올
것이니라.
5 그 네 마리의 비둘기가 세상에 있음이
니, 그들로 인하여 내가 모든 백성을
다 사랑하며 저희가 지금 잘못 가는
길 나를 능멸하는 그와 같은 짓을 하
고 가는 그 백성도 내가 그들이 돌아
오기를 문을 열어 놓고 기다릴 것이며,
6 그들을 내가 다시 한 번 사랑하여 너
희로 하여금 그들이 나에게 올 수 있
는 백성이라는 그 기대의 마음을 내가
가짐이니라.
7 육의 세상에서 자식이 잘못되었으나
친구를 만나 또 좋은 친구를 만났을
때 혹시나 그 친구로 인하여 잘못된
내 자식이 바른 사람이 되어 돌아올
수는 없을까 하는 그와 같은 기대심리
를 갖는 것은 인간인 너희도 마찬가지
이니라.
8 사탄이 요구하는 것은 사탕발림이요,
너희가 하늘에 오는 길은 입에 가시를
놓고 말하는 것과 같다 하였음이니,
9 밤송이를 무는 것보다도 더 아픈 것이
너희가 오늘 바르게 사는 길이요, 하
늘에 오르는 길이라 하였음이니라.

10 그러니 지금 비둘기 네 마리를 내가
너희에게 내려보냈으니, 그게 바로 그
들이 네 명이니 그가 천사가 되어 있
음이니라.
11 그들이 비록 지금은 죄를 지었으며 그
들이 잘못 가는 것이 있으며 가슴 아
픈 것이 있다 해도, 그들은 이미 천사
의 길에 들어섰음이니라.
12 그리하여 내가 그들의 네 명이 천사가
있음이니, 이 세상에 나의 피조물 만
백성들이 구원의 길에 올 것이라는 생
각을 하며, 내가 너희를 사랑으로써
듬뿍 다시 한 번 가슴에 안고자 하며,
13 모두를 미워하지 않는 마음으로 오늘
아침 나 여호와가 나의 아들을 통하여
내 뜻을 그리 전함이니라.
14 사랑하는 나의 백성들아!
15 사랑하는 너희는 정이 있으며 또한 너
희는 사랑할 줄 알며 남의 어려움을
도울 줄 알며 남을 도와줄 줄 알며 너
희가 그와 같은 정이 가슴속에 그득히
들어 있느니라.
16 그것이 나로부터 너희가 받아서 나간
것이나, 너희가 그를 알지 못하며 그
를 쓰지 못하니, 사악한 마음이요, 욕
심의 뿌리에 그 모두가 무너지고 갈기
갈기 찢어지고 토막이 나 있는 형국이
라 그러하니라.
17 너희가 살면서 평생 알고 짓는 죄 또
모르고 짓는 죄, 그 많은 잘못된 삶을
살아왔으며 그 많은 죄 속에서 너희가
살아왔지 않느냐?
18 그러나 너희는 자신의 약한 그 의지
때문에 저질러진 그 죄에 어쩔 수 없
이 이기지 못했으며 도피하지 못했으
며 그를 버리지 못했음이니라.
19 그리하여 너희 자신이 의지가 약한 것
때문에 너희도 모르게 저질러진 그
수많은 죄에 부끄러움이라는 것을 알
며,
20 그 삶을 위하여 다시 한 번 그와 같은
길을 가지 않겠다고 반성하고, 두 번
다시 그와 같은 것은 네 사전에는 없
다는 마음으로 굳은 의지와 회개의 눈
물로써 너희가 살아가는 것이 가야
할 길이며,
21 또한 더구나 나의 이름을 부르며 나의
아들 예수로써 은혜를 받았다는 그 백
성이야말로 두말할 것이 없느니라.
22 저희가 의지가 약하여 비록 지은 죄라
할지라도 그 죄의 무서움을 알며 두려
움을 알며, 그와 같은 일을 두 번, 세
번 다시는 절대 하지 않겠다는 굳은
약속으로써 반성하고 회개하고 가는
것이 믿음의 길을 가는 백성이요, 만
백성을 인도하는 지도자들이 가야 할
길이니라.
23 그러나 지금의 모든 종교 집단이요,
지도자요, 그들이 믿음의 길을 가는
길이 어떻더냐?
24 그들은 그와 같이 회개하고 반성하며
두 번 다시 죄를 범하지 않는 그와 같
은 마음이요, 그와 같은 삶의 길을 가
는 백성이 아니니라.
25 그저 저희는 모두가 다 사함을 받았
으며 저희는 다 구원을 받은 백성이
라 자처하고 있음이니,
26 이를 보는 나 여호와의 가슴이 천 갈
래 만 갈래 찢어짐이니,
27 오늘 아침 내가 나의 백성이요, 너를

따르는 그 제자들에게 내가 비둘기 네
마리로서 증표를 보여 주었음이니,
28 그들이 세상에 있는 한 이 백성 또한
내가 돌아올 것이라 생각하며 마음을
열고 기다릴 것이니 그리 알라, 사랑
하는 나의 아들아!
29 지금 너를 따르는 그 제자들이요, 나
의 법전을 읽고 깨우친 백성이요, 내
가 비둘기로 상징하여 보여 준 네 명
의 그 제자들 그리고 법전을 읽고 깨
우쳐 너를 따르는 제자들 나의 아들을
따르는 그 제자들은 과연 너희와 똑
같은 인간이니라.
30 그들도 세 끼의 밥을 먹고 살며 추우
면 옷을 입으며 더우면 벗고 사는 것,
그리고 향락과 즐거움도 알며 부귀영
화도 아는 그와 같은 백성이요,
31 지금의 잘못 가는 종교 지도자 속에
있는 그 백성과 나의 아들을 따라가
는 그 백성은 똑같은 인간이요, 똑같
이 느끼고 살아가는 자들이니라.
32 그러나 나의 아들을 따르는 그 제자들
이요, 법전을 공부하며 강론을 들은
것이 몇백 년 몇십 년이 되더냐?
33 그 뿌리의 역사가 얼마나 길더냐?
34 그러나 그들은 저희가 깨우침이 얼마
안 된다 하여도 그들이 나의 법전을
접한 지는 얼마 안 된다 해도,
35 그들은 진정한 하늘에 오르는 길이 무
엇인지 알고 마음을 비우고자 발버둥
치기에, 그들이 지금 알고 모르고 지
은 죄 때문에 그 삶에서 벗어나려고
그들은 눈물로써 몸부림을 치고 있으
며,
36 피눈물을 쏟으며 그들은 자신을 다스
리려고 지금 죽지 못한 삶을 살아가는
그와 같은 몸부림 속에서 싸우는 자들
이니라.
37 그 제자들이 지난날의 삶에 대하여 그
들은 스스로 뭐라 말하더냐?
38 벌레만도 못한 자며, 날아다니는 풀벌
레만도 못하며, 심지어는 구더기만도
못한 자라 그들은 저 자신을 그리 저
주하며 미워하는 마음으로써 지금 후
회요, 통한의 눈물을 흘리고 있으며,
참회의 피눈물을 흘리고 있으며,
39 피눈물로써 그 모든 죄를 씻어 내려고
몸부림을 치고 있으며 노력하고 가는
그들이니라.
40 수천 년 역사 동안 믿음의 길을 가는
백성 너희는 과연 누구의 자식이며
누구의 뜻에 살며, 구약의 율법에 따
라 사는 백성은 어떤 백성이며 신약에
따라 사는 백성은 어떠한 백성이며 나
의 십계명에 따라 사는 백성은 어떠한
백성이냐?
41 내가 보기도 아까우며 눈에 넣어도 아
까운 비둘기 네 마리의 그 천사들을
사탄이라 욕하지 말며 감히 그들을
짓밟으려 하지 말라.
42 그 근처에도 가지도 못하는 것이 지금
의 수천 년 동안 믿음을 흘러온 종교
집단이요, 지도자요, 구원을 받았다며
광신도가 되어 욕심이 그득하여 목에
까지 차 있는 자들이니,
43 그와 같은 백성이요, 신도들이 울부짖
는 그 형국은 감히 그들 옆에도 근접
할 수 없음이니 그리 알라.

7,423 번째 하나님 말씀

2003년 9월 5일 11시 38분

1 사랑하는 나의 아들아!
2 "네, 아버님! 말씀하옵소서."
3 지금 나의 아들 너를 따르는 제자들이
요, 그리고 법전을 깨우친 그 백성은
저희가 알고 지은 죄, 모르고 지은 죄,
그 죄를 씻으려고 피눈물나는 고통의
어려운 그 길을 가며,
4 그 피눈물로써 지은 죄를 씻을 수 있
다면 그 피눈물로써 씻고자 하는 그
어렵고 고통스러운 그 길을 가는 나의
백성이요,
5 지금의 수천 년 동안 흘러온 종교 집
단 지도자는 그저 저희가 어떻게 살
든 나의 아들 예수를 믿기만 하면 그
보혈의 은혜로써 모두 구원을 받은 자
라 그리 말하는 자니, 너희는 그들을
보라.
6 과연 그들이 가는 길이 어떠한 길이며
너희가 가야 하는 길이 어떠한 길인
가?
7 너희는 여기서 동요되지 말아야 할
것이며, 오로지 너희는 그 길을 가면
됨을 알라.
8 이제 사랑하는 만백성 너희는 알아야
할 것이니라.
9 수천 년 동안 흘러오는 믿음 속에서
온 백성이 그저 말로써 저희는 은혜
를 받고 구원을 받았다는 백성과,
10 저희가 알고 모르고 지은 그 죄가 부
끄러워 그걸 씻어 내기 위하여 벌레만
도 못하다며 저 자신을 저주하며, 벌
레만도 못한 삶을 살아온 것을 후회하
며,
11 지금까지 저희가 살아온 것이 나에게
구원을 받으려고 살아온 길이 아니요,
인간의 도리를 위해서 살아온 것이 아
니요, 죽음을 위해서 죄악을 위해서
살아왔다는 저희의 지난날의 그 삶을
지금 후회하며 통한의 눈물을 흘리며,
12 지난날의 삶이라는 것이 하늘에 오르
며 아름다운 인간의 도리를 하며 사는
것이 아니요, 죽으려고 살며 죄를 지
으려고 살아온 그와 같은 삶을 후회하
며,
13 얼마 남지 않는 이 세상을 죽은 자가
되어 가장 아름다운 모습으로 살아가
고자 변하는 그들을 볼 때, 과연 너희
는 어찌하는가?
14 그렇다면 이제는 나의 법전을 읽고 깨
우친 나의 선택된 백성이 그리 무섭
게 변하는 것을 본다면,
15 나의 법전이 무엇 때문에 이 세상에
내려졌으며 나의 법전이 어떠한 뜻을
안고 이 세상에 내려왔는지 너희는
그걸 알게 될 것이며 보게 될 것이니
라.
16 그들을 보면서 법전을 읽는 백성이 어
쩌며, 법전을 놓고 공부한 백성이요,
나의 아들을 통하여 내리는 강론을 들
은 백성이 변하는 그것을 모르며,
17 그들이 변하는 것을 알 때 너희는 법
전이 세상에 내려온 그 은혜가 어떻다
는 것을 알 것이거늘, 그걸 보지도 아
니하려는 것이 너희니라.
18 너희가 알고 모르고 지은 죄요, 내가
사랑하는 아들딸들 너희를 하늘에 오
르는 그 길로 이끌어 주고자 하여 나

의 법전을 세상에 내려보냈음을 알아
야 할 것이니라.
19 내가 너희에게 내리는 마지막 가장
큰 은혜요, 축복이요, 영광이라는 것
을 알라.
20 너희는 인간 세상의 부귀영화요, 권력
이요, 그 모두를 위하여 기도하며 그
걸 위하여 몸바쳐 사는 그와 같은 삶
은 바로 하늘에 오르는 길이 아니요,
지옥의 길이라는 것을 내가 수없이 가
르쳤음이니라.
21 그러니 너희는 영의 삶이요, 하늘의
뜻에 사는 삶을 살라.
22 그 길을 가게 하려고 나의 법전을 세
상에 내려보냈음이니, 내가 그와 같은
백성을 바로잡으려고 내려보낸 정답
이 법전이니,
23 정답을 보지 아니하고 너희가 오답을
써서는 절대 점수를 맞을 수 없다는
것을 이제 깊이 깨달아야 할 것이니
그리 알라.
24 너희가 살면서 지은 죄, 너희가 살아
가면서 용서받는 길, 그리고 나에게
구원을 받는 길, 그 모두를 상세히 기
록하여 가르치고자 하여 나의 법전이
세상에 내려왔음이니 그를 알라.
25 그를 받아 기록하는 나의 아들을 너
희가 바라보기를 사탄이요, 이단이라
감히 그리 볼 수 있는가?
26 그리고 내가 비둘기로써 보여 준 그
천사와 같은 나의 아들을 따르는 그
제자들 앞에 너희가 과연 무엇으로써
시시비비를 하며 갑론을박할 수 있는
가?
27 그들이 하나하나 변하는 무서운 마음
을 안다면 너희는 몸서리치며 감히
고개 들고 더 말을 할 수도 없는 자들
이니,
28 남의 속을 모르며 상대방의 마음 가짐
을 모르며 변화됨을 모르는 것이 너희
병이니 그리 알라.

7,424 번째 하나님 말씀

2003년 9월 5일 11시 45분

1 사랑하는 나의 아들아!
2 "네, 아버님! 말씀하옵소서."
3 내가 너의 제자들을 사랑함이니, 내가
오늘 천사와 같은 너의 제자들이 있음
을 너에게 알려 주었으며, 그들은 내
가 영원히 기억할 것이니라.
4 그들의 고충이 얼마나 심하고 그들이
얼마나 인간으로서 어려운 길을 갔는
가?
5 내가 그들에게 다시 한 번 그들의 길
을 가르쳐 줌이니, 나를 원망하지 말
며 나를 욕하지 말라 그리 전하라, 사
랑하는 나의 아들아!
6 이제 그 제자들에게 너는 전해 줄 것
이며, 그들이 가야 할 길을 정확히 가
르쳐 주라.
7 순금을 불에 녹이고 녹였을 때, 거기
에서 빠지는 것은 무엇이더냐?
8 모든 불순물을 제거하며 그 불순물들
이 빠지는 것이 아니더냐?
9 그러니 너의 제자들은 순금을 불에 녹
이고 녹여서 불순물을 제거하는 것보
다도 더 강도 높은 어렵고 힘든 그 삶
을 살아야 할 것이며,
10 그보다도 더 독하고 독한 마음으로써

너희 마음속에 있는 욕심이요, 불순물
을 다 제거해야 하는 것이 그들이 앞
으로 가야 할 길임을 알아야 할 것이
니라.
11 사탄은 항상 꿀을 가지고 너희가 먹
기를 바람이니라.
12 그러나 꿀을 싫다는 동식물이 없음이
니, 너희 또한 거기에 무너짐이니라.
13 너희는 펄펄 끓은 용광로 속에서 금이
녹고 녹는 것이 너희니라.
14 그리하여 불순물을 하나도 없이 제거
하는 그것보다도 열배 백배 더 강하
게 불순물이요, 욕심을 제거하는 것이
내가 오늘 선택한 그리고 보여 준 그
제자들이 가야 할 길이라는 것을 절대
잊지 말라, 사랑하는 나의 아들아!
15 나 여호와의 마음이 아프니라.
16 그러나 너희는 갈 수 있으며 너희가
해야만 다른 백성이 할 수 있음이니라.
17 이를 명심하도록 그리 전하라.
18 너희는 순금을 녹이는 것보다도 더 달
구고 달궈 너희 자신의 고통과 싸워
너 자신을 다시 만들어야만 영원히 그
비둘기가 날아와 하늘에 오를 수 있느
니라.
19 그렇지 아니하면 그 비둘기가 몸이 무
거워 그 자신이 날아서 하늘에 올 수
없음이니, 이는 곧 너희가 나에게 올
수 없는 것이니라.
20 너희를 비둘기로 만들어 놓았으니 이
제는 어떠하던가?
21 그러니 그들이 가볍게 날아올 수 있도
록 잘 다스리고 나가면 된다는 것을
잊지 말라.
22 사랑하는 나의 아들딸들아!
23 나 여호와는 너희의 겉치레를 가지고
내가 점수를 주는 것이 아님이니라.
24 그러니 너희는 겉치레의 형식적인 그
모두를 다 버려야 할 것임을 알아야
할 것이니라.
25 너희는 겉치레가 아니요, 내면이 변해
야 할 것이며, 지금처럼 무섭게 변해
가는 그와 같은 삶을 살라.
26 나는 알고 있음이니라, 너를 따르는
그 제자들이 얼마나 무섭도록 마음을
독하게 먹으며 그들이 변해가고자 하
는지.
27 그리하여 내가 상으로 그들이 비둘기
가 되어 있음을 보여 주지 아니하였더
냐?
28 더 무섭도록 독한 마음으로써 변해 가
도록 그리 전하라.
29 나 여호와는 너희의 겉치레를 보지
아니하며, 너희 내면의 마음을 가진
것을 가지고 심판한다는 것을 절대
잊지 말라, 사랑하는 나의 아들딸들아!
30 너희가 알몸으로써 거울에 비추어 너
자신을 다 비추어 보듯이, 네가 알몸
으로써 너 자신을 거울 앞에 비추어
보는 것보다도 더 정확하게 더 빠짐없
이 너희의 그 모든 죄를 내가 알고 있
으며, 그 내면의 마음까지도 알고 있
음이니라.
31 너희가 벗은 몸으로 거울에 섰을 때는
오물을 닦아낼 수 있으나, 너희 마음
속에 있는 그 오물을 보지 못하며 그
욕심을 들여다보지 못할 것이니라.
32 그러나 나 여호와는 너희 그 알몸이
요, 모든 마음속에 있는 것까지도 다
바라보니, 그를 가지고 내가 너희를

심판함이니라.
33 그러니 너희가 심판대에 서게 됨이니,
내면의 욕심을 버리지 못하며 알몸으
로 나에게 섰을 때 너희가 죄가 더덕
더덕 붙어 고개 들지 못하며 수치스러
운 모습이 되어서는 아니 될 것이니라.
34 그와 같이 수치스러운 모습으로 되었
을 때, 너희 스스로 고개를 들지 못하
고 선택해서 가는 길이 어느 길인 줄
알겠느냐?
35 너희가 그리도 몸부림치고 피를 토하
면서 너희 손에서 상처가 나도록 그
문고리를 놓지 아니하고 매달리는 지
옥문으로 가는 것이 나의 백성 너희가
가는 길이라는 것을 잊지 말라.
36 아무리 사람들이 밀어도 그 손을 펴지
아니하고 발버둥치며, 손가락이 잘라
져 나가더라도 들어가려 하지 않으려
지옥문에 매달리는 것이 너희가 지옥
에 들어가는 길이니, 그 길을 너희 스
스로 가야 한다는 것을 잊지 말라.
37 나의 법전을 읽고 또 읽어 그대로 행
하는 삶이 너희가 지옥행 열차를 타
려고 하는 그 백성이 탈출하는 것이
니라.
38 정녕 그들은 스스로 탈출할 수가 없음
이니라.
39 지옥으로 달려가는 그 열차는 자연의
바람이요, 자연의 아름다움을 보는 순
간에 스쳐 지나감이니, 저희가 생각할
시간도 없이 지옥문으로 떨어짐이니
라.
40 그 번개처럼 스쳐가는 그들을 구원하
는 것이 너희니라.
41 곧 너희가 나의 법전을 가지고 그들
에게 전해야 할 것이며,
42 그보다 더 중요한 것은 순금을 불에
녹이는 것보다도 너희 자신의 불순물
을 다 뽑아낸 그와 같은 모습이요, 너
희 자세가 더 위대하고 소중함이니,
그리 살라, 사랑하는 나의 아들딸들아!
43 너희가 무섭도록 달려가고 있음이니
라.
44 모두는 가속되어 속도를 붙이듯이, 지
금 가속도가 붙었을 때 한 점의 불순
물도 없이 다 제거하는 그와 같이 무
서운 마음으로 전진해 가도록 그리하
라.
45 내가 너희를 사랑함이니라.

7,425 번째 하나님 말씀

2003년 9월 5일 11시 50분

1 사랑하는 나의 아들아!
2 "네, 아버님! 말씀하옵소서."
3 이제는 너의 제자 중에 비둘기가 된
자가 있으며, 너의 제자 중에서는 계
속 비둘기와 같은 자로서 비둘기로
다시 태어나는 그와 같은 형상으로 보
게 될 것이니,
4 그와 같은 변화의 역사를 이루는 너희
는 과연 어떠한 형태로 살아가야 하는
가를 내가 알려 주었음이니라.
5 순금을 녹여 모든 불순물을 제거하는
것보다도 더 강한 마음으로 너희 자신
의 모두를 뽑아내라 하였음이니라.
6 그러니 여기서 너희가 또 하나 깊이
깨우치고 가야 할 것을 내가 너희에
게 명함이니라.
7 너희 몸에 붙어 있는 것, 너희 몸에 부

닥치는 것, 너희 육이 행하여 이루어
지는 그 모든 것, 눈으로 보이는 것에
대하여 그 사물에 대해서 현혹된 삶을
살아서는 절대로 아니 됨이니라.
8 너희가 만질 수 있는 것, 눈으로 볼 수
있는 것, 구할 수 있는 것, 얻을 수 있
는 것, 취할 수 있는 것, 부귀영화요,
명예요, 이 세상에 돌아가는 과학의
위대함이요, 그리고 남이 가진 훌륭한
것들이요, 좋은 것들이요, 아름다운
것이요,
9 그 눈에 보이는 어떠한 그 사물에도
너희 자신이 현혹되며 네 마음이 흔들
려서는 아니 되는 것이니라.
10 그러니 눈에 보이는 사물이요, 눈에
보이는 그 욕망이요, 눈에 보이는 그
현란함이요, 눈에 보이는 그 과학의
위대함이요, 그 모두에서 너희가 현혹
되지 아니하고 벗어나는 삶을 사는 것
이 너희가 비둘기가 되는 백성의 길
이라는 것을 깊게 가르쳐 주도록 하
라, 사랑하는 나의 아들딸들아!
11 너희가 몸으로 부닥쳐 이루어지는 그
모든 것, 눈에 보이는 것, 욕구에 대한
것을 성취하고자 네 인생의 소중함을
다 바치고, 지금 어떠한 길인 줄 모르
며 허덕이고 살아가는 것이 모든 나의
백성의 오늘의 삶이 아니더냐?
12 너희가 산다면서 보이는 것을 위하여
살아가는 그와 같은 백성 속에서, 이
제 나의 아들을 따르는 제자들이요,
나의 아들을 따르며 그 법전을 보며
나의 선택된 백성 너희가 변하는 모
습으로써 하나 둘 너희가 변하는 숫
자를 내가 변하는 만큼 보여 주고 있
음이니,
13 나 여호와를 볼 수 있는 그와 같은 길
은 육의 세상에 너희를 현혹하는 것
에 현혹되지 아니하며 거기에서 벗어
나는 삶을 살아야 할 것이니라.
14 그리한다면 너희가 나를 볼 수 있을
것이니라.
15 그러니 너희가 나 여호와를 볼 수 없
으며 나 여호와를 만질 수 없으며 나
의 음성을 들을 수 없는 그와 같은 사
후 세계의 보이지 않는 다음 세상에
올 수 있는 삶을 사는 것이 얼마나 위
대하고 현명한 것인가를 그 제자들에
게 깨우쳐 주라.
16 보이는 것에 허덕이며 보이는 것에 현
혹되어 벗어나지 못한다면 너희가 나
를 볼 수 없듯이, 보이지 않는 세상을
위하여 너희가 준비된 삶이요, 준비를
위한 삶을 살지 못하는 것이 너희니라.
17 너희 몸과 눈을 사로잡는 모든 육의
삶에서 벗어나지 못한다면 너희는 아
무것도 구할 수가 없으니 그리 알라.
18 그러니 너희 눈에 보이는 그 육의 세
상의 각종 너희를 유혹하는 그 현혹
된 것들 속에서 필사적인 탈출을 시도
해야 할 것이며, 목숨을 바쳐 탈출하
는 백성이 되어야만 함을 너희는 알
아야 할 것이니라.
19 모두는 끊임없음을 알라.
20 끊임없이 흘러 너희를 유혹하는 것이
니라.
21 그리고 안락한 생활에 흘러가기 시작
하며 안락함에 상주하여 즐기며 만족
하는 자는 또한 벗어날 수 없음이니라.
22 너희는 육의 삶에서 모든 것을 찾고자

함이니라.
23 안락한 삶이 너희를 잡으며, 부귀영화
들이 너희를 잡으며, 욕심이라는 그
근본이 너희를 붙잡고 늘어짐이니,
24 그를 뿌리치고 거기에서 탈출하는 백
성만 나에게 오를 수 있다는 것을 너
희는 절대 잊어서는 아니 될 것이니라.
25 나누며 사는 것, 사랑을 베풀며 사는
것, 모든 네 것을 가지고 남에게 나누
어 줄 수 있는 그 길을 선택하고 살라.
26 그것이 바로 너희가 사물에 현혹되지
않는 백성이니,
27 그 비둘기와 같이 변하는 제자들이 가
야 할 길이라는 것을 절대 잊지 말라.
28 내가 너희를 사랑함이니라, 사랑하는
나의 아들딸들아!

7,426 번째 하나님 말씀

2003년 9월 5일 11시 57분

1 사랑하는 나의 아들아!
2 "네, 아버님! 말씀하옵소서."
3 수천 년 동안 믿음의 길을 오는 그 백
성이 오늘의 그 믿음이 얼마나 황당하
고 무모한 길을 가느냐?
4 그들은 나에게 말을 하느니라.
5 '사탄과 싸우는 힘과 용기를 주옵소서.
6 그리고 저희가 마음의 생각을 하고
살아가는 힘을 주옵소서.
7 순간에 선하고 착한 생각이 든 그 마
음을 영원히 지키고 살아갈 수 있도록
저에게 힘과 용기를 주옵소서.
8 그리고 명예를 얻을 수 있도록 힘과
용기를 주옵소서.
9 그리고 재물을 얻을 수 있도록 용기와
힘을 주옵소서.
10 그리고 건강하고 오래 살 수 있도록
저에게 힘과 용기를 주옵소서.
11 그리고 제 자식들이 남의 자식에게 뒤
지지 않는 삶을 살 그 기회와 길을 주
옵소서.' 그저 수천수만 가지를 갖다
둘러 댐이니라.
12 그리고 나에게 힘을 달라 하며 나에
게 역사해 달라 그리하느니라.
13 그것이 오늘의 백성 너희가 가는 형
국이니라.
14 그것이 너희가 수천 년 동안 믿음을
온 길이며 오늘까지 존재한 길이니라.
15 나의 아들 사랑하는 예수가 피 한 방
울까지 모두 다 말라 죽는 그 고통 속
의 그 결과는 무엇이더냐?
16 제가 건강하게 제가 예쁘게 해 달라는
것, 제가 지혜로운 자가 되게 해 달라
는 것, 제가 병마에서 시달리지 않도
록 저에게 힘과 지혜를 달라는 것, 그
저 코가 예쁘게 해 달라는 것, 눈을 총
명하게 해 달라는 것, 그리고 한번 들
으면 잊어버리지 않는 그 기억력을 달
라는 것,
17 그저 너희는 눈만 뜨고 기도만 하면
나에게 힘을 달라 용기를 달라 그리
말하느니라.
18 그러니 그것이 얼마나 잘못된 자들이
냐?
19 그러니 나의 아들을 따르는 제자들이
요, 그 백성이요, 이제 비둘기의 천사
로 변하기 시작한 그 백성 너희는 기
도를 그와 같이 해서는 아니 되는 것
을 알 것이니라.
20 너희가 아름다운 생각의 마음을 가졌

다면 나 여호와에게 '제가 지금 생각
하는 그 아름다운 마음을 지키고 행할
수 있도록 노력하겠사옵나이다.
21 그리고 제가 지금 모두를 다 이해하며
용서를 하는 마음, 그리고 이 세상에
제가 죽은 자로서 갈 수 있도록 저는
그리 살아가겠사옵나이다.
22 그리 노력하겠사옵나이다, 그리 가겠
사옵나이다.' 하며,
23 그리고 너희가 나에게 힘을 달라는
것이 아니라 너희가 그리 지키고 살
아가겠다는 그 각오와 노력이요, 그리
하여 너희가 두 번 다시 그를 범하지
않는 굳은 결의의 마음으로 가는 그것
이 나에게 하는 기도요, 나를 위해 경
배하는 마음이니라.
24 내가 오죽하면 오늘의 삶을 반대로 살
아야 하며, 너희가 가는 그 믿음을 반
대로 가야 한다 했는지 그 뜻을 알지
않겠는가?
25 너희는 그저 힘을 달라 그리 말하느니
라.
26 그저 용기를 달라 그리 말을 하느니
라.
27 그러나 너희는 그리 말하지 말라.
28 너희가 행하겠다는 각오와 약속으로
써 지키겠다는 것, 그리고 나에게 약
속한 것을 지키고 살아가는 그와 같은
백성이 나를 기쁘게 하며 나에게 오를
수 있는 자들이요, 진정한 나의 아들
딸들이 가는 길이라는 것을 너희는
알아야 할 것이니 그리 알라, 사랑하
는 나의 아들아!
29 이 세상에 살아가면서 다시 태어나며
다시 새로운 삶을 살아야 한다는 것
이 어떠한 의미인지 이제 너희는 알지
않느냐?
30 너희는 이 세상에 살아가면서 알아야
할 것이 있음이니라.
31 너희는 눈으로 보이는 것, 그저 잠깐
스쳐 가는 모든 것, 그저 번갯불처럼
스쳐 가는 그것에 모두를 바치는 어리
석은 삶을 살지 말라 함이니라.
32 보이지 않는 세상, 너희가 볼 수 없는
그 영원한 세상을 위하여 눈이 뜨여야
하며, 그것을 볼 줄 아는 눈이 뜨여야
함을 알아야 할 것이니라.
33 너희가 가진 그 눈은 육의 세상에 보
이는 것만을 보며, 보이는 것으로써
모두 전부인 양 평가하고 거기에 연
연하는 그와 같은 눈이 뜨여서는 아니
되는 것이니라.
34 이 세상에서 볼 수 없는 것, 보이지 않
는 사후의 세계요, 다음의 세상을 볼
수 있는 그 눈이 뜨여야 하니,
35 그 눈이야말로 보배스러운 눈임을 너
희는 알아야 할 것이니라.
36 보이는 눈이 아닌 보이지 않는 세상을
볼 수 있는 눈을 떠야 할 것이니, 그
눈이 얼마나 소중하고 귀한 것인 줄
알겠느냐?
37 이제 너희는 육의 세상에서 욕하는
것, 고성을 지르며 언성을 높이는 그
와 같은 것을 들으려고 귀가 존재하는
것이 아니니라.
38 아름다운 꽃들이 말하는 소리를 들을
수 있으며, 식물들이 말하는 소리를
들을 수 있으며, 새들이 지저귀는 것
이요, 동물들의 울음소리를 듣는 그와
같은 귀를 열어야 할 것이며,

39 하늘에서 내가 너희에게 수없이 내리
는 나의 성령이요, 나의 뜻이요, 나의
가르침을 너희가 바람결에 들을 수
있는 그와 같은 귀를 열어야 함이니,
그 귀가 소중하며,
40 그 귀를 여는 것이 너희가 나에게 올
수 있는 기초에 들어선다는 것을 잊지
말라, 사랑하는 나의 아들딸들아!
41 듣는 것에 현혹되는 귀가 되지 말며,
눈에 보이는 것으로써 현혹되는 눈이
되지 말라.
42 듣지 못하는 세상의 소리를 들으며,
나 여호와의 진리를 들으며, 보이지
않는 다음 세상을 알며, 그 세상의 아
름다움을 볼 수 있는 그 눈이야말로
보배로운 눈이라는 것을 잊지 말라,
사랑하는 나의 아들딸들아!
43 내가 너희를 사랑함이니라.

7,427 번째 하나님 말씀

2003년 9월 5일 12시 06분

1 사랑하는 나의 아들아!
2 **"네, 아버님! 말씀하옵소서."**
3 너를 달궈 밤과 낮을 가리지 아니하고
내가 법전을 내리며, 또한 너의 제자
들이 변하고 변하는 그들에게 가시나
무 채를 흔들어 더 변하기를 원하며,
4 사랑과 은혜를 내리지 아니하며 그 상
처 남을 씻어 주지 아니하며, 오로지
내가 가시나무 채로써 너희에게 더
휘두르고 더 매질하는 그 뜻을 알겠느
냐?
5 그리하여 너희가 바로 서지 아니하면
아니 되기 때문이니라.
6 지금 수천 년 동안 흘러오는 그 많은
나의 아들딸, 나의 백성이 잘못된 종
교 집단이요, 지도자들의 가르침으로
하늘에 오르는 길이 아니요, 지옥으로
갔다면 과연 너희는 어찌하겠느냐?
7 그를 바로잡을 수 없어서 내가 이 세
상에 의인을 만들며, 죄가 무서움을
알며 죄짓지 않는 백성이 있어 그를
보고 깨우쳐야 할 것이니,
8 아래에 내가 너희에게 전하는 내용을
들으면 너희가 얼마나 어렵고 힘든 길
을 가며 그들을 구해야 하는가를 알
것이며, 수천 년 동안 흘러온 모든 백
성이 지옥 불로 갔다는 그 의미를 너
희는 알아야 할 것이니라.
9 수천 년 동안 흘러오는 종교 집단이
요, 지도자요, 그 믿음에 연연하여 모
두를 다 바치며 가는 그 백성이 믿어
온 것이 어떠한 것이냐?
10 그들은 오로지 아무것도 남은 것이 없
으며 아무것도 저희가 나를 위하여
기도한 것이 없으며 나를 위하여 역사
한 것이 없으며, 내 뜻을 만백성에게
전하고자 봉사하고 희생한 것이 하나
도 없다면 너희가 알겠느냐?
11 바늘구멍만큼도 그들은 역사한 것이
없다 함을 너희는 알아야 할 것이니
라.
12 지금까지 흘러온 종교 집단이요, 지도
자요, 구원을 받았다 맹종하고 광분하
는 그 백성은 어찌 살아왔느냐?
13 저희가 어떠한 집회를 하며 어떤 기도
원이요, 어떠한 크나큰 행사에 나의
피조물 만백성들을 모아 놓고 그들을
깨우쳐 하늘에 오르는 길에 인도한다

깨우친다는 자들이 수천 년 동안 한
말은 무엇인 줄 알겠느냐?
14 다람쥐 쳇바퀴 돌듯이 그 말과 그 뜻
만 가지고 지금까지 흘러왔으며 수천
년 동안 그리 흘러왔음이니라.
15 그리고 또다시 몇천 년이요, 영원히
지구가 존재하는 한, 나의 백성이 존
재하는 한 그들은 똑같은 소리를 되풀
이하고 또 되풀이하고 그리 가르칠 것
이니라.
16 너희는 들어야 할 것이니라.
17 그들이 수천 년 동안 지금 똑같은 소
리만 부르짖는 것이 무엇이더냐?
18 그들은 그리 말하느니라.
19 교회요, 부흥회요, 또 부흥성회요, 기
도원이요, 어떠한 것이든 저희가 주관
하는 모임이요, 행사에 와 손에 있는
반지요, 지갑에 있는 금화요, 지폐를
갖다 바치기만 하면, 너희가 참석하여
그 모두를 바치기만 하면 놀라운 믿음
으로써 그 역사를 알며, 나 여호와에
게 얻어지는 그 기적은 이루 말할 수
없다고 가르치며,
20 그리고 너희 손으로 지은 죄의 온상
인 그 교회에 나오기만 하면 하늘의
기적이 이루며 예수가 이루었던 그 기
적의 역사를 이루며 나 여호와로부터
너희가 기적의 역사를 얻는다고 그리
말하며,
21 그들에게 뭐라 말품을 팔아 재물을
거둬들이는 것을 수천 년 동안 반복한
줄 알겠느냐?
22 너희가 와서 재물을 바치는 자는 가정
의 운세가 일어 만사형통이 되며 가정
의 운세가 따르며, 직장 생활하는 자
는 직장의 운세가 따르게 되어 있으며,
23 그리고 사업을 경영하는 자는 아무리
어렵다 해도 그 사업의 운세가 따라
승승장구할 것이며, 직장 생활 하며
승진할 때 걱정하지 않고 승진을 할
것이며,
24 자녀의 운세 또한 다 형통하여 모두
다 이루어질 것이며,
25 너희가 그리 갈구하는 오래 살 수 있
는 세상이요, 건강하게 이 세상을 살
며 병마에 시달리지 아니하며 그리 살
다 나에게 와 구원을 받을 것이며 하
늘에 오를 것이다 그리하며,
26 너희가 이루는 그 집회요, 성회요, 그
리고 모든 행사요, 너희가 손으로 지
은 죄의 온상인 교회에 와 재물을 바
치고 울고불고할 때 이와 같이 가정
의 운세요, 직장의 운세요, 사업의 운
세요, 승진의 운세요, 자녀의 운세요,
저 자신의 운세요, 그 모두를 나 여호
와에게 기름 부음의 영광을 얻는다고
말함이니,
27 사악한 자들 앞에 어찌하여 나 여호와
가 성령의 기름을 붓는 영광을 내린다
말하느냐?
28 너희가 그와 같이 행하는 것은 나 여
호와로부터 기름을 붓는 영광이요, 축
복을 받는다고 말하는 것이 수천 년
동안 지금까지 수많은 나의 백성에게
되풀이하고 되풀이해 그들을 지옥으
로 인도했으며, 앞으로도 계속 부르짖
는 것은 이것밖에는 부르짖을 것이 없
음이니라.
29 이들을 바로잡고 거기에 찌든 자, 거
기에 눈이 멀어서 알지 못하는 자, 그

속에서 그들을 잘라내고 그들을 풍비
박산시켜 나 여호와의 뜻을 알 수 있
도록 하는 것은 너희뿐이니, 너희가
얼마나 강하고 강한 자가 되어야만 하
겠느냐?
30 너희는 돌을 자르는 톱날이 되어야
할 것이며 쇠를 깎는 톱날보다도 더
강한 톱날이 되어야 할 것이니라.
31 이 세상에 어떠한 것도 너희를 깨지
못하며 너희 톱날 앞에는 누구도 견
디지 못하며, 돌도 자르며 쇠도 자르
며 바위도 자르며 모두를 다 자르는
그와 같은 강한 톱날로서 너희가 굳
어지지 아니하면 아니 됨이니라.
32 내가 너희를 달구고 달궈 가시나무
채로 후려, 그 상처를 치료해 주지 못
하며 그 어려움을 도와주지 못하며 너
희를 달구고 달구는 것이니라.
33 이 세상에 돌을 자르며 바위를 자르며
쇠를 자르는 그 톱날은 오로지 너희뿐
이니라.
34 이 세상에 쇠를 자르고 돌을 자르는
그 강한 톱날은 무엇이더냐?
35 그 톱날은 바로 너희니, 그걸 만들기
위함이니라.
36 저희는 그저 나 여호와가 저희에게
기름을 부어 영광을 주었다 하며 가정
의 운세요, 직장의 운세요, 저희가 살
아온 그 모든 것으로 지금까지 울부
짖고 또 울부짖는 광란으로 축복받았
다 하느니라.
37 찬송 부르고 노래 부르고 눈물 짜고
아우성치면 이것을 다 준다 하며 얻
었다 하며 기름 부음을 받았다 하며,
그것 때문에 저희가 미친 듯이 날뛰
는 자요,
38 기름 부음이요, 이와 같은 은혜가 없
으며 가시밭길을 가는 자리면 그 자리
는 텅텅 빌 것이며 거기와 침 뱉고 돌
아갔을 자들이 그 사악한 자들이니 그
리 알라.
39 이를 보는 나 여호와의 마음이 과연
어떠하겠느냐?
40 인간 속에서 너희가 기복 신앙의 대
표자들이요, 돼지머리 놓고 고사 지내
고 소원을 비는 그들보다도 더 사악
한 자들이니라.
41 그들은 고깔 쓰고 춤이라도 춰 주며
경문이라는 것도 외워 주며 그 수고비
를 받으나, 너희는 그와 같은 것도 없
이, 평생 주는 것 없이 갈취하는 자들
이니라.
42 그러니 너희가 기복 신앙의 대표자가
아니고 과연 무엇이더냐?
43 너희가 몇천 년 동안 소망을 이루려
고 빌고 많은 것을 이루고자 하는 그
믿음의 길이요, 하늘에 오르고자 몸부
림쳤던 그 모두는 위에 있는 그 내용
을 위하여 평생토록 천년만년 그걸
위하여 지금 울고불고 믿음의 길을 온
것이니라.
44 그 백성이 부르짖고 그를 위한 믿음의
길을 가고 지금까지 온 것이 그들이
가진 전부이며 그것 외에는 아무것도
없음이니라.
45 다만, 거기에 하나가 더 있다면 스스
로 재물을 바쳐 천국에 오르는 표를
살 수 있다는 그 말에 현혹되어 그저
악의 욕심이요, 악에 복받친 그 육의
욕심을 버리지 못하여 육의 그 길을

가며 그것을 위하여 지금까지 살아온
것이 너희니라.
46 너희는 정녕 성령으로써 진리요, 하늘
의 뜻을 깨우쳐 나에게 오르는 것이
아니요, 육의 부귀영화를 위하여 바라
보고 살며 그를 위하여 기도하고 그를
위하여 경배하며, 너희 자신을 위하여
네가 신이 되고자 하여 살아온 삶이니
라.
47 성령의 축복은 거기에 없음이니 기름
붓는 영광을 얻는다는 소리를 하지
말라.
48 이 불쌍한 백성들아, 내가 너희에게
기름을 붓는다면 끓는 기름으로써 너
희의 모든 살결이 튀기고 숨이 끊기는
그와 같은 기름을 부을 것이니, 지옥
에 가서 너희는 그 기름 부음을 알게
될 것이니라.

7,428 번째 하나님 말씀

2003년 9월 5일 20시 43분

1 사랑하는 나의 아들아!
2 "네, 아버님! 말씀하옵소서."
3 지금 수천 년 동안 흘러오는 그 백성
이요, 종교 지도자요, 그리고 이름 석
자만 대면 모든 백성이 다 알 수 있는
자요, 만백성들이 존경한다는 종교 집
단의 그 지도자들이요, 그들이 과연
뭐라 가르치느냐?
4 내가 친필로 쓴 그 십계명을 지킬 수
없으며, 인간이기 때문에 거짓 하지
아니하며 실수하지 아니하고 살 수 없
다고 말하는 자들이 아니더냐?
5 오늘 나의 아들을 따르는 제자 너희가
십계명을 암송할 때마다 다른 생각이
나지 아니하고 오로지 무아지경에서
십계명을 암송하고 기도하며 나의 법
전을 공부할 때 마음 자세를 다스려
공부하라 하였거늘, 너희가 지금 그와
같이 하지 못하는 것이 바로 무엇이던
가?
6 너희가 나의 십계명을 암송하며 기도
하고 공부하는 그 순간에, 그리고 진
리의 강론을 들을 때 다른 생각을 지
우지 못하며 다른 생각을 하는 그것이
나 그들이 십계명대로 지키고 살 수
없다는 것이나 마찬가지니라.
7 그러나 나 여호와는 너희에게 뭐라
말하였느냐?
8 너희는 실천하고 행할 수 있다 그리
명하였음이니라.
9 너희는 과연 그리 실천하고 행할 수
가 없는가?
10 나의 십계명을 암송하며 나의 강론을
들을 때 그 한마디의 의미를 깨달으려
고 무아지경 속에서 들을 수 없고 그
리할 수 없다면, 내가 너희는 그리할
수 있으며 그리해야 한다 하였거늘,
그 정답은 과연 어디 있느냐?
11 내가 너희에게 물어보고자 함이니라.
12 너희가 꿀이라는 것을 마시고 싶을 때
과연 다른 생각을 하고 있는가?
13 너희가 꿀을 마시면서 그 꿀을 먹을
때 과연 그 단 꿀을 먹으면서도 다른
생각을 하며 딴생각을 하는가?
14 너희가 맛있는 음식을 먹을 때 다른
생각을 하는가?
15 너희가 무엇을 갖고자 하여 얻었을 때
그 기쁨이요, 환희하는 그 순간에 다

른 생각을 하며 또 무엇을 생각하는가?
16 그리고 그 순간에도 딴 것을 생각하며
다음을 계획하는 그와 같은 생각을 하
는가?
17 너희는 꿀을 마실 때 다른 생각을 하
지 아니하며, 맛있는 음식을 먹을 때
다른 것을 생각하지 아니하며, 너희가
갖고자 역사하고자 하는 것을 작은
것을 이루었을 때도 딴생각을 하지
아니하고 좋아서 웃으며 기쁨을 나누
는 그와 같은 자들이면서,
18 어찌하여 너희가 영원히 사는 생명이
요, 구원이요, 이보다도 더 소중하고
귀한 것이 없다 하였거늘, 내가 친필
로 쓴 그 십계명을 암송하면서도 다른
생각을 마음속에 두고 그걸 지우지 못
한다면, 과연 너희는 어떠한 자들이냐?
19 그러면 십계명을 지킬 수 없다고 말
하는 것이 맞단 말이던가?
20 너희가 나의 십계명을 암송할 때 너
희 머릿속에 다른 생각이 떠오르지 않
는 것은 과연 어떠하던가?
21 너희가 그를 지울 수 없는가, 지울 수
있는가?
22 너희가 꿀을 마실 때와 같은 마음으로
써 십계명을 암송하면 다른 생각이 떠
오르며 잡생각이 너희 마음을 혼동케
할 수 있겠는가?
23 그와 같이 인간의 능력이 그러하며 너
희 생각이 다 그러하니라.
24 그러니 너희는 어떠한 것도 할 수 없
다, 도저히 인간으로써는 역사할 수
없다는 말을 두 번 다시 내 앞에서 하
지 말라.
25 바로 너희 마음자리가 그러하며 너희
생각이 그러하기 때문임을 알아야 할
것이니라.
26 너희는 정녕 역사할 수 있으며 이룰
수 있음이니라.
27 그리고 내가 너희에게 행하지 못할 것
을 명하지 아니하였음이니라.
28 그러니 행할 수 있는 것만 내가 너희
에게 명했거늘 그를 감히 행할 수 없
다고 생각하는 그와 같은 자들이 바로
어떠한 자들이냐?
29 바로 가고자 하는 그 백성마저도 지옥
불로 인도하는 그와 같은 죄를 짓고
있다는 것을 너희가 모르고 있기 때
문이니라.
30 너희가 가장 좋은 것을 취했을 때, 너
희가 가장 맛있는 음식을 먹을 때, 너
희가 갖고 싶은 것을 가졌을 때, 그리
고 너희가 무엇인가 역사하고자 하는
것을 이루었을 때, 그때 너희가 기뻐
하는 만큼,
31 나 여호와가 직접 내린 법전을 읽을
때의 마음 자세요, 십계명을 암송할
때의 마음 자세요, 나의 아들을 통하
여 너희에게 강론할 때 그 듣는 자세
요, 나의 아들을 통하여 내가 기도로
써 법전을 만들려고 내리는 그 기도
하는 순간이요,
32 그를 들을 때 너희가 꿀보다도 더 달
게 듣는다면 과연 다른 생각이 있으며
잡생각을 할 수 있던가?
33 그러니 너희가 그와 같은 마음이라면
나의 법전을 읽고 깨우칠 때 잡생각을
할 수 없음이니,
34 십계명을 암송할 때도 다른 생각은 절
대 하지 아니할 것이니 그리 알라, 사

랑하는 나의 아들딸들아!

7,429 번째 하나님 말씀

2003년 9월 6일 06시 50분

1 사랑하는 나의 아들아!
2 "네, 아버님! 말씀하옵소서."
3 너희는 믿음이라는 것이 무엇이며 나
에게 오르는 길이 무엇이며 나에게 기
도하는 것이 과연 무엇이더냐?
4 지금 수천 년 동안 흘러오는 종교 집
단이요, 지도자들이 잘못되었다 함은
지금 너희가 가는 길이요, 너희가 믿
음의 길을 가는 그 자신을 생각해 보
도록 그리하라.
5 너희가 아름답게 살며 죄를 짓지 아니
하며 선하고 곱게 살아가겠다고 마음
속으로 너희를 다스려 나가며, 너희가
지금까지 살아왔던 모든 잘못된 악습
이요, 인간의 욕심이요, 그 뿌리를 다
하나하나 지워 가며 아름답게 살아가
고자 노력하지 아니하더냐?
6 그것이 곧 너희가 변화되는 것이요,
나 여호와의 뜻에 따라 사는 것이니라.
7 그러면서 너희 가슴속에는 무엇을 생
각하는가?
8 나의 아들 예수가 세상에 나가 만백성
을 구하고자 그 어렵고 힘든 고통 속
에서 한 방울의 피가 다 마를 때까지
그 고통 속에서 죽어 간 것을 가슴 아
파하며,
9 그리고 예수가 세상에 와 만백성을 깨
우쳐 주고자 했던 그것을 믿고 있으며
위로는 나 여호와가 존재함을 믿으며
나를 찾음이니라.
10 그리하여 너희는 모두 나 여호와의
은혜요, 그리고 너희가 나로부터 잘못
한 것, 나에게 부끄러운 삶을 살면 지
옥에 가 심판을 받는다고 생각함이니
라.
11 너희가 지금 믿음의 길을 가는 길은
과연 무엇이 다르더냐?
12 어찌하여 너희는 너희 손으로 지은
교회라는 곳이요, 성당이요, 회당에
가서 돈을 바치며 설교하는 자의 말을
듣는 것으로써만, 그리고 재물을 바치
며 각종 헌금을 바치는 것만이 구원을
받는 길이요, 하늘에 오르는 길이라
그리 생각하는가?
13 그리고 재물을 하늘에 쌓아 놓는 것이
하늘에 와 축복을 받는다 함이니, 그
재물 또한 내가 쓰는 방법을 너희에게
가르쳐 주었음이니라.
14 네 이웃의 어려운 자요, 불쌍한 자와
나누어 쓰며 더불어 베풀며 쓰는 것이
니라.
15 그리고 베풀며 쓰는 것도 남이 모르도
록 베풀라 내가 가르쳐 주었으며, 베
풀 때도 진실한 마음으로써 사랑을 그
득히 담은 마음으로써 주면 된다 하였
음이니라.
16 지금 그와 같은 믿음의 길을 가는 나
의 아들을 따르는 제자, 너희는 과연
그것이 하늘에 오르는 길이 아니더냐?
17 그게 바로 하늘에 오르는 길이요, 근
본이니라.
18 그러니 그와 같이 나의 피조물 만백성
들을 깨우치면 되는 것이니라.
19 그러니 모든 종교 집단이요, 지도자들
은 나 여호와가 존재함을 믿도록, '하

나님은 계시며 창조주가 계시다'는 것
을 그저 알려 주면 되며, 곱게 아름답
게 살면 되는 것이요, 모든 악습을 버
리면 된다고 그리 가르치면 되는 것이
니라.
20 그리고 여기서 가장 중요한 것은 무엇
이더냐?
21 그걸 들은 대로 행하고 그리 지키고자
살아가는 것이 가장 중요하며, 너희가
10년 20년 죽을 때까지 교회라는 곳
에 재물을 바치며 헌금을 바치며, 그
설교를 들어도 나와서 머릿속에 남는
것이 없으며,
22 행동하는 것은 다 잊어버리고 또 인간
세속의 돌아가는 행동을 한다면 이는
아무것도 아니며 깨우침도 아니요, 배
움도 아니요, 너희가 변화되는 것도
아니니라.
23 그러니 사랑하는 나의 아들아, 모든
백성에게 그리 가르쳐 주도록 그리하
라.
24 너희가 악습을 버리며 아름답게 살아
가고자 하는 마음으로써 살아가며, 그
리고 너희가 예수가 왔음을 믿으면
될 것이며, 그리고 모세가 역사한 것
을 믿으면 될 것이며,
25 나 여호와가 존재함을 믿으며 그리하
여 너희가 잘못 살고 와서는 나에게
심판을 받으니, 너희는 지옥과 천국으
로 가며,
26 지옥은 험난하고 험하여 인간이 견딜
수 없다는 것을 알고 지키고 가며, 다
만 육의 삶을 아름답게 살아가고자 변
하면 그게 성령이 임하는 것이요, 하
늘에 오르는 길이라는 것을 어찌하여
너희는 그를 모르는가?
27 그와 같은 이치를 정연하게 나의 피조
물 만백성들에게 깨우쳐 주며 너의 제
자들에게 그리 깨우쳐 주어야 할 것
이니라.
28 그러니 모든 백성은 160권 속에 나 여
호와의 뜻이 기록되어 있으니, 그걸
읽고 깨우치면 그들이 하늘에 오르는
길이요,
29 그리고 저희가 교회요, 성당에 가지
아니하여도 주옥같은 나의 성령을 들
을 수 있음이니라.
30 그리하여 160권을 세상에 만들어 놓
은 그 역사가 대단하며, 그를 만드는
것이 소중하며, 그 책 한 권이 너희가
지금 말하는 종교 지도자요, 단상에
서서 설교하는 목사요, 목자라는 자들
과 똑같다 하였음이니라.
31 그리하여 너희가 평생 160권을 다 읽
으면 더 바랄 것도 없으나, 그걸 읽지
아니하여도 너희가 나 여호와가 있으
며 지옥이 있으며 천국이 있으며, 그
리고 어찌 살아가야 하는 것이며 어찌
임하는지 거기에 다 기록되어 있으니,
32 그 법전을 만드는 데 너희 모두를 다
바치라 그리하라.
33 그리고 마지막 160권의 법전 속에 장
렬히 너희 이름을 기록하는 영광을 얻
도록 하라.
34 그것이 너희가 하늘에 오르는 길을
역사하는 것이며 만백성을 구하는 길
이니라.
35 교회라는 것을 지음으로 만백성이 거
기에 다 들어갈 수 없으며,
36 열 명, 백 명, 천 명이 오는 것도 저희

교회에 오는 것만이 구원을 받으며 하
늘에 오르는 길이라 역사하는 그것이
만백성을 깨우치고 인도하는 길이 아
님이니라, 사랑하는 나의 아들아!

7,430 번째 하나님 말씀

2003년 9월 6일 08시 42분

1 사랑하는 나의 아들아!
2 "네, 아버님! 말씀하옵소서."
3 너희 종교 지도자가 얼마나 잘못 가르
치며 지금 잘못 가고 있느냐?
4 너희가 말하기를 육의 행함은 별것이
아니요, 그저 믿음으로써만 구원을 받
는다고 말함이니, 그러면서 죄를 회개
하고 반성하며 눈물을 흘리는 것은 과
연 무엇이더냐?
5 너희 인간이 사는 죄는 별것이 아니
며, 나 여호와를 믿으며 나의 아들 예
수를 구세주라 부르며 그리고 그 보혈
로써 구원을 받았다 생각하면 다 되며,
6 나머지 행함은 별것도 아니요, 네 부
모를 공경하는 것을 먼저 할 필요가
없으며, 그리고 형제와 화목하게 지내
는 것보다 오로지 교회에 갖다 바치
고 그곳에 봉사하는 것이 제일 우선이
라 그리 가르치느니라.
7 그러면서 너희는 어찌 말하느냐?
8 그러면 죄를 회개하며 반성하며 너희
자신을 다스리라 하는 것은 무엇을
기준으로 해서 하는 말이더냐?
9 믿음이 약한 것을 반성하고 회개하란
말이던가?
10 그 의미가 과연 어디에 있느냐?
11 너희는 육의 삶에 잘못 사는 그 죄를
회개하며 용서를 빌어 구원의 길에 오
르라 하는 것이 아니더냐?
12 그러면서 육의 행함이 별것 아니다 그
리 가르침이니,
13 나의 피조물 만백성들을 혼동케 하며
그들을 지옥으로 이끌어 가는 가장 사
악한 자들이라 함이 여기 있음이니라.
14 사랑하는 나의 아들아!
15 너희가 회개하고 눈물을 흘리며 그리
고 기도하는 것은 과연 무엇이더냐?
16 너희가 지금까지 살아온 것을 후회하
며 또 회개하고 반성함이니라.
17 그리하여 지금까지 살아온 것을 잘못
살았기 때문에 반성하고 회개하며, 다
시는 그와 같이 삶을 살지 않겠다 그
리 말하는 것이더냐?
18 '나의 인생을 다시 태어나게 해 주신
다면 지금까지의 험악한 삶은 살지 아
니하며, 천사와 같은 삶을 살겠다' 다
짐하느니라.
19 그리고 나의 아들을 따라 공부하며
법전을 읽고 깨우친 백성 너희는 지난
날의 그 죄를 부끄러워하며 그리하여
가슴 아파하는 너희가 아니더냐?
20 그래서 너희는 다시는 그런 길을 가지
않겠다는 것이 나와의 약속이니라.
21 그러나 너희가 평소에 생활하는 것은
그를 벗어나지 못하며 옛날이나 지금
이나 똑같은 방법으로 화날 때 화를
내며 남을 미워할 때 미워하고 시기할
때 시기한다면, 너희가 회개하고 반성
한 그 의미가 어디 있느냐?
22 그러니 너희가 거듭 태어난 백성이 아
니지 않더냐?
23 너희가 거듭 태어난 백성이라면 지난

날의 삶을 후회하고 벌레만도 못한 너희라 생각하며, 부끄럽고 부끄러워 고개를 들 수 없는 그와 같은 인생이라 하여 너희가 바르게 살고자 한다면, 오늘의 삶은 과거의 전철을 밟아서는 아니 되거늘,

24 아직도 육의 세상의 보이는 것을 다스리지 못하고 치고받고 언성을 높이며 이해관계에 몸부림치니,

25 정답을 찾으려 하지 아니하고 말 나오는 대로 감정이 나오는 대로 그와 같이 행동하는 나의 백성이 되어 있다면 과연 이것이 되겠느냐?

26 그러니 너희는 그와 같이 해서는 아니 됨이니라.

27 오늘의 너희가 깨달음이 있으며 변함이 있으면 오늘의 삶은 그 변한만큼 그 변한 기준에 의해서 그를 토대로 변화되는 그와 같은 삶을 살아야 하는 것이 너희가 회개한 뜻이 있는 것이요, 나에게 용서를 비는 그 의미가 있으며,

28 그 회개한 것을 너희가 용서를 받을 것이며 지은 죄를 용서를 받는다는 것을 잊지 말라, 사랑하는 나의 아들딸들아!

29 매일 눈물로 회개하고 반성하고 뼈저리게 통곡하면서 그리고 나의 아들을 따르는 제자 너희는 너희 피로써 그 죄를 씻고자 몸부림치면서,

30 오늘의 생활은 또 그 틀을 벗어나지 못하고 산다면 이게 얼마나 불행한 일이며 얼마나 비참한 일이더냐?

31 너희는 세월이 가면 갈수록 회개하고 회개하며 반성과 반성을 하다 그 죄를 가슴에 안고 나에게 올라옴이니,

32 너희라고 해서 특별히 나에게 구원을 받는 것이 아니요, 너희가 선한 일을 행한 것, 그리고 바로 간 그 믿음과 진리를 따라 한 것으로써 덕과 선함과 행함이요, 아름다움을 많이 했을 때, 그것으로써 심판을 받고 그에 대한 점수가 있음이니,

33 그를 받지 못하는 일을 계속 반복하고 반복한다면 법전을 백 번 천 번 읽으면 무엇하고, 강론을 수없이 들으면 무엇한단 말이더냐?

34 용단을 내려야 할 것이니라.

35 눈을 감으라, 그리고 죽은 자이니라.

36 죽은 자가 산 자요, 패자가 승자라는 그와 같은 마음을 가지고 살라.

37 맞은 자는 괴롭지 아니하나, 때린 자는 아프고 고통스럽다 하지 아니하더냐?

38 맞은 자의 아픔보다 때린 자의 고통이 더 심함을 알아야 할 것이니, 너희는 패자가 승자이니라, 사랑하는 나의 아들딸들아!

39 어찌하여 그것 하나도 다스리지 못하고 울고불고 깨달았으며 경지에 올랐으며 반성했으며 무엇인가를 알았다 그리 말하느냐?

40 이제 너희는 정말 죽은 자라 그리 살라, 사랑하는 나의 아들딸들아!

7,431 번째 하나님 말씀

2003년 9월 6일 08시 47분

1 사랑하는 나의 아들아!

2 **"네, 아버님! 말씀하옵소서."**

3 나의 사랑하는 백성 너희가 나를 아버지라 부름이니라.

4 그리고 창조주 아버지라 부르며, '아버님의 말씀으로서만 거듭나며 아버님의 성령으로서만 다시 태어나는 그와 같은 삶을 산다'고 말하느니라.

5 그와 같은 은혜와 영광을 성령으로써 거듭나는 그와 같은 은혜를 이루는 것이며, 너희가 다시 태어나는 그와 같은 삶을 사는 자는 나를 아버지라 부를 수 있는 영광이 있는 것이니라.

6 그러나 너희가 나를 아버지라 부를 수 있는 것은 너희가 기초의 깨달음이요, 변하고자 하는 그 아름다움을 역사함에서 아버지라 부를 수 있도록 내가 너희에게 입을 열어 주는 기회를 준다 하였음이니라.

7 그러니 나로부터 너희에게 아버지라 부를 수 있는 그 자격을 받는 것이 먼저 급선무며 중요함이라 그리하였음이니라.

8 그러나 너희는 나를 아버지라 부르면서, 부를 수 있기에 너희는 또한 구원을 받았다고 말하는 자들이니라.

9 나를 아버지라 부를 수 있기에 너희가 구원을 받을 수 있다 한 그것은 바로 내가 너희 입을 열어 주어 나를 아버지라 부를 수 있는 그 자격을 갖춘 자가 나를 아버지라 부를 수 있음이니, 그러한 자가 나로부터 구원의 길에 들어서는 백성이 된다는 것을 알아야 할 것이니라.

10 너희가 임의대로 그저 나를 아버지라 부르면서, 하는 행위는 사탄의 행위를 한다면, 사탄의 자식이 나를 아버지라 부른다 하여 내가 너희 뜻을 들어주고 관철할 수 있겠는가?

11 사탄의 자식이 나를 부르는 것은 위장술이요, 나를 기만하며 만백성을 기만하는 그와 같은 행위에서 하는 것이니, 내가 그를 용서치 아니할 것이니라.

12 너희가 아버지라 나를 부른다면 너희는 정녕 행함이요, 살아가는 그 모습이 한 점의 부끄럽이 없는 그와 같은 삶을 살 때 나를 아버지라 부를 수 있다는 것을 알아야 할 것이니라.

13 너희는 나를 아버지라 부르기에 모두 나의 사랑으로써 구원을 받았으며 하늘에 올 수 있는 자격을 받았다고 말하나, 절대 너희는 올 수 없음이니라.

14 그러니 그와 같은 백성 너희는 다시 태어나고 다시 깨달음을 얻지 아니하면 아니 될 것이니라.

15 너희는 고난과 악과 싸워서 이길 때 그리고 어떠한 유혹에도 넘어지지 아니하며 너희가 모두를 다하여 이기는 그와 같은 역사를 할 때 나를 아버지라 부를 수 있음이니라.

16 사탄의 유혹이요, 악마의 유혹에 스스로 넘어가 있는 자들, 그리고 그 자식이 된 자들은 나를 아버지라 절대 부를 수 없다는 것을 알라.

17 다만, 너희가 아버지라 부르는 것을 내가 용서하며 그대로 놔두는 것은 무엇이더냐?

18 너희가 나에게 오를 수 있는 그 힘과 용기를 얻어 하늘에 오르는 그 길을 찾고 오를 수 있게 하려고 내가 그를 인내함이니,

19 오늘 내가 입을 열어 주지 아니한 자
가 나를 아버지라 부르도록 두는 것은
나를 아버지라 부를 수 있도록 그와
같이 자신을 다스리며, 사탄에 넘어지
지 않는 그 용기와 힘을 얻고 그들과
싸워 이길 수 있는 그와 같은 기회를
줌이니 그리 알라.
20 그와 같이 너희가 싸워서 이기는 자
가 되지 못하며 쓰러지는 자라면 정녕
너희는 아버지라 부를 수 없음을 알
아야 할 것이며, 나는 너희가 부르는
소리를 듣지 아니함이니라.
21 나 여호와는 너희에게 하늘에 오르는
길이 무엇인가를 열어 주며 그를 깨우
쳐 주며 너희가 그를 보고 너희 스스
로 노력하여 찾아올 수 있는 모두를
너희에게 깨우쳐 줌이니라.
22 너희가 무조건 내 이름을 부른다 하
여, 나의 아들 예수의 이름을 부른다
해서 구원해 주는 창조주 아버지가 아
님을 너희는 알라.
23 너희가 노력해서 싸워 이겨서 하늘에
오르는 그 길을 오는 방법과 그 용기
를 주며 그 길이 어떤 것인가를 내가
너희에게 깨우쳐 주나, 노력하지 않는
자를 그저 무조건 구원해 준다는 생
각을 하지 말라.
24 그것이 오늘의 잘못 가는 믿음의 대
표적인 것이요, 나의 백성을 지옥으로
지금 수없이 쉬지 않고 밀어붙이는 그
와 같은 형국임을 알라.

7,432 번째 하나님 말씀

2003년 9월 6일 08시 55분

1 사랑하는 나의 아들아!
2 "네, 아버님! 말씀하옵소서."
3 구약의 시대는 신약의 시대가 오기 위
해 준비한 것이며 신약의 시대는 지금
의 마지막 제3의 시대에 내가 주관하
는 이 시대를 열기 위해 존재했다는
것을 먼저 알아야 할 것이며 그와 같
은 것을 믿어야 할 것이니라.
4 그와 같은 틀을 깨지 못하며 너희가
서로 제가 중심체라 그리한다면 정녕
너희는 하나가 될 수 없으며 나에게
오를 수 없음이니라.
5 과거 시대에 역사한 그전의 모든 과
정을 너희는 알고 있는가?
6 구약 시대가 역사하기 그전 역사의 존
재함을 너희는 알아야 할 것이니라.
7 너희는 요셉의 그 백성이 애굽에 가
서 뿌리를 내리지 아니하고 그와 같은
몇백 년의 역사가 흐르지 아니하였다
면 구약 시대는 이루어질 수 없으며
모세의 그 역사는 이룰 수 없으며 모
세의 기적은 이룰 필요가 없었음이니
라.
8 구약 시대에 모세가 출애굽을 하며
모세가 기적의 역사를 이루기 위해서
는 거기에 몇백 년 전서부터 준비된
과정이 있음이니, 그게 구약 시대를
열기 위한 준비의 과정이니라.
9 요셉이 애굽으로 팔려오는 것이요, 그
가 그리 들어오는 것이요, 그리고 가
뭄으로 인하여 그 백성이 와 뿌리를
내리고 살게 하는 것, 그 모두는 다 구

약의 역사를 이루어 너희를 다스리기
전 과정의 역사이니,
10 구약의 역사요, 모세가 출애굽의 그
역사를 하기 위해서는 몇백 년의 준
비된 과정이 있었음이니, 그게 없으면
모세가 어찌 출애굽의 역사를 할 수
있으며 그가 그 기적을 이루었으며,
그와 같은 구약 시대를 열어 갈 수 있
겠는가?
11 그러니 구약의 시대가 역사하기 전까
지는 그 준비 단계가 있었음이니, 그
와 같은 역사에서 구약의 시대가 열렸
음이니, 그 구약의 시대는 무엇을 위
하여 존재하고 열렸는가?
12 그 모든 기적이요, 가나안 땅에 가는
그 길이요, 광야의 생활이요, 광란의
짓이요, 금과 은으로 우상을 만들어
놓고 배신하며 등 돌리는 자요, 그와
같은 하나서부터 모든 과정은 다 신약
의 시대요, 나의 아들 예수가 내려오
는 것을 준비하기 위한 그 단계의 역
사였음을 너희는 이제 알아야 할 것
이니라.
13 나의 아들 예수가 그와 같이 고통의
죽음이요, 그 제자들이 등을 돌리며
그를 팔며 그의 피 한 방울까지 다 뽑
아내는 그와 같은 사악한 죽음이요,
그리고 부활의 역사요, 그 모두는 다
무엇인 줄 알겠느냐?
14 다음의 시대, 지금 열어 가는 마지막
시대, 나 여호와가 주관하고 관장하는
너희가 말하는 창조주 나 여호와의 말
이요, 나의 성령이요, 하나님의 말씀
이 곧 너희를 심판하기 위하여 세상
에 내려오는 그 역사를 준비하기 위한
한 과정이었음을 알아야 할 것이니라.
15 그러나 너희는 구약은 구약의 시대요,
신약의 시대는 신약의 시대라 그리 말
하는 것은 지금 너희가 잘못 깨우치
고 잘못 알고 있기 때문이니라.
16 그렇다면 신약이 중심적인 역할이요,
그리고 구약의 시대는 구약의 시대에
필요한 것이며, 그리하여 그리 가르쳤
으며 그때 필요한 것은 지금의 종교
집단 지도자 너희가 끌고 가는 길에
는 아무런 관계가 없으며, 지금의 백
성은 구약과는 관계없다고 그리 말하
나,
17 그것은 너희가 하늘의 뜻을 모르며 무
지에서 오는 가르침임을 알아야 할
것이니라.
18 반드시 내가 너희에게 말하듯이 구약
시대를 역사하려고 그와 같이 출애굽
의 역사를 하게 된 그 과정이 이루어
진 것은 몇백 년 동안 준비된 것을 보
면 알 것이며,
19 구약의 그 역사 속에서 4천 년의 길고
도 긴 그 역사가 2천 년의 역사를 위
하여 연속하여 이루어졌다는 것을 잊
지 말아야 할 것이며,
20 2천 년의 신약 시대를 위하여 그를 받
치기 위하여 그들이 존재했으며, 그리
하여 오늘의 나의 시대를 열기 위해
또한 신약 시대의 2천 년의 역사가 흘
러갔다는 것을 너희는 잊어서는 아니
될 것이니라.
21 이제는 예수의 신약의 시대가 제3의
시대를 지금 준비하여 열어가고 있다
는 것을 인식하고 인정해야만 될 것이
니라.

22 그러나 너희는 그리 생각하지 아니하느니라.
23 모두가 저희가 중심이요, 저희가 중심의 역할을 하는 것이라 그리 생각하니,
24 구약의 시대는 구약의 시대가 중심 역할이요, 신약의 시대는 신약의 시대가 중심 역할이라 그리 말하며 지금 제3의 시대는 또 제3의 시대가 중심의 역할이라 지금 가르치고 깨우침이니 이것이 잘못되었음을 알라.
25 신약의 시대는 바로 오늘의 시대인 제3의 시대를 위해 준비된 것이며, 구약은 신약의 시대를 위해 준비되었으며, 구약의 시대는 요셉의 이주에서부터 모두 이루어진 것을 너희는 알아야 할 것이니라.
26 너희는 내가 직접 관리하고 심판하는 마지막 시대를 열기 위한 모든 과정이라는 것을 깨우치고 그걸 믿고 가야만 됨을 알라.
27 모두가 다 중심에 있음이 아니라, 너희는 구약 시대의 그 역사함이요, 그 과정을 보고 알았을 것이니라.
28 그러니 이제는 너희가 중심의 역할이라는 것을 절대 고집하지 말며,
29 그것은 흐르는 그 단계 속에서 자연스럽게 나의 계획에 의하여 흘러가는 역사임을 너희는 알아야 할 것이니라.
30 그러니 모두 다음 시대를 준비하기 위하여 존재했음이니라.
31 그러니 모두 다 중심권이며, 너희가 말하듯이 다 소중한 것이니라.
32 내가 역사한 길이기 때문이니라.
33 내가 너희를 구원하기 위하여 내가 이루어 놓은 한 과정의 역사이기 때문이니, 너희는 여기서 그걸 거부하지 말며, 두부 모 자르듯이 모두 잘라서 그 시대 것, 이 시대 것을 시시비비하지 말라.
34 모두 중심적인 역할이며, 다 소중하지 않은 것이 없음이니라.
35 모두 중심권에서 존재하도록 했으며 그리하여 다음 단계를 위하여 중심적인 역할을 한 것이요, 그다음 단계를 위하여 중심적인 역할을 중심에 서서 역사했음이니라.
36 모두 다 소중함이니라.
37 다음을 위하여 존재함이니, 그 모두가 소중하고 귀중한 것을 알아야 할 것이니라.
38 제3의 시대가 신약의 시대를 저버리며 신약의 시대가 구약의 시대를 저버리며,
39 구약이 욥의 역사의 4백 년의 애굽 생활을 그 후손들이 다 저버린다면, 이는 너희가 나무토막이요, 두부 토막을 자르듯이 그 단계를 단절함이니, 그것은 가장 어리석은 자들이니라.
40 모두 다음 세대를 위하여 존재했음이니, 오늘의 신약의 시대만 중심권에서 존재하며 그것만 구원을 받으며 하늘에 오르는 길이라 그리 매달리지 말고 나의 법전을 보라.
41 지금 내가 직접 관장하여 나의 아들을 통하여 내리는 160권의 법전, 너희가 말하는 '하나님 말씀'이라는 나의 성령의 이 책을 보고 너희가 구원을 받아야 할 것이며, 구원의 길을 보도록 그리하라, 사랑하는 나의 백성들아!

7,433 번째 하나님 말씀

2003년 9월 6일 09시

1 사랑하는 나의 아들아!
2 "네, 아버님! 말씀하옵소서."
3 나의 피조물 만백성 너희는 세상 것
하나 제대로 아는 것이 없으며 부분적
인 것밖에 알지 못하고 살아가는 것
이 너희라 그리하였으며, 완벽하고 완
전하게 아는 것은 하나도 없다 내가
너희에게 그리 말하였음이니라.
4 그러나 너희가 지금 어떠한 형국을
가느냐?
5 세상 것을 다 아는 것처럼 너희가 모
두를 다 통제하며 지배하는 것처럼
너희는 모든 것을 모르는 것이 없다는
그와 같은 착각 속에 살아감이니라.
6 그 착각 속에 살아가는 백성이 무엇을
생각하느냐?
7 하늘에 오르는 길이요, 나에게 오르는
그 모두도 저희가 주관하고 다 역사
하는 것처럼 잘못된 종교 지도자들이
나의 피조물 만백성들을 그리 가르쳐
지금 지옥 불로 이끌어 가는 그와 같
은 형국이 되어 있음이니라.
8 나의 백성 너희는 과연 너희 자신의
죽음에 대해서 얼마나 아는가?
9 그리고 네가 죽는 그 날짜요, 그 시간
에 대하여 얼마나 확신을 하고 있으며
그것을 알고 있는가?
10 너희는 그것 하나도 알지 못함이니라.
11 저 자신이 이 세상에서 육의 삶을 마
치고 언제 죽음을 맞을 것인가 그것도
정확히 알지 못하는 자요,
12 나에게 와 구원을 받을 것인지 지옥이
요, 천국에 올 것인지는 더욱이 알지
도 못하는 자들이니라.
13 그러한 자들이 모두를 다 아는 것처
럼, 지상에서 이루어지는 그 역사하나
제대로 아는 것이 없는 너희가 하늘
에서 이루어지는 것까지 다 안다 함이
니,
14 그는 나에게 도전함이요, 오만방자한
그 죄를 어찌 다 너희가 다스리려 하
는가?
15 너희는 종말에 대하여 어찌 확정할 수
있는가?
16 너희는 종말이요, 마지막 시대라 그리
하느니라.
17 더욱이 저 자신이요, 네 형제요, 이웃
에 대하여 과연 구원을 확정하며 구원
할 수 있다 없다 그리 말하는 것은,
18 네 이웃의 형제요, 너희 형제까지도
언제 나로부터 부름을 받을지, 이 세
상의 삶을 모두 종지부를 찍는 것, 그
것 하나도 알지 못하며, 한 시간 두 시
간 뒤에 이루어지는 그 역사도 알지
못하는 자들이 너희가 영원히 알 수
없는 그 비밀을 알 수 있다고 말하며,
나의 피조물 만백성들을 구원할 수 있
으며 구원의 길로 인도한다고 그리
말하는 것이니,
19 과연 너희가 구원을 받았다고 그렇게
확정 지을 수가 있는가?
20 그것이 얼마나 너희의 무지에서 오는
것이며 얼마나 어리석은 백성이더냐?
21 앞을 못 보는 짐승이 저를 잡아먹으려
하는 그 사자 앞에서 감히 방자하게
소리 지르며 고성을 지른다면, 그와
같은 어리석은 짐승보다도 더 어리석

은 것이 바로 지금의 믿음의 길을 가
는 백성이요, 구원을 받았다 말하는
백성이요, 하늘에 오를 수 있는 표를
받았다 말하는 너희니라.
22 그리고 더욱이 죄지은 자가 죄지은 자
를 인도할 수 없거늘, 다른 백성까지
도 구원을 받게 인도한다는 자들은 그
것이 그 백성을 지옥으로 이끌어 가는
것이라는 것을 잊지 말라.
23 확정 지을 수 있는 것이 아무것도 없
으며 너희가 확정 지을 자신이 없는
자들이 어찌하여 그저 거짓으로써 확
정 지을 수 있는 것처럼, 확신하는 것
처럼 그리 말하고 있다더냐?
24 저 자신이 죽을 날짜를 대략이라도 알
수 있는 능력이 있다면, 너희가 종말
에 대한 것, 남의 운명에 대한 것, 구
원을 받았다는 것을 안다 해도 말하지
아니할 것이니라.
25 죽어 가는 자신의 날짜를 대략 짐작
도 못 하는 무능한 것이 너희며 알지
못하는 것이 너희거늘, 함부로 종말이
요, 남을 구원한다는 말을 해도 된다
생각하는가?
26 나 여호와는 너희에게 어리석다 말하
지 않으려 함이니라.
27 너희는 너무나도 바보스러우며 너무
나도 알지 못하며 하늘의 이치를 모르
니,
28 어리석다는 말이요, 바보라고 말을 할
수 없을 만큼 잘못된 자들이라는 것을
알아야 할 것이니라.
29 말하지 아니하며 아무것도 없으며 아
무것도 모른다는 것을 스스로 깨우치
는 그와 같은 자를 내가 돌아볼 것이
며, 그때 너희가 불쌍한 사람이요, 가
련한 백성이라 내가 생각할 것이니라.
30 지금 너희는 나로부터 동정의 여지도
없는 사악한 백성으로 전락하여 있음
이니라.
31 나 여호와의 절대적인 고유의 권한에
도전하는 사악한 자들의 말에 현혹되
어 살아가는 너희는 천국이요, 구원의
길이 아닌 지옥의 길로 가지 말라.
32 너희는 나 여호와가 존재함을 믿으며
아름답게 살고자 하며, 그리고 지옥과
천국이 있기에 바로 살겠다 하여 몸부
림치는 그 속에서 아름다운 모습으로
변하는 삶을 사는 것이 가장 위대한
믿음이요, 하늘에 오르는 길임을 잊지
말라, 사랑하는 나의 아들딸들아!

7,434 번째 하나님 말씀

2003년 9월 6일 09시 08분

1 사랑하는 나의 아들아!
2 "네, 아버님! 말씀하옵소서."
3 아무것도 모르는 종교 집단이요, 지도
자들이 대표적인 것이 무엇이더냐?
4 그들은 대화하려 하지 아니하며 인간
관계에서 이루어지는 자연스러운 거
래 같은 타협도 모르는 자며,
5 그리고 아름다움을 서로 나누며 교류
하여 그것에서 배울 것은 배우고 버릴
것은 버리는 그와 같은 현명한 처사도
못하는 것이 아무것도 모르는 종교 집
단이요, 지도자요, 고집불통으로써 제
것만 옳다 강조하는 자들이니라.
6 그러니 타협을 모르는 자, 그리고 무
식한 자는 다루기 어렵다는 말이 있지

않더냐?
7 그와 마찬가지니라.
8 저 자신의 형상이 어떠한지 모르며 제
모습이 어떠한 것인지 저 자신을 바
라보지도 못하는 자들이 어찌하여 제
뜻만 위대하다 생각하는가?
9 저 자신을 모르기 때문에 그들은 제
것이 최고요, 제가 고집하는 것을 따
르지 않는 것은 이단이요, 사탄이요,
지옥 불로 간다고 말하는 것이 그들
이니라.
10 그러나 그들은 어찌하는가?
11 그들은 저 자신의 뜻이요, 하늘의 뜻
이요, 그리고 하늘이 무엇을 역사하는
지 자체도 알지 못하는 자들이니라.
12 그리고 그것을 상상조차도 못 하는 그
와 같은 자들이 제 것을 가지고 고집
하며 타협을 모르며 대화를 하지 않으
려 하는 것이니, 오늘의 잘못된 종교
집단이요, 지도자들이 그러하니라.
13 그리하여 그들은 하늘의 뜻을 모르며
내 뜻을 모르기에 제멋대로 뜯어 맞춘
교리를 가지고 나의 백성을 현혹하여
그들이 지도자의 길을 간다 하며, 나
의 피조물 만백성들을 사욕을 채우는
도구로 쓰고 있으며,
14 나의 피조물 만백성들을 천국의 방향
이 아니요, 지옥의 방향으로 이끌고
가는 잘못된 자들이니라.
15 그는 진실한 믿음이 아니요, 참믿음이
아니요, 거짓된 믿음이요, 잘못된 믿
음의 길을 대표적으로 이끌어 가는 것
이 그들이라는 것을 너희는 잊지 말
라.
16 그들이 말하는 종말론이요, 그리고 말
세론이요, 구원을 받았다 하는 그와
같은 허황된 소리에 현혹되어 너희
자신을 팔지 말며 너희 자신을 버리는
그와 같은 일이 없도록 그리하라.
17 다 그것들이 진실한 것이 아니요, 다
거짓된 것이요, 헛된 것이요, 사탄들
의 장난이며,
18 종말이요, 말세요, 구원이요, 무슨 휴
거라 하는 그와 같은 소리를 하는 것
은 다 잘못된 자들이요, 사악한 자들
이 만들어 낸 것이며, 저희 교리요, 제
생각으로 한 것이니,
19 편협한 자요, 타협할 줄 모르며 참진
리를 받아들일 줄 모르는 어리석은
종교 지도자들로부터 그와 같은 일이
생기니, 거기에 현혹되어 너희가 다시
태어나는 영광을 버리는 일이 없도록
하라.
20 너희가 정녕 구원을 받고 나에게 오르
고자 하며 나로부터 다시 태어난 나의
아들딸로서 나를 아버지라 부를 수
있다 하면 너희는 십계명대로 사는
길이니라.
21 그리고 나의 율법대로 사는 길이니라.
22 그리고 나의 법전대로 살라.
23 그러면 너희가 나에게 오를 수 있으며
나의 아들딸로서 너희 자신을 내가
반겨 줄 것이며, 너희가 나의 아들딸
로서 거듭나는 데 아무런 손색이 없을
것이니라.
24 지금 모든 종교 집단 지도자들이 모르
는 것이 없으며 구원의 역사를 이루지
못하는 것이 없으며,
25 저희 종교 집단이요, 저희에게 와 기
도하고 경배하면 하늘에 오르며, 나로

부터 기름 부음을 받아 은혜를 입어,
안 이루어지는 것이 없다 그리 말하느
니라.
26 그러나 나의 성령을 직접 받아 160권
의 법전을 쓰며 나의 음성을 들으며
나의 메시지를 들어 대역사를 이루는
나의 아들은 지금 뭐라 말하느냐?
27 그는 저 자신이 말함이니라.
28 '저는 아무것도 모르며 아무것도 아는
것이 없습니다.' 그리 말하느니라.
29 그게 바로 정답이니라.
30 내가 나의 아들을 통하여 160권의 법
전을 이루며 모든 역사를 한다 해도,
31 내가 그 뜻을 전하는 것은 나의 아들
을 통하여 나 여호와가 필요할 때만
그에게 내리고, 역사하고자 할 때만
그때그때 내가 그에게 역사함을 내리
며, 메시지를 내리며 성령을 내리기
때문에,
32 그는 하는 말은 아무것도 모르며 아는
것이 없으며 전혀 알 수 없는 자라 그
리 말하는 것이 정답이거늘,
33 어찌하여 나 여호와의 고유 권한인
하늘에 오르는 길이요, 구원을 받는
길이요, 그리고 너희가 바라는 것, 육
의 세상에 부귀영화요, 장수요, 자식
의 부귀영화요, 행복이요, 그리고 너
희가 소원하는 것을 다 이룰 수 있다
하는가?
34 나의 성령을 직접 받으며 나의 메시지
를 받으며 나의 음성을 들으며 나를
보는 나의 아들은 과연 뭐라 하느냐?
35 그도 감히 아무것도 아는 것이 없으
며, '저는 정녕 바보입니다. 그리고 저
는 알 수 없습니다.' 그리 말하니, 그
것이 진정한 답이니라.
36 그러나 너희는 어찌 대답하느냐?
37 지금의 종교 지도자의 오만방자함과,
지금 나의 음성을 들어 기록하며 나의
형체를 보며 나를 보며 나와 대화하는
나의 아들이 아무것도 모른다는 그 말
의 뜻과, 너희는 정녕 어느 누가 겸손
한 자며 하늘의 이치를 아는 것인가를
알라.
38 나의 아들은 정확히 하늘의 이치를 앎
이니라.
39 필요하여 역사할 때 내가 내리기 때
문에 그가 아는 것은 아무것도 없다는
그 답이 필요함이니라.
40 필요할 때 역사하기 때문이거늘,
41 너희는 지금의 삶의 미래와 그리고 앞
으로 역사하는 것을 아무것도 모르는
자가, 제 운명이요, 제가 어찌 갈 것인
지도 모르는 그와 같은 백성이 어찌하
여 구원 운운하는가?
42 남을 구원해 주며 다른 생명을 너희가
하늘에 올리고 천국에 올려 보낼 능력
이 있는 것처럼 그리 현혹된 말로 나
의 백성을 지옥으로 이끌어 가는 사기
극을 그만 중단하도록 하라.

7,435 번째 하나님 말씀

2003년 9월 6일 11시 07분

1 사랑하는 나의 아들아!
2 나 여호와가 이 세상에 나의 피조물
만백성들을 위하여 모든 자연을 얼마
나 정교하고 아름답게 만들었단 말이
더냐?
3 너희는 나 여호와가 얼마나 더 희생하

고 더한 고통으로써 더한 시련으로써
무엇인가를 더 완벽하게 더 아름답게
더 역사하여 만들기를 정녕 원하는가?
4 나 여호와가 한 치의 오차 없이 이 아
름다운 세상을 만들어 나의 피조물 만
백성 너희가 모두를 통제하며,
5 하늘에서 이루어진 것같이 하늘의 낙
원을 지상에서 이루고자 하는 것이 나
의 뜻이요, 나의 소망이며, 그것이 미
리 계획된 것이라 그리하였음이니라.
6 그리하여 만들어 놓은 이 세상을 지
금 모든 종교 집단이요, 지도자들이
나의 뜻을 따르며 순종하는 것이 아니
요,
7 사탄이요, 사악한 자로 인간의 욕심을
버리지 못하며 인간인 저희의 입맛에
맞도록 교리를 만들어,
8 나의 아들 예수가 전하고자 했던 그
사랑의 의미를 짓밟고 뒷전으로 밀어
붙여 오늘날 이와 같이 험악한 세상
이 되었음이니라.
9 스스로 저희가 인간을 만나기를 두려
워하며 인간을 무섭게 생각하며, 인간
을 맹수보다도 더 무섭게 생각하는 그
와 같은 형국이 되었음이니,
10 그리하여 지금의 나의 피조물 만백성
들이 말 못 하며 눈치로써 그저 주는
대로 꼬리를 치는 모든 동물에게 정
을 주며 그를 더 믿으며, 그를 제 부모
보다도 더 존경하며 더 사랑하며, 저
희 형제요, 아내요, 남편보다 자식보
다도 더 소중히 아끼는 그와 같은 형
국이 되었음이니라.
11 이는 너희가 세상에 믿을 자가 없으
며 너희 마음이 삭막해졌으며 세상에
아무것도 마음을 주고 살 수 없는 것
이 인간 대 인간이라는 최악으로 타락
되었으며 너희 마음이 황폐해진 그 증
거가 아니겠느냐?
12 그러니 이를 바라다보는 나 여호와의
마음이 과연 어떠하겠는가?
13 너희가 말 못 하는 한 마리 애완동물
을 업고 기뻐하며 사랑을 베푸는 그것
을 너희 부모요, 인간에게 하지 못하
며, 더욱이 네 부모에게 그만큼 하지
못하면서 그 이웃이요, 다른 사람에게
과연 무슨 사랑을 가지며 의심 없이
베풀겠는가?
14 도둑이요, 강도요, 저를 해치는 자라
그리 말함이니,
15 그들이 오늘날 동물을 안고 저희가
웃고 즐기는 그 모두는 오늘의 대집단
이요, 대역사를 이루는 가장 큰 집단
으로서 이끌어 온 종교 집단 지도자,
그리고 하늘에 오르는 길을 인도한다
는 너희가 나의 피조물 만백성들의 마
음을 황폐하게 하였으며 사악하게 만
든 그 죄가 가장 큼을 알아야 할 것이
니라.
16 집단이 크며 소속이 크며 뿌리가 깊을
수록 그 죄는 큼이니, 그와 같이 오늘
의 나의 백성의 마음이 변한 것은 너
희 조상이요, 지금까지 살아온 너희
잘못이요, 그들이 죄가 있음을 알아야
할 것이니라.
17 너희는 말할 것이니라.
18 네가 그 강아지요, 네가 기르는 동물
을 사랑하는 것만큼 네 부모에게 10
분만 해 보라며 노인이 분개하여 소리
를 친다 해도 그들은 그를 듣지 아니

함이니,
19 그들을 그와 같이 만든 것은 소리치
는 그 노인이 그리 만들었다는 것을
너희는 알아야 할 것이니라.
20 이와 같은 세상을 바라보는 내 마음이
얼마나 저리고 아픈지 알겠는가?
21 나의 피조물 만백성이 그리 사악해지
며 그리 교활해졌으며 간교해졌음이
니라.
22 그리하여 이 세상을 바라볼 곳이 없으
며 내가 쳐다볼 곳이 없으며, 고개를
돌릴 곳이 없음이니,
23 단 한 곳, 나의 성전이요, 나의 아들을
따르는 제자 너희가 모이는 이곳을
내가 바라보며 이곳만을 내가 쳐다보
고 있음이니라.
24 과연 나의 아들을 따르는 제자 너희가
이곳을 바라보는 그 눈마저도 감게 하
며 고개를 돌리게 하는 그와 같은 삶
을 살아가겠느냐?
25 그렇지 않으면 나 여호와의 이 넓고
넓은 우주 공간에 그 헤아릴 수 없는
수많은 나의 피조물 만백성이요, 그리
고 그 지도자들이라 하여 하늘에 오르
는 길이요, 나에게 명을 받은 자요, 선
택된 자요, 선지자라 하여 떠드는 그
들을 내가 다 거기서 외면하는 것처럼,
26 마지막 너희한테도 그와 같은 나 여
호와의 아픈 마음으로써 외면하며 내
가 고개를 돌려야 하겠는가?
27 나는 너희에게 묻고 싶으니라.
28 내가 오직 한 곳, 너희가 있는 이곳 성
전이요, 나의 아들이 존재하는 곳, 나
의 아들을 따르는 제자들이요, 나의
법전을 읽고 깨우치는 너희가 모이는
이곳을 내가 즐거운 마음으로 바라보
며, 너희가 비둘기와 같이 변하는 그
모습을 보는 것이 나 여호와의 가장
큰 기쁨이니,
29 너희가 여기서 까마귀로 변하는 그와
같은 삶을 살겠는가, 그렇지 않으면
나의 성전에서 계속 아름답게 천사와
같은 비둘기를 육성하는 그 길을 가겠
는가?
30 내가 너희에게 이를 물어보고자 함이
니, 너희의 선택의 길은 거기에 있음
이니라.
31 나 여호와가 너희를 사랑하며, 너희가
살아가는 이 성전에서 비둘기와 같은
천사들이 세상에 나오는 길은 바로 무
엇인 줄 알겠느냐?
32 너희 자신의 마음이요, 너희 자신의
오만함이요, 너희 자신의 모두를 다
지우면 그것으로써 너희는 모든 기쁨
과 영광을 얻게 됨이니라.
33 벼가 익으면 익을수록 고개를 숙여야
한다 하였으며, 익은 곡식은 고개를
숙인다 하였음이니, 그것이 무슨 이유
인 줄 알겠느냐?
34 가진 자, 권력 있는 자, 높은 자가 사
악해지며 포악하며 그가 간교하다면
그 집단은 불안하며 공포에 떠는 것이
니라.
35 독재자요, 살인마요, 사악한 자가 지
도자가 되었을 때 그 모두는 공포 분
위기에서 살며, 그들은 지옥과 같은
그 삶을 사는 것이니라.
36 지금 나의 성전에 와 공부하고 깨우치
는 백성 너희 개개인이 마음을 다 비
우고 모두를 사랑으로 보며 모두를 선

으로 보면, 너희 마음이 편안하며 너
희의 기쁨이요, 거기에 속해 있는 모
든 너희 형제들의 기쁨이요, 하나의
마음이 됨이니라.
37 너희 자신이 육의 세상에 눈으로 보이
는 그 욕심의 고리를 정녕 지금 다 놓
겠느냐, 놓지 아니하고 까마귀로 변하
는 그와 같은 역사를 하여 나 여호와
가 이 지상에서 눈을 거두며 모두를
내가 재앙으로써 내리는 그와 같은 세
상을 만들고자 할 것인가?
38 여기에 그 소중함이 있음을 알라.
39 선택된 나의 백성이 계속 천사요, 비
둘기 모습으로 변해야 할 것이며, 이
미 변한 자들까지 까마귀로 변해서는
아니 되지 않더냐?
40 그와 같은 역사를 말고 너희가 새로
운 시대를 이루고자 한다면 너희의
마음을 비우라.
41 너희가 모두 다 오만함이니, '나'를 죽
이고, 네가 죽은 자라 그리하지 아니
하였더냐?
42 정녕 죽은 자가 되라.
43 그러면 너희의 기쁨이요, 너희의 행복
이요, 너희가 모두를 다 보고 듣고 알
수 있을 것이니, 너 자신을 비우도록
그리하라.
44 그것이 나 여호와가 이 세상에서 마지
막 눈을 감고 바라보지 않으며 고개를
돌리는 그와 같은 일이 없는 그 역사
니, 그것이 나 여호와의 기쁨이요, 나
의 행복이요, 내가 이 세상에 가장 큰
기대를 거는 것이 여기 임을 너희는
잊지 말라, 사랑하는 나의 아들딸들아!
45 마음을 비우라.
46 너 자신이 하나가 변하면 모두가 편안
한 것을, 네 주변이 편안하고 모두 즐
거우면 너 자신이 즐거운 것을, 그리
고 그 속에서 사랑이 있으며 정이 있
으며 모두 아름답게 보이느니,
47 네가 아름답게 볼 수 있는 세상을, 왜
네 마음을 아프게 하며 너 자신을 쓰
리게 하며 너 자신을 악하게 보이며,
너 자신이 사악한 자로 보이며, 너 자
신이 변할 수 없는 자로 보이며,
48 나의 아들딸로서 오는 것이 아니요,
나로부터 멀리 가는 그와 같은 길을
가고자 하는가?
49 마음을 비우면 모두 반대로써 나에게
가까이 오며, 모두 편안하며, 모두 행
복하며, 모든 사랑이 거기 있음이니,
50 사랑의 노래를 부를 자격이 있으며,
사랑의 노래를 부르는 나의 성전으로
변해야 함을 알라, 사랑하는 나의 아
들딸들아!

7,436 번째 하나님 말씀

2003년 9월 6일 11시 16분

1 사랑하는 나의 아들아!
2 "네, 아버님! 말씀하옵소서."
3 너희는 이 세상에 육으로써 모두 태어
남이니라.
4 그러나 육으로써 태어난 너희는 육의
세상의 삶이 있음이니, 그 육의 세상
의 삶으로써는 나에게 오를 수 없음이
니라.
5 그러니 육의 삶으로써 태어난 너희는
성령으로써 거듭나는 그 과정을 거치
지 아니하면 절대 나에게 오를 수 없

음이니, 너희는 성령으로써 거듭나는 그 과정을 거쳐야 하는 것이니라.

6 지금의 세속에서 사는 그 삶이 아니요, 그 삶을 벗어나는 그와 같은 세상의 삶을 살아야만 되는 것이 너희니라.

7 너희가 하나의 나비가 되어 세상을 자연스럽게 날려면 그 애벌레가 나비로 태어나는 과정을 거쳐야만 하듯이, 애벌레의 과정이 바로 무엇인 줄 알겠느냐?

8 육의 세상에서 살아가는 오늘의 이 세속의 삶이 애벌레의 삶이요, 거기에서 나비가 되는 것이 성령으로 거듭나는 삶이니라.

9 그러니 너희가 성령으로 거듭나는 역사가 없이는 성령으로써 천사들이 존재하는 하늘나라 나에게 오를 수 없으며, 하늘나라를 너희가 보지도 못하며 그 길을 보지도 못하는 것은 당연한 이치요, 당연한 결과가 아니더냐?

10 사랑하는 나의 아들딸들아, 애벌레가 나비로 태어나는 그 어렵고 힘든 여과의 과정을 거치지 아니하면 아니 됨이니라.

11 육으로써 성령의 나라로 절대 갈 수가 없음이니라.

12 육의 형태로 삶을 살 때 육의 삶의 그 형상으로써는 절대 천사들이 존재하는 하늘나라에 오를 수 없음이니,

13 너희가 오를 수 있는 것은 성령으로써 거듭남이니, 그와 같은 것이 아니고는 절대 나에게 오를 수 없음이니라.

14 육에서 성령으로 거듭나라 함이니, 이 뜻을 깊이 알아야 할 것이니라.

15 이 길이 얼마나 어렵고 힘든 길이라 수없이 너희에게 말했더냐?

16 내가 너희에게 깨우쳐 주고 또 깨우쳐 주었느니라.

17 낙타라는 크나큰 사막의 동물이 작은 바늘구멍을 통과하는 것보다 어렵다 하여, 너희가 육의 세상에서 살다 그 모두를 저버리고 성령으로써 거듭나는 나의 아들딸로서 태어나 하늘에 오르는 그 길이 그와 같이 어렵고 힘듦을 표현하였음이니, 얼마나 어렵고 힘든 길이더냐?

18 그러나 그 모두는 다 너희 마음자리에 달렸으며 마음먹기에 달렸으니, 너희 스스로 자신을 다스리고 못 다스리는 것이 그와 같이 어렵다 하였음이니, 너희 자신을 다스리는 자신 있는 마음 자세로 가야 할 것이니라.

19 네 가슴을 갈기갈기 찢어서 나 여호와의 뜻에 따르겠다는 네 제자의 그 절규를 너희는 듣지 아니하였는가?

20 그 절규의 아픔이 너희는 어떠한 것이라 하겠느냐?

21 아무리 가고자 해도 가지 못하는 곳이며, 그 뜻이 하늘에 오르고자 나의 뜻에 따라 착하고 아름답게 다시 태어나는 딸로 가고자 하나,

22 육의 세상의 고리를 끊지 못하며 그 인연을 끊지 못하여 그를 제가 지키지 못해 가슴을 갈기갈기 찢어 그가 하늘에 오르는 그 길을 가고자 마음을 먹는다면 이것이 곧 낙타가 바늘구멍을 통과할 수 있는 그 역사니, 그는 무슨 마음이더냐?

23 저 자신을 갈기갈기 찢어서 낙타가 바늘을 통과하듯이 그 털보다도 더 가늘

게 저 자신을 갈고 찢고 또 찢어 만신
창이가 되어 낙타의 털보다도 더 가
늘게 만들어 그 길을 통과하겠다는 그
와 같은 애절한 마음이 아니더냐?
24 그것이 바로 의인이 되는 길이요, 그
것이 천사가 되는 것이요, 그와 같은
만백성이 존재할 때 이 세상은 인간의
법도가 필요 없으며 하늘의 법도가 필
요 없으며,
25 내가 나의 아들을 통하여 이렇게 밤과
낮을 가리지 아니하고 160권의 법전
을 세상에 내려보내도 아니 되는 것
을, 그와 같은 마음을 갖는 것이 너희
가 육에서 다시 태어나는 것이며 거듭
태어남이니라.
26 육의 세상에 살면서 거듭나지 아니하
면 영의 세상에 너희가 침입할 수도
없으며 올 수도 없음이니라.
27 너희는 감히 그 아름다운 하늘을 향하
여 볼 수도 없음이니라.
28 네 가슴을 갈기갈기 찢어 추하고 더러
운 것은 아니 하며, '내 아버지의 뜻을
따르며 한 점의 부끄럼 없이 살겠다'
는 네 제자의 그 절규를 내가 들음이
니,
29 그 소리를 듣는 천사도 놀라고 있으며
사탄이 감히 두려워 고개를 들지 못하
고 있음이니,
30 내 옆에 있는 나의 아들 예수까지도
얼굴을 붉히는 그와 같은 형국이 되어
있음이니라.
31 그러니 너의 제자들은 모두 그와 같
은 마음으로 가라 그리 전하라.
32 그게 바로 본보기요, 그게 하늘에 오
르는 길이니, '나'를 죽여 '남'을 살리
며, 너희 자신을 죽여 나 여호와의 기
쁨을 위해서 가겠다는 것이 나의 효성
스러운 딸이요, 자식이 아니고 누구겠
느냐?
33 어느 날 그와 같은 제자가 한 명 세상
에 나왔으니, 오늘의 네 고통과 고초
는 그것으로써 모두를 다 갚았으며 그
보다 행복함이 없음이니, 내가 너를
사랑하며 그 제자들을 사랑함이니라.

7,437 번째 하나님 말씀

2003년 9월 6일 11시 22분

1 사랑하는 나의 아들아!
2 "네, 아버님! 말씀하옵소서."
3 수천 년 동안 작고 큰 거짓 선지자요,
잘못된 자들이 이 세상에 우글거리며
이 세상을 덮고 왔음이니라.
4 그러니 지금도 그와 같은 거짓 선지자
의 잘못된 자들이 누구의 이름으로 누
구를 대신했다 하여 감히 저희가 세
상에 수없이 등장하여 그저 하루살이
날파리처럼 살다 죽어 가는 자들이
수없이 있었음이니라.
5 나 여호와의 명령에 의하여 성령이 임
한 백성과 임하지 않은 백성의 그 구
분을 너희는 엄격히 할 줄 알아야 할
것이니라.
6 그러나 지금 너희는 무엇으로써 구분
을 짓고자 하느냐?
7 나 여호와를 믿으며 나의 아들 예수를
믿는 것, 그리고 나의 아들의 역사함
을 믿는 백성, 그와 같은 자들은 적그
리스도가 아니라 그리하며 그리 말하
느니라.

8 그와 같이 가는 자들만 너희가 진정한 나로부터 선택된 백성이요, 나를 위해 가는 백성이라 그리 말하느니라.

9 그것으로써 너희는 모두 다 단정 지으며, 그것이 아니면 진정한 믿음이 아니요, 사탄이요, 사악한 자라 그리 말하느니라.

10 그러나 너희는 알아야 할 것이니라.

11 말로써 너희가 나를 믿으며 나의 아들을 구세주요, 구세주가 아니라 부르짖고 그 피로써 은혜를 받았다 말하는 그와 같은 것으로써 적그리스도가 아님을 구분해서는 아니 될 것이니라.

12 너희의 행함이요, 너희가 가는 그 삶의 역사요, 너희가 존재하며 이루어 가는 작고 큰 살아가는 삶을 거울처럼 비추어보아, 한 점의 부끄러움이 있느냐 없느냐 하는 것으로 적그리스도인지 아닌지를 알아야 할 것이니라.

13 너희가 믿고 안 믿는 것, 나를 찾는 것, 나의 아들을 인정하는 것, 나 여호와를 인정하는 그것으로써 하늘에 오르는 길이 아니요,

14 그것은 하늘에 오르는 길을 가르쳐 주는 것이며, 너희가 하늘에 오르는 길을 인도해 주는 것이 나 여호와요, 나의 아들 예수를 세상에 내려보냈던 것이지 너희를 구원하고 구원하지 못함이 아니니라.

15 너희가 구원을 받고 못 받는 것은 나의 계명대로 행하느냐 안 하느냐, 그걸 지키고 안 지키는 것으로 적그리스도인가 아닌가 그리 말할 수 있으나, 믿고 안 믿는 것으로써 그리 말해서는 아니 됨이니라.

16 너희의 행함이 중요하며 행함이 없는 믿음이야말로 적그리스도임을 알아야 할 것이니라.

17 예수가 나의 아들이요, 성령으로써 잉태한 것, 그 자체를 부정하지 않는 백성, 그리고 그리 믿고 가는 백성, 그와 같은 백성이라 해도,

18 너희 손으로 지은 그 교회에 와서 기도하고 경배하지 아니하며 재물을 바치지 아니하는 자는 모두 다 스스로 너희가 적그리스도라 그리 평가하고 그리 명하고 있지 않은가?

19 그러니 말로써만 믿음의 길을 가는 자요, 행함이 없이 가는 자는 정녕 그들이 적그리스도라는 것을 너희는 알아야 할 것이니라.

20 너희가 말하는 믿음의 깊이를 가진 자, 그 깊이를 알지 못하는 백성 그 모두를 자세히 알지 못하는 자들이 평가하지 말며 모두를 정하여 너희 마음대로 하지 말라.

21 그러면서 너희는 뭐라 하느냐?

22 이방인이라 너희가 말하는 나의 백성이 나 여호와를 알며 나 여호와가 존재함을 알며 예수가 성령으로 잉태한 것을 다 믿는 그와 같은 백성이라도 그들은 구원을 받지 못하며 내가 기억하지 아니한다 하며,

23 오로지 저희 손으로 지은 그 교회에 와 헌금을 바치고 기도하며 저희와 같이 울고불고 광란의 짓을 하는 것만 구원을 받는다 하며, 나 여호와가 기억한다 함이니라.

24 선택된 백성을 내가 기억하고 기억하지 않는 것은 오로지 나만 아는 길이

요, 너희는 알 수 없거늘, 어찌하여 너희가 그와 같이 억지를 부리며 너희에게 끌어들여 재물을 거둬들이려 하느냐?
25 그와 같은 백성을 내가 기억하고 기억하지 아니하며, 내가 어떤 백성을 기억하며 그를 사랑하고 사랑하지 아니하며, 너희가 죽어 나에게 와 심판을 받을 때 나에게 올 수 있는 백성이 어떤 백성인가를 나만 알지 너희는 알 수 없다는 것을 어찌 그리 모르는가?
26 그 모두 자만이요, 오만 속에서 저 자신을 모르고 살아가는 백성이 하는 행위임을 알라.

7,438 번째 하나님 말씀

2003년 9월 6일 11시 29분

1 사랑하는 나의 아들아!
2 "네, 아버님! 말씀하옵소서."
3 나의 백성 너희를 깨우치는 것은 어떤 방법으로 깨우칠 수 있느냐?
4 말로써 그대로 전하는 것으로써 너희를 깨우칠 수 없으며, 하늘에서 천둥과 같은 소리로 매일 너희에게 전하고 전한다 해도 너희를 깨우쳐 역사할 길이 없음이니라.
5 그리하여 나의 피조물 만백성 너희를 깨우치는 그 교육으로는 너희와 똑같은 육의 형태를 통하여 육을 가진 나의 아들딸을 통하여 너희를 가르칠 수 있으며, 너희를 깨우칠 수 있으며, 나에게 오르는 그 길로 인도하는 그와 같은 변화의 역사를 이루는 길밖에 없음을 너희는 알고 있을 것이니라.
6 지금 나의 아들을 통하여 새로운 성경이요, 법전을 전함이 정도의 길이며 나 여호와의 뜻이라는 것을 너희는 알아야 할 것이니라.
7 이 세상이 지금같이 험악하며 거짓 선지자가 들끓는 세상이요, 말세요, 종말이라 하며 사람이 사람을 두려워하는 이와 같이 험악한 세상이 되었음이니, 이 세상에 너희를 무엇으로써 가르치겠는가?
8 오늘의 너희를 바로잡고 깨우치려면 글로써 책으로써 증거하는 것으로써 너희 손에 당당히 쥐여 주었을 때 너희가 변화될 수 있으며 깨달을 수 있을 것이니라.
9 그리하여 60의 세상을 산 나의 아들을 통하여 그에게 내가 역사하여 나의 아들에게 나의 뜻을 전함이니, 그리하여 너희를 깨우치는 길밖에 없음이니라.
10 2천 년 전 나의 아들 예수를 통하여 너희에게 역사한 것도 또한 그와 같은 형태이니라.
11 나의 아들 예수가 세상에 나왔음이니, 그가 육의 형태를 가지고 너희와 똑같은 삶 속에서 너희를 깨우치고자 역사했던 것은, 육을 가진 자로서 육의 형태로써 너희에게 본보기를 보여 주지 아니하며 너희 눈으로 볼 수 있는 그와 같은 깨우침이 아니면 절대 너희를 그만큼 다스릴 수 없기 때문이니라.
12 육으로써 너희를 깨우치는 역사는 실천함이요, 보여 주는 것이니라.
13 육으로써 똑같은 형태로써 너희를 바

로잡고자 하는 것은 너희가 실천하는
그 과정을 눈으로 보고 만져 보며 듣
게 해 주기 위하여 내가 너희에게 그
와 같은 실천을 보여 주는 것으로 했
기 때문에,
14 그리해야만 너희가 그나마 들여다볼
수 있기 때문에 그나마 너희가 생각
할 수 있기에,
15 내가 육을 가진 나의 아들을 통하여
이와 같은 새로운 역사의 변화의 한
장을 열어 가고 있다는 것을 너희는
알아야 할 것이니라.
16 육으로써 실천하는 형태가 아니면 너
희는 깨닫지 못하기 때문이니라.
17 너희는 나의 사랑이 어떠한 것인지 그
것을 알 수가 없음이니라.
18 육을 통하여 그가 보여 주는 것으로
너희는 내 사랑이요, 내가 너희를 사
랑함을 알 수 있을 것이니라.
19 그러나 내가 육으로써 너희에게 보여
주지 아니하며 그 형체로써 너희를
깨우치지 아니하면, 너희는 그저 가슴
한 구석에 너희 마음속에 나의 사랑
이 무엇이라 함을 아련히 안고 너희
마음대로 생각하며 너희 마음대로 느
끼는 대로 행하고 그것이 나 여호와의
사랑이라 그리 생각하고 살아가지 않
겠는가?
20 그러니 그때 거기에서 이루어지는 오
차의 범위는 천태만상일 것이며 각자
사람마다 다를 것이니, 그는 하나가
될 수 없으며 하늘의 진리를 아무도
아는 백성이 없게 됨이니라.
21 그리하여 나 여호와가 사랑의 의미요,
내가 너희를 사랑한 깊이요, 내가 너
희를 아끼고 사랑하는 그 한계를 느낄
수 있게 하려고 육을 가진 나의 아들
로서 이 세상에 증거가 되어 내려보
낸 뜻이 여기 있음을 알라.
22 나 여호와가 너희를 사랑한다는 것을
육을 가진 인간의 실천으로써 보여 주
지 아니한다면 정녕 너희는 나 여호
와가 너희를 얼마나 사랑하는 것이며
내가 너희를 얼마나 위하고 소중히
생각하는 것인가를 믿지 못할 것이며
또 믿지 않으려 할 것이니라.
23 이 세상에 나의 아들 예수를 보내어
나의 사랑의 그 의미를 깨우쳐 주고자
했으나 너희는 지금 어떻게 되었는가?
24 너희에게 그를 보여 주어 육으로써 똑
같은 형태로써 너희에게 그 모범을
보여 눈으로 보고 깨우쳤으나, 지금
너희는 무섭도록 변질되었으며 모두
가 사탄의 앞에 가서 사탄의 자식 노
릇을 하고 있음이니,
25 너희는 말로만 나 여호와를 사랑한다
하면서 나 여호와를 사랑한다는 것을
알지 못할 것이며, 그저 나 여호와가
무한히 사랑할 것이라 생각하며, 너희
에게 어느 한계의 어느 한 시점만큼
사랑하는지 그 자체도 너희는 모르는
것이니라.
26 그러니 내가 글로써 책으로써 증명하
여 가르치지 아니하고 내가 하늘에서
매일같이 너희에게 내가 너희를 사랑
하는 것이라 소리 지르고 강론하여 천
둥소리처럼 세상에 내려보낸다 하면
너희는 과연 그를 듣고 깨우쳐 변하는
백성이 되겠는가?
27 너희는 어떻게 되겠는가?

28 너희는 내가 매일같이 고치고 살라는
그와 같은 것을 천둥소리처럼 성전에
서 매일 강론을 한다면 너희는 그 소
리 때문에 아무것도 역사하지 못하며
아무것도 할 수 없으며 정녕 너희는
그와 같은 소리를 계속 듣는다면 이
세상에 살아남을 자가 하나도 없을 것
이니라.
29 다 정신이상자로 변할 것이니라.
30 그러니 내가 천둥소리와 같이 너희에
게 매일 강론을 하여 만백성이 듣게
할 수도 없는 것이요, 그리하여 내가
나의 법전이요, 나의 뜻을 책으로 글
로 만들어 나의 아들을 통하여 조용히
세상에 전하는 그 의미를 알라.
31 지금 나의 아들을 통하여 역사하는 그
모든 뜻이 여기 있으며, 나의 아들이
진정 나로부터 선택된 아들이요, 만백
성을 구하는 역사를 이룬다는 것을 잊
지 말라, 사랑하는 나의 아들딸들아!

7,439 번째 하나님 말씀

2003년 9월 6일 11시 40분

1 사랑하는 나의 아들아!
2 "네, 아버님! 말씀하옵소서."
3 이 세상에 수천 년 역사가 흘러왔으며
2천 년의 그 긴긴 세월은 암흑의 세상
이며 내가 관여하지 아니하며 너희에
게 역사하지 않은 세상이라 그리하였
음이니라.
4 그리하여 나의 아들 예수가 그와 같이
고통스럽게 죽어 간 그 세월이 2천 년
이 흘러 오늘날 내가 너희에게 다시
한 번 기회를 주고자 이 대장정의 역
사를 이룸이니라.
5 너희는 지금 나의 아들이 60의 나이
를 먹어 나로부터 선택된 아들로서 나
의 성령을 받아 법전이요, 새로운 성
경을 지금 만들어 가고 있음이니, 이
세상에 그를 통하여 내가 내려보내느
니라.
6 그러나 너희는 이를 보고 사탄이요,
이단이요, 악마요, 사악한 자의 행동
이라 그리 말하며, 지금의 모든 종파
가 그 길에 도전하고자 하며 나의 법
전을 찢어 버리려 하며 태워 버리려
하는 것이 너희가 아니더냐?
7 도저히 이는 믿을 수 없으며 하늘의
뜻으로써 역사할 수 없는 것이라 너
희는 그리 말하나,
8 60년의 세월을 살아온 나의 아들이
나로부터 선택되어 나의 새로운 성경
이요, 심판을 받는 법전을 세상에 만
드는 것을, 모든 종파의 지도자들은
이를 인정하려 하지 아니하며
9 그들은 오로지 도전적이요, 이를 세상
에 존재하지 못하도록, 그리고 이는
정녕 하늘의 뜻이 아니라 하여 나의
법전을 태워 버리고 찢어 버리며 짓밟
으며 나의 아들을 핍박하는 것에 모든
역점을 두는 것이 아니던가?
10 그러나 너희는 여기서 알아야 할 것
이니라.
11 너희가 찬양하며 믿는 나의 아들 예
수와 지금의 나의 아들이 무엇이 다르
단 말이던가?
12 나의 아들 예수도 그와 같은 삶을 살
았음을 알라.
13 나의 아들 예수가 살아온 그 과정의

역사를 지금 나의 아들도 그 과정을
살아가고 있으며 그 과정을 거쳐 가고
있음을 너희는 알아야 할 것이니라.
14 너희는 나의 아들 예수가 처녀의 몸에
서 성령으로써 잉태한 것만을 보지 말
며, 그것만을 강조하며 그것에만 연연
하며 이 세상의 모든 깨우침을 잘못
가서는 아니 됨을 너희는 알아야 할
것이니라.
15 너희는 나의 아들 예수를 놓고 뭐라
하느냐?
16 너희는 그 믿음의 족보요, 혈통을 가
지고 나의 아들을 그 혈통에 적용하여
몇 대 자손이요, 몇 대에 태어난 나의
아들 예수라 감히 말하고 있지 않은가?
17 너희는 나의 아들 예수가 성령으로 태
어난 것을 육에 적용하여 그리 말하고
있음이니라.
18 그리고 나의 아들 예수도 태어나면서
너희 인간처럼 육신의 할례를 받지 아
니하였던가?
19 그리하여 나의 아들 예수도 할례를 받
으면서 그가 성장하기 시작하였음이
니,
20 그가 나이가 30이 되어 세례 요한으
로부터 영적인 세례를 받음으로 그 모
든 역사를 하기 시작하며 그가 변하
기 시작하였음을 너희는 알아야 할
것이니라.
21 나의 아들 또한 지금까지 살아오면서
나에게 나의 아들이요, 선지자요, 나
로부터 들어 그가 모두를 알게 되었으
며, 그 자신이 선지자요, 나의 종이요,
나의 아들이라 그가 스스로 말한 적이
없으며 그는 세상의 죄인이요, 성서
한 줄을 읽어 본 적이 없으며 성경을
들여다본 적이 없으며
22 하늘의 뜻이 무엇인지 하늘의 역사하
는 것도 아무것도 모르는 자였음이니
라.
23 그리하여 내가 그에게 선지자라 불렀
을 때, 그는 선지자가 무엇인지도 몰
랐으며 선지자가 나로부터 어떤 은혜
를 받는지 몰랐음이니라.
24 그리하여 그가 세상의 인연을 다 끊고
나에게 돌아오게 하려고 내가 그에게
핍박을 주어 단돈 금화 한 닢이 없는
그와 같은 어려운 시점에서 그가 어찌
할 바를 모르고 발을 동동 구르고 있
을 때, 한 여인이 와서 말했느니라.
25 당신이 정녕 선지자라면 하나님께서
다 역사할 것이며 다 이루어 줄 것을,
선지자라며 어찌 그리 당신이 불안해
하는가?
26 그 말을 듣고 나의 아들은 '내가 정녕
선지자라면 하나님께서 이루어 주는
것이로구나' 하고 그때부터 내가 역사
함을 그는 거기서 눈을 뜬 것이니, 바
로 그와 같이 아무것도 모르는 나의
아들이었음이니라.
27 나의 아들 또한 지금까지 살아오면서
아무것도 알지 못했으나, 내가 그 아
들을 알기에, '너는 나의 선지자요, 나
의 종이요, 나의 아들이라' 내가 그에
게 명하였음이니,
28 나의 아들 예수가 세례 요한으로부터
성령의 세례를 받고서 그가 나로부터
아들이요, 나에게 선택된 것이요, 그
가 역사하는 그와 같은 삶을 산 것이
아니던가?

29 인간의 생활 속에서 그전까지는 나의
아들 예수도 그 살아온 과정이 같음이
니라.
30 다만, 너희가 말하는 세월이 30년이
라는 세월을 육의 세상으로 살았느냐,
60년이라는 세월을 살았느냐 하는 그
차이를 가지고 시시비비를 한다면,
31 인간의 세상에 산 것은 30년이요, 60
년이요, 그것은 문제가 되지 아니하며
아무런 관계가 없는 것이 오늘의 현실
임을 어찌 모르는가?
32 다만, 예수는 3년이라는 그 역사를 이
루었으며 나의 아들은 길고도 긴 32
년의 그 역사 속에서 모두를 다 이루
고 간다는 것이니라.
33 예수가 태어나 성장한 과정도 그렇게
보라.
34 그도 30년이라는 세월이 지금의 나의
아들이 60세의 삶과 같았음이니라.
35 나의 아들 예수도 실수했으며 더러는
죄도 지었으며 부끄러운 일도 수없이
했으며 자신도 모르게 해서는 안 되는
일을 행하고 살아온 것이 나의 아들
예수의 30세 이전의 생활이니라.
36 너희는 그를 알아야 할 것이며 그를
보아야 할 것이니라.
37 나의 아들 예수가 요한으로부터 성령
의 세례를 받으며 광야에 가서 기도하
며 사탄과의 싸움에서 견디고 이기는
그 순간에 그는 성령으로써 완벽한 나
의 아들로서 거듭났으며 나의 아들로
서 돌아왔으며, 그리하여 그가 33년
의 그 성령이 임한 역사를 이루었음이
니,
38 지금 나의 아들이 60년의 인생을 살
면서 나로부터 명받아 대장정의 역사
를 이루며 만백성을 구하는 그 역사를
하는 것이니라.
39 나의 아들 예수가 30년 동안 살다 세
례 요한으로부터 정녕 성령을 받아 변
화된 3년간의 삶을 사는 것은 그 과정
이 다 똑같다는 것을 생각해야 할 것
이니라.
40 여기서 너희는 깨우치라.
41 나의 아들 예수도 그렇고 지금의 나의
아들도 모든 백성 너희도 다 똑같은
자격이 있음을 알라.
42 나 여호와의 아들딸이요, 천국의 백성
이 되고자 한다면 너희는 어떠한 백
성이든 누구든 나의 아들 예수가 펼쳐
놓은 그와 같은 과정을 거치면 너희는
죄 없는 백성이 될 수 있음이니라.
43 죄 없는 백성이 되었을 때 너희는 나
에게 오를 수 있으며 천국에 오를 수
있는 똑같은 자격이 있음이니,
44 그러니 너희가 예수가 30년 동안 살
아오면서 실수하며 웃지 못할 일 그
리고 알고 모르고 지은 죄요, 인간으
로서 실수하고 살았던 그 모든 30년
의 세월이나,
45 나의 아들이 아무것도 모르고 60년
동안 인간의 세상에 얽히고설킨 그 삶
을 살아 그가 깨우쳐 하늘에 오르는
32년 동안의 역사의 그 삶을 사는 것
은 모두 똑같은 과정의 절차이니라.
46 나의 아들 예수도 똑같은 인간이기 때
문에 할례를 받았으며 그도 또한 인간
세상에 살았으며 그를 인간의 족보 속
에 하나의 후손으로 너희가 기억하지
않는가?

47 그러나 30년 동안에 예수도 그리 살았음이니, 세례 요한으로부터 성령의 세례를 받으며 그와 같은 변화의 역사가 시작되었음이니라.
48 그리고 내가 그를 나의 아들이라 명하여 불렀으며 내가 사랑하고 기뻐하는 나의 아들이라 명했을 때부터 그는 모든 역사를 임했으니,
49 내가 60이 가까운 나의 아들에게 너는 나의 아들이요, 나의 성령을 받아 만백성에게 전하라는 그 명을 내가 직접 내렸음이니, 그것이 무엇이 차이가 있고 다르다 말하는가?
50 나의 백성이 되고자 한다면 너희도 예수처럼 사는 그 과정을 거치라.
51 그러면 누구든지 예수처럼 될 것이며 지금의 나의 아들처럼 될 것이니라.
52 나에게 오르고자 하는 자들이 예수가 살아왔던 그 삶의 과정을 걸치지 아니하고는 결코 나에게 올 수 없다는 것을 가슴 깊이 새기도록 그리하라.
53 지금의 나의 아들이 32년간 사는 삶이 그와 같지 않으면 나 또한 나의 아들을 천국에 들여놓지 아니할 것이며, 내가 아무리 가슴이 아파도 내 아들을 받아들이지 아니할 것이니라.
54 지금 나의 아들이 32년이라는 그 세월을 살아가면서 그가 정녕 예수와 같은 삶을 살 때 내가 천국의 문을 열어 그를 내 앞에 놓을 것이요, 그렇지 아니하면 그를 내가 받아들이지 않는 것이 나의 아들의 운명이니라.
55 또 너희도 마찬가지니라.
56 너희도 예수가 30년 동안 살았던 그 인생의 삶을 똑같이 지금의 이 나이까지 살았다 하면, 예수가 세례 요한으로부터 성령의 세례를 받은 후부터 그가 바뀌듯이, 사탄과 사막에서 싸워 이긴 그 순간부터 바뀌었듯이 너희도 지금서부터 바뀌면 지금까지 살아온 그 모두를 다 내가 용서함이니라.
57 그러니 지금서부터 단단히 각오하며 지금서부터 살아가는 데 그와 같은 삶을 살아, 예수와 같은 완전한 삶을 살도록 최선의 노력을 다하라.
58 나의 아들도 너희도 그와 같은 삶을 살지 아니하면 나에게 오를 수 없는 것이 너희 운명이라는 것을 잊지 말라, 사랑하는 나의 아들딸들아! 내가 너희를 사랑함이니라.

7,440 번째 하나님 말씀

2003년 9월 6일 11시 48분

1 사랑하는 나의 아들아!
2 이제 나의 아들을 따르는 그 제자들이요, 만백성을 인도하는 길에 들어선 너희는 모두를 알아야 할 것이니라.
3 나의 사랑하는 아들 예수의 그 성장 과정을 너희만은 알아야 할 것이며, 너희가 그 과정을 안다면 지금의 나의 아들이 명받음을 의심치 말아야 할 것이며 이를 의혹해서는 아니 될 것이니라.
4 나의 아들 예수도 인간 법도에 의하여 예루살렘에서 너희가 말하는 율법대로 할례를 받았음이니라.
5 그리고 30년 동안 성장하고 요단강에서 30세의 나이로 세례 요한으로부터 성령의 세례를 받음으로 하늘의 천사

를 내려보내어 내가 나의 아들임을 증
명하였음을 너희는 알고 있지 않은가?
6 그때부터 모든 것을 역사하기 시작하
였음이니라.
7 그전까지 나의 아들은 인간 세상의 삶
이요, 인간의 삶 속에서 더러는 너희
와 같은 삶을 살았음을 잊지 말라.
8 나의 아들은 그때부터 모든 역사를
시작하였음이니라.
9 그리고 나의 아들은 할례를 받았으며
세례를 받은 날까지 그와 같이 너희와
더불어 그와 같은 삶을 살았으나, 세
례를 받은 그날부터 나의 아들은 변하
기 시작되었으며 변화되는 역사가 이
루어졌음이니라.
10 그러니 지금 나의 아들 또한 어떠하던
가?
11 나로부터 직접 명을 받은 자니라.
12 '너는 나의 아들이니, 내가 명하는 것
을 받아 기록하여 만백성을 구하라'
하여 지금 160권의 법전을 세상에 만
들어 전하는 대역사의 장정을 이루고
있음이니,
13 천사를 내려보내 명한 것이 아니라 내
가 직접 음성으로써 나의 아들에게
명한 그것은 어떠한 것이 더 소중함인
가를 알 때가 있을 것이니라.
14 나의 아들 예수에게 천사를 내려보내
어 명한 것이나, 내가 나의 아들에게
나의 성령을 모두 태워 160권의 법전
으로써 나의 뜻을 증명하여 내리는 것
이나,
15 너희는 후자의 내가 나의 아들에게 명
한 것을 알 뿐이요, 오늘은 너희가 나
를 보지 못하며 알지 못함이니, 그 위
대한 160권의 법전을 그 역사함을 너
희는 모르기 때문일 것이니라.
16 그를 너희는 모르느니라.
17 머지않아 너희가 그 모든 소중하고
위대함을 알게 될 것이니라.
18 금은보화보다 더 소중한 것이 나의 법
전이 세상에 전해지는 것임을 안다면,
이는 내가 명함을 너희는 알게 될 것
이니라.
19 할례를 받았으며 성령의 세례를 받기
전까지 예수도 인간의 삶을 살았다 그
리하지 않느냐?
20 죄를 지었으며 또한 부끄러운 삶이요,
때로는 웃지 못할 그와 같은 인생의
삶을 산 것이, 그리고 젊음을 가지고
젊음의 세대로써 그는 살았으며, 그
아버지의 일을 도왔으며 그는 한 가정
의 그 아들로서 제가 순박한 삶을 산
자이니라.
21 그러나 세례 후 완전한 성령으로써 다
시 태어났음이니, 그리하여 그때부터
나의 아들이라 내가 증명하였음이니,
그때부터 모든 것을 역사하고 변화되
었으니,
22 너희는 30년 동안 인간으로 살다 3년
반을 살다 간 나의 아들과, 60년 동안
의 세월을 살다 32년 동안의 대역사
를 이루는 나의 아들을 그 속에서 시
간과 공간을 따지지 말라.
23 하늘의 하루는 이 지상의 천 년이라
하였음이니, 인간의 30년의 그 차이
는 무엇이더냐?
24 내가 숨 한 번 쉬는 것만도 못한 그 세
월이니, 그걸로 너희가 왈가불가 시시
비비한다면 하늘의 뜻을 모르며 하늘

의 이치를 모르는 것이니라.
25 30년의 인간의 삶이나 60년의 삶이나 다 그게 거기서 거기이니, 한 치도 벗어나지도 못하는 것이니라.
26 좁쌀 만 한 높이에서 잰다면 그 안에 있는 것이 30년이나 60년이나 똑같은 그 삶이거늘, 그걸로 엄청난 차이요, 엄청난 변화인 것처럼 착각하지 말라.
27 이것이 하늘의 법도이니, 인간의 법도요, 눈으로 보는 계산이요, 수학적인 수치로 따지니 30년은 긴 것이나,
28 하늘에서 보는 내가 하루 속에서 30년이요, 60년이라는 것은 좁쌀 높이만큼도 안 되는 그 안에 모두 다 존재하는 것이니,
29 그와 같이 나의 아들 둘이 살아간 것을 가지고 너희는 시시비비하지 말며, 흑백을 가리려 하지 말며, 옥석을 가리려는 어리석은 생각을 하지 말라, 불쌍한 나의 백성들아!
30 그걸 가지고 시시비비하며 나의 아들이 아니라 하며 나의 법전이 잘못되었다 말하는 것은 너희가 얼마나 우매한 백성인가를 알아야 할 것이니라.
31 세례를 나의 아들이 받음이니라.
32 '이는 내 아들이요, 내가 기뻐하는 자라' 내가 세상에 그를 전하였음이니라.
33 그리하여 그때부터 나의 아들이 변하기 시작하였음이니라.
34 나의 아들 예수가 세례 요한으로부터 성령의 세례를 받는 그 자리에 천사가 내려가 빛이 비쳤으며, 이는 내 아들이요, 내가 기뻐하는 자라 말하였음이니라.
35 나의 아들이 60이 다 되어 너는 내 아들이니 내 뜻을 받아 만백성을 구하는 법전을 만들라 내가 그리 명하여 이후에 법전의 명령이 나의 명령이라는 것을 증명하게 될 것이거늘, 무엇이 다르단 말이던가?
36 너희는 여기서 알아야 할 것이니라.
37 내가 나의 아들에게 말했던 그것이 지금의 나의 아들이나 2천 년 전의 나의 아들에게 전했던 것이나 다 똑같은 것이니라.
38 지금의 나의 아들 또한 '너는 나의 종이요, 선지자요, 나의 아들이라' 내가 명하여 책으로 만드는 그 뜻을 너희는 알 날이 있다고 내가 여러 번 여기서 기록하였음이니, 그것이 얼마나 소중한 것인가를 알게 될 것이니라.
39 너희가 나의 음성을 듣지 못하기 때문에, 너희가 내 음성을 들을 수 있는 자격이 없어서 내가 너희에게 명하지 아니한 것이요,
40 법전이 참진리라는 것을 너희가 알았을 때 나 여호와가 임하고 있다는 것을 알았을 때, 그를 깨닫는 백성은 알고 있을 것이니라.
41 그러니 내가 책으로 전하는 그 의미를 너희는 깊이 받아들이라.
42 여기에 모두가 다 역사함이요, 증거함이니,
43 이는 영원히 변하지 아니하며 세상에 쪼개지고 부서진다 해도 영원히 변하지 않는 나의 성령의 법전이며 여기에 기록되어 있음이니,
44 여기에 기록된 그 의미요, 책이 내려간 그 소중함을 너희는 알라.
45 너희야말로 선택된 나의 아들딸이요,

모든 백성을 구하는 전사로서 나와 더
불어 가고 있다는 걸 잊지 말라, 사랑
하는 나의 아들딸들아!

7,441 번째 하나님 말씀

2003년 9월 6일 11시 55분

1 사랑하는 나의 아들아!
2 "네, 아버님! 말씀하옵소서."
3 나의 아들 예수의 삶이 어떠하였던가?
4 그 삶이나 지금의 나의 아들의 삶이
무엇이 다르다 말하느냐?
5 나의 아들 예수가 세례 요한으로부터
성령의 세례를 받기 전까지 그 삶이
요, 내가 나의 아들을 '너는 나로부터
선택된 자요, 나의 아들이니, 160권을
만들어 세상의 만백성을 구하라' 전했
던 그들의 삶은 다 같았음을 너희는
알아야 할 것이니라.
6 무엇이 다르며 무엇이 틀리며 그것 가
지고 시시비비하지 말며 다투지 말라.
7 그를 말해서는 아니 될 것이니라.
8 특히 지금 나의 아들을 따르는 제자
너희는 이와 같은 생각을 해서도 아니
되며 이와 같은 시시비비를 해서도
아니 됨이니라.
9 30년의 그 세월이나 60년의 그 세월
은 하나의 눈금 안에 다 있음이니라.
10 너희가 잣대를 잴 때 그 1밀리미터라
는 그 높이 안에 모두 들어가 있음이
니,
11 너희는 나의 아들이 가는 길이요, 나
의 법전이 역사함을 의혹하는 마음이
요, 의심하는 마음이요, 이를 의혹하
는 생각조차도 너희 머릿속에 가져서
는 아니 될 것이니,
12 모두를 다 지우고 하늘의 뜻에서 보도
록 그리하라, 사랑하는 나의 아들아!
생각지도 말라.
13 예수가 세례 요한으로부터 성령의 세
례를 받으며, 이는 사랑하는 나의 아
들이요, 내가 기뻐하는 자라 하였을
때, 그 아들은 그 명을 받고 어찌하였
는가?
14 그 아들 예수는 광야에 나가 사탄과의
모진 싸움에서 인간으로서 견딜 수
없는, 육을 가진 자로서는 견딜 수 없
는 그 유혹과 싸움에서 견디고 이기고
그는 당당히 이 세상에 나왔음이니라.
15 그가 이 세상에 나와 뭐라 말하였느냐?
16 사탄과 싸워 이긴 예수는 나로부터 성
령을 받아 세례를 받은 그 후로 그가
겪은 것은 광야에서 사탄과의 그 모진
싸움이었음이니라.
17 그 모진 싸움에서 그는 성령을 굳건히
하였으며, 나 여호와의 존재함이요,
성령을 그 가슴에 모두 심어 그가 완
벽한 사람으로 다시 거듭 태어났음이
니, 그가 나와서 외친 말이 무엇이더
냐?
18 '너희는 죄를 회개하라.' 그리 부르짖
었음이니라.
19 그리고 '용서를 구하라. 심판의 날이
머지않았음이니라.' 그리하여 모든 죄
속에 사는 자는 죄를 회개하며 용서를
구하라 그와 같이 외쳤으며,
20 구원의 역사는 그때부터 시작되었으
며, 나의 뜻을 전하는 그 역사가 이루
어졌음을 너희는 모르는가?
21 지금의 나의 아들은 내가 명한 것이

뭐라 말하였더냐?
22 내가 나의 아들에게 일찍이 명하였느
니라.
23 네 머리가 하얗게 변화되었을 때 만백
성이 나의 법전을 읽을 것이며, 이는
정녕 나 여호와의 뜻이라 하여 이 만
백성의 귀에 들리도록 그 종소리는 세
상에 퍼져 나갈 것이며 그 종소리는
울릴 것이라 그리 말하였음이니라.
24 그리하여 네 머리가 하얗게 변했을
때 나의 성령이요, 나의 종소리는 세
상에 퍼져 나갈 것이며, 만백성들은
그 종소리를 들을 것이라 그리 말하였
음이니라.
25 그 속에서 바로 구원의 길이 있으며
나에게 오르는 역사의 길이 이루어지
는 모든 기초가 거기 있음을 너희는
알 것이니라.
26 나의 아들 예수가 광야에서 사탄과 싸
워 이기고 그가 세상에 나와서 '죄를
회개하라, 용서를 구하라, 심판이 머
지않았음이니, 너희는 죄악 속에 살아
간다' 그리 외쳤음이니라.
27 그러나 그 결과는 세상에 영원히 존재
하지 못하며 사악한 자들이요, 나를
따르는 자요, 믿음의 길을 가는 그 백
성으로 하여금 나의 아들은 죽임을 당
하였으며,
28 나의 아들의 그 뜻은 전해지지 못하였
으며, 내가 너희를 사랑하는 그 사랑
의 깊이는 알 길이 없어졌으며, 전해
질 길이 없으며,
29 나의 사랑이 어디까지 가며 얼마나
위대한 것이며 얼마나 소중한 것인가
를 아는 백성이 이 세상에 한 사람도
없게 되었음이니라.
30 그리하여 이제야 내 사랑이 무엇이며
내가 역사하고자 하는 것이 무엇인가
를 아는 백성이 태어났음이니,
31 과연 광야에서 사탄과 싸워 이긴 나의
아들 예수가 세상에 나가 죄를 용서받
으라, 회개 받으라, 부르짖었던 그 메
아리와,
32 지금 나의 아들이 머리가 하얘져 그가
160권의 법전을 써 세상에 전해 너희
가 이고 지고 세상에 전하는 그 역사
와 어떠한 것이 더 위대하다 말하느냐?
33 나의 법전이요, 나의 책은 영원히 지
속하며 지워질 수 없으며 고칠 수가
없음이니, 그리하여 이게 마지막 시대
에 역사한다는 것을 알라.
34 나의 아들이 그리되었을 때 나의 법
전의 소리는 나의 아들이 강론하는 그
목소리는 종소리와 같이 아름답게 세
상에 퍼져 나갈 것이며 모두를 다 덮
을 것이니,
35 그때 너희 모두는 다 구원의 역사의
길에 들어 서 있는 나를 선택한 제자
들이요, 나를 선택한 백성이요, 또한
나의 아들을 따르는 제자들 너희의
그 영광과 축복이 거기 있음을 알라.
36 나의 아들이 오늘 와 있는 과정을 너
희가 돌이켜 보라.
37 나의 아들이 오늘 160권의 법전을 쓸
수 있으며 세상에 역사할 수 있는 오
늘의 나의 아들이 이 자리를 지키는
그 과거사요, 그가 살아온 과정을 너
희가 하나하나 헤쳐 본다면, 너희는
고개를 휘둘러 그를 알 것임이니라.
38 과연 나 여호와의 아들이요, 나 여호

와가 역사하지 아니하면 이는 절대 이룰 수 없다는 것을 너희는 의심치 않고 믿을 것이니라.
39 그리고 너희는 나의 법전을 의심치 않는 마음으로 굳건히 다스려질 것이니라.
40 그러니 너희는 여기서 너희 자신이 어찌 변해야 하는가를 절대 잊지 말라, 사랑하는 나의 아들딸들아!

7,442 번째 하나님 말씀

2003년 9월 6일 12시 04분

1 사랑하는 나의 아들아!
2 "네, 아버님! 말씀하옵소서."
3 이러한 일련의 과정을 다 듣고 배운 너의 제자들은 이제 알아야 할 것이니라.
4 나 여호와가 하늘에서 역사하고 시행한 그 과정을 너희는 이제 어느 정도 알 것이며, 안다 말할 수 있지 않겠느냐?
5 일부라도 아는 자들이니, 그 은혜와 영광이 이 세상의 무엇과 바꿀 수 있다고 생각하느냐?
6 너희야말로 정녕 축복된 백성임을 스스로 알아야 할 것이니, 나 여호와가 기억하며 나로부터 축복받은 백성이라 생각하면, 세상에 너희보다도 더 고귀하고 진한 진주요, 보석은 없음이니,
7 그를 가진 자가 몸조심하듯이 너희는 낮은 자의 자세로써 겸허히 살아가야 할 것이니라.
8 무엇을 보고도 너희는 눈을 치뜨며 언성을 높이며 행동이 먼저 나가는 그와 같은 경솔한 행동으로써 이루어져서는 절대 아니 됨을 알아야 할 것이니라.
9 그와 같은 백성이 하늘에 오르는 길이요, 나의 뜻에 사는 백성이거늘, 지금 수천 년 동안 믿음의 길을 가는 그 많은 집단이요, 그 물질적인 그 조직이 있는 종교 집단의 우두머리요, 지도자요, 그리고 구원을 받았다 광분하는 백성, 그들이 어찌 살아가고 있는지 알겠느냐?
10 나 여호와를 찾으며 나의 아들 예수를 찾으며, 그저 구세주요, 구원의 왕이요, 그저 너희를 위하여 독생자를 보내어 이 죽음의 역사를 한 아버지께 감사하며, 피 흘려 죽은 나의 아들 예수를 믿기만 하면 너희는 구원을 받는다며 울고불고 말로써 믿기만 하면 된다 하며,
11 너희가 어떠한 인간이든 나의 아들을 찾으며 나를 경배하는 그 순간부터 너희는 아무리 죄를 지은 자요, 사악한 자요, 그러한 자도 다 구원을 받으며, 하나님 나 여호와의 아들딸로 된다고 하는 그 생각,
12 그리고 이제까지 그와 같이 가르치고 선전 선동한 그 행동을 중단해야 할 것이며,
13 그 말을 믿고 가는 백성 너희는 이제라도 그 생각을 저버리며 그 더러운 귀를 씻는 그와 같은 자세가 되지 아니하며 변화되지 아니하면 너희는 나를 볼 수 없음을 알아야 할 것이니라.
14 너희가 말하는 '하나님의 말씀'대로

거듭난다는 것, 그리고 나에게 축복을
받는다는 것, 그와 같은 모든 생각을
버리고 새로운 삶으로써 새로 시작하
지 아니하면 아니 될 것이니라.
15 너희가 말씀으로써 구원을 받으며 말
씀으로써 산 자와 죽은 자를 구분한
다는 바로 나의 성령의 나의 뜻이 지
금 세상에 내려오니, 이것이 무엇인
줄 알겠느냐?
16 '하늘에 오르는 길'이요, '하나님! 말
씀하옵소서' 이 법전이요, 책이니라.
17 그리하여 이를 읽고 깨우치며 그와 같
이 너희가 깨우치는 그 순간에 깨우
침으로써 모든 역사를 하는 것이 아
니니라.
18 깨우침으로써 너희가 행하지 않는 것
은 아무런 가치가 없으며 무의미하니
라.
19 너희가 깨우쳤다면 그를 실행하기 위
하여 네 피로써 네 죄요, 네 과거의 잘
못된 악습을 씻어 내고 닦아 내는 그
와 같은 몸살을 앓지 아니하면 너희는
나에게 올 수 없음을 알라.
20 내가 너희에게 처녀의 몸으로 잉태한
나의 아들 예수요, 처녀요, 그와 같은
말을 많이 하였음이니,
21 청결한 처녀의 몸과 같이 너희가 되
었을 때만 나의 성령이 임하게 되어
있으며 거듭나는 백성이니라.
22 그러니 이 길을 바라보고 너희가 깨
우쳐야 할 것이니라.
23 너희가 청결한 처녀의 몸과 같이 순수
하고 아름다운 자세로 지탱하고 살아
가는 것은 바로 나의 법전을 읽는 것
이요, 나의 법전을 정독하며 그대로
행하고 살아가는 것만 너희가 나에게
오르는 길이라는 것을 절대 잊지 말
라.
24 그것이 너희가 청결한 자세가 되는 길
이니라.
25 청결한 자세가 된 자에게 성령으로 임
하여 거듭나는 역사가 이루어짐이니
라.
26 그리하여 변화되는 자는 육으로써 인
간 세상의 혈통으로 태어난 나의 백성
으로서 육의 세상에서 인간 세속의
인간으로서 혈통과 육을 가지고 태어
난 나의 백성 너희가 성령으로써 다
시 태어나며 거듭나는 그와 같은 역사
가 이름이니,
27 그와 같이 거듭나는 역사를 이루었을
때 너희는 영원히 나의 아들딸이 되며
나와 더불어 사는 백성이 된다는 것을
절대 잊지 말라, 사랑하는 나의 아들
딸들아!
28 이와 같이 어렵고 힘든 길에서 역사하
며 예수가 광야에서 사탄과 싸워 이겼
듯이 모든 유혹을 뿌리치고 난 사람만
이 나의 성령으로써 충만한 자요, 다
시 태어난다는 그 영광을 얻음을 잊지
말라.
29 그러니 성경은 무엇을 의미하는지 알
겠는가?
30 너희는 성경에 기록하여 전하는 것이
하늘에 오르는 길이요, 나에게 축복을
받는 것이요, 영광을 받는 것이 아님
이니라.
31 성경에 기록되는 것은 예수가 이 세상
에 태어난 그 과정을 알려 주는 것이
며, 그 예수가 30년 동안 살아온 과정

과 3년 반을 산 그 과정을 알려 주려
는 것이니라.
32 그리하여 너희가 그와 같이 사는 자
만이 나의 자식으로 다시 태어나는 것
이며 나의 아들로서 다시 태어나는
그 과정을 너희에게 보여 주며 그 역
사를 보여 줌이니라.
33 성경은 너희가 나의 아들딸로서 거듭
나며 다시 태어나는 그 과정을 너희에
게 깨우쳐 주며 보여 주는 것이지, 너
희가 구원을 받으며 천국에 오는 그
표를 받은 자와 같은 영광과 축복이
내린 백성이 되는 것이 아님을 알라.
34 지금의 나의 아들이 변화되는 삶과 나
의 법전 역시 너희가 나의 아들로서
거듭나는 그 과정을 가르치는 것이며
그를 행하고자 하는 것이 모든 역사함
이니라.
35 나의 아들의 머리가 백발이 되어 예수
와 같은 그와 같은 자세를 지키고 살
아가는 것, 그리고 나의 법전이 성경
보다도 더 위대하며, 너희가 행함이
요, 마지막 시대의 법전이라는 것을
깨우쳐 주는 그 과정에서 너희가 아
름다운 삶을 사는 것이며 예수와 같은
삶을 살며 나의 법전대로 사는 것이요,
36 나의 아들의 머리가 백발이 되어 살아
가는 그 모습과 같이 너희가 살아갈
수 있는 것을 가르쳐 주는 것이며, 구
체적으로 그리 역사할 수 있는 것을
제시해 주는 것이니라.
37 그러니 너희는 이제 알아야 할 것이
니라.
38 너희가 나의 법전으로써 구원받은 것
이 아니요, 구원된 것이 아니요, 그 과
정을 가르쳐 줌이니라.
39 그러니 나의 아들을 따르는 제자들이
요, 너희가 살아가는 몸가짐이요, 행
동함이요, 너희가 또한 변화되는 것이
나의 아들이 머리가 백발이 되어서 변
한 것같이,
40 나의 아들 예수가 요한으로부터 성령
의 세례를 받고 광야에 가서 사탄과
싸워서 이기고 돌아와 '죄를 용서받으
라, 회개하라!' 부르짖었던 그다음서
부터 아름다운 삶을 사는 것, 그 삶을
너희 제자들이 살아가는 것만이 나에
게 오는 것이요,
41 모든 백성의 본보기가 되게 하려고
너희를 세상에 내보냈으니, 그 삶을
살지 아니하면 정녕 나에게 올 수 없
다는 것을 명심 또 명심하여 그리 깨
우치라, 사랑하는 나의 아들아!

7,443 번째 하나님 말씀

2003년 9월 7일 0시 15분

1 사랑하는 나의 아들아!
2 **"네, 아버님! 말씀하옵소서."**
3 '이는 나의 아들이요, 이는 곧 나의 기
쁨이라' 그리하였음이니, 나의 아들
예수가 세상에 나가 살다 성령의 세례
를 받으며 그가 거듭 태어난 날 내가
그리 명하였음이니, 그리하여 나의 아
들을 세상에 보내어 만백성을 구하고
자 그 역사를 이루었으니,
4 그것이 지금서부터 2천 년 전이요, 오
랜 세월 전에 모두 이루어졌던 하나의
역사였음이니라.
5 그러나 그 당시 이루어졌던 그 모든

역사를 너희가 그대로 받들며 그대로
지키고 행하는 삶을 살았더라면, 내가
나의 아들을 세상에 내보내 아들로 하
여금 나의 뜻을 전하며 나의 피조물
만백성들이 하늘에 오르는 길이요, 구
원의 길이 무엇인가를 내가 나의 아들
을 통하여 너희에게 전하고 깨우치는
오늘날 이와 같이 슬픈 날은 없을 것
이니라.
6 나의 아들이 세상에 태어난 그 날이
요, 그날 이후 이 세상을 바라다보는
나 여호와의 아픔이 과연 어떠한지 너
희는 알겠는가?
7 내가 감히 세상을 내려다볼 수 없으
며 세상을 볼 수 없으며 내가 눈을 뜨
고 너희를 바라다볼 수 없는 그와 같
은 형국이라면 너희는 과연 어찌하겠
는가?
8 오늘의 나의 아들을 내가 2천 년 전에
세상에 내려보내어 그로 하여금 너희
를 깨우치고자 하는 그날에 오늘의
이 세상을 바라보면 너희는 이루 말
할 수 없는 형국에 젖어 있음이니라.
9 너희는 사랑하는 나의 피조물 만백성
에게 백 가지 천 가지 이유를 달아 축
복을 주고 영광을 주며, 믿기만 하면
모두 다 역사한다는 그와 같은 가르침
으로써 나의 피조물 만백성들을 지금
까지 현혹해 왔으며,
10 그리고 그들에게 재물을 갈취하고 거
둬들이는 데 온갖 방법을 다 동원하였
느니라.
11 너희가 설교하며 가르치다가 그들에
게 재물을 거둬들이는 방법이 없으니
뭐라 말하느냐?
12 십일조를 내는 특별 기회도라 말하여
그 명칭을 붙여 거둬들이며, 그리고
헌금을 내는 특별 기도요, 감사헌금을
내는 특별 기도요, 그리고 건축을 하
는 특별 기도회요, 너희 목사요, 종교
지도자가 해외에 나가는 특별 기도회
요, 너희는 이름만 붙이면 특별 기도
회라 하여 나의 피조물 만백성들에게
재물을 거둬들이는 사악한 행위를 하
는 것이 지금의 너희 형국이요, 그 모
습이니라.
13 지금 종교 지도자요, 그 사악한 자들
이 나의 피조물 만백성들에게 재물을
거둬들이려고 십일조의 특별기도회
를 여니,
14 그 신도라는 자, 그 기도회에 참석하
며 십일조요, 특별 기도 헌금이요, 각
종 이름을 붙여 특별 기도회를 하는
그곳에다 구원을 받고자 재물을 바치
고 금화와 은화를 바치는 그러한 자가,
15 과연 네 부모를 생각하며, 네 부모에
게 은혜를 갚고자 하며, 과연 네 부모
는 그와 같이 모시고 그와 같이 생각
하는가?
16 여기에서 너희가 바로 서야 할 것임
을 잊어서는 아니 될 것이니라.
17 정녕 나 여호와의 진리요, 참뜻이요,
만백성을 구하는 길이라면 너희가 어
떠한 역사를 하든 그것은 내가 너희에
게 상으로 내릴 것이나,
18 그러나 지금의 잘못된 종교 지도자요,
사악한 자들이요, 그리고 나의 피조물
만백성들을 지옥으로 이끌어 가는 그
와 같은 자들이 행하는 그 모든 것에
너희가 모두를 다 바침이니, 이것은

모두 너희 죄만 가중된다는 것을 알
아야 할 것이니라.
19 너희는 수단과 방법을 가리지 아니하
느니라.
20 너희가 재물을 거둬들일 수 없으면 다
른 목사요, 다른 동료를 불러 단상에
세워서 다른 교회요, 다른 종교 집단
이 역사하는 것을 침이 마르도록 자
랑하면서, 너희는 과연 무엇하는 자들
이며 무엇 때문에 여기 앉아 있는 자
들이며 무엇을 역사하느냐며 핍박하
니,
21 감히 그것이 나 여호와의 뜻인 줄 알
고 두려워 '아멘, 할렐루야, 맞습니다.'
하며 앉아 그저 꾸역꾸역 소리나 지르
는 것이 구원을 받았다는 백성이니라.
22 그리하여 그들에게 교회라는 곳에 와
축복을 받으며 나로부터 기름 부음의
영광이요, 은혜를 내린다고 그리 말하
면서 그들로부터 재물을 거둬들이는
그 방법이 다양함이니,
23 그는 하늘에서 세려 해도 셀 수 없는
그와 같은 방법이 되어 있음이니라.
24 오죽하면 십일조를 바치는 자는 나의
재산을 도둑질하지 아니하는 자요, 천
국에 와 은혜를 받는 자라 하며, 십일
조를 내지 않는 자는 나 여호와의 재
산을 도둑질한다 하니,
25 그가 노력하여 번 것이요, 그 은혜로
내린 것이요, 내가 그에게 준 것을 어
찌하여 그가 너희에게 바치지 아니한
다고 내 재산을 도둑질했다 하느냐?
26 그들이 재물을 얻으며 너희가 수고에
의한 대가를 거둬들일 때 그것은 바로
무엇이더냐?
27 내가 너희에게 그리 역사하여 너희가
나로부터 받은 은혜 속에서 모두를 역
사하였거늘,
28 그걸 나에게 도로 바쳐야 한다 하며,
바치지 아니하면 나의 재물을 도둑질
한다 함이니, 내가 준 재물을 어찌하
여 나에게 바치지 아니한다 하여 내가
도둑질이라 한단 말이더냐?
29 그리고 너희는 여기서 웃지 못할 그
형국을 보라.
30 십일조의 특별 기도회라는 것이 무엇
이더냐?
31 십일조를 내지 않는 자를 위해서 특별
기도회라는 것이 무엇이며 특별 기도
회라는 것이 어디에 기록되어 있으며
내가 그 특별 기도를 어찌 받는가?
32 십일조를 안 내는 자에게 돈을 받으
려고 특별 기도회라 하며 각종 헌금을
내지 않는 자를 특별 기도회에서 헌금
을 거두며 건축 헌금을 특별 기도로써
거둬들임이니,
33 그 특별 기도가 나를 위해서 하는 기
도더냐?
34 그리고 나를 위해 경배하는 것이냐?
35 너희는 믿음의 그 순간도 나를 위하여
나의 성경을 가지고 공부를 해야 하
며, 기도하고 경배하는 것도 나에 대
한 기도와 경배로써 나에게 하는 것이
상달됨이니, 믿음의 길이 그것이 아니
더냐?
36 그러나 특별 기도회라는 것은 과연 무
엇이더냐?
37 재물을 거둬들이려고 특별 기도를 하
면서, 너희가 말하기는 나 여호와의
명이요, 나를 기쁘게 하며 내 뜻이라

함이니라.
38 그러나 그 특별 기도회 자체가 성서에
어디 기록되어 있으며, 그 특별 기도
도 재물을 거둬들이는 명칭을 붙인 특
별 기도회가 어디 있으며, 그 특별 기
도회가 나에게 바치는 기도던가?
39 너희 자신이 재물을 거둬들이기 위한
종교 집단이요, 지도자들이 만든 특별
기도니, 그것은 나와 관계없거늘,
40 거기에서 왜 내 이름을 부르며 나의
아들 예수의 이름을 부르며 나의 아들
이름으로써 기도하여 나에게 경배한
다는 그와 같은 말을 하는가?
41 그 어리석은 짓을 하면서도 무슨 짓을
하고 있는지 모르는 불쌍한 그 백성
을 위하여 내가 법전을 내려 그들을
깨우쳐 주고자 함이니, 너희가 최선을
다해야 함을 잊지 말라.

7,444 번째 하나님 말씀

2003년 9월 7일 0시 23분

1 사랑하는 나의 아들아!
2 "네, 아버님! 말씀하옵소서."
3 나의 아들 예수의 행함과 사랑은 무
엇이었더냐?
4 나 여호와의 사랑의 깊이와 내 사랑의
그 넓이요, 내가 추구하는 그 사랑을
나의 피조물 만백성들에게 전해 주고
그걸 보여 주고자 했던 것이 나의 아
들이 세상에 나가 역사한 그 의미가
거기에 있음이니라.
5 성령으로 역사한 나의 아들 예수의
삶을 너희가 보고 살아와 하늘에 오
르는 그 길을 직접 깨우쳐 보도록 그
리하였음이니,
6 내가 육을 가진 나의 아들로서 너희
에게 그리 삶을 보여 주지 아니한다면
너희는 내가 내리는 성령이요, 내가
너희에게 내리는 '하나님 아버지의 말
씀'이라 그리 말하는 내 뜻이요, 내 말
을 너희가 알아듣고 그리 행할 수 없
으며 지킬 수 없기 때문이니라.
7 나의 아들 예수를 세상에 내보내 그가
행하는 것을 보고도 너희가 오늘날
이와 같이 바로 서지 못한 형국이니,
8 나의 아들이 내려가 세상에 역사하지
아니하였으며 지금의 나의 아들이 세
상에 내려가 나의 법전을 만들어 너희
에게 쥐여 주지 아니하면,
9 너희는 눈으로 보고 읽고 깨우치지 아
니하면 정녕 따르지 아니하며 믿지 못
할 것이니라.
10 그러니 너희가 여기서 나의 아들이 살
아간 그 삶을 그대로 닮는 것, 그와 같
은 역사를 하고 오는 것이 나에게 오
는 길이니라.
11 나의 아들 예수가 성령으로써 거듭남
으로 그가 역사한 일은 간단하고 간
단한 것을,
12 너희는 어찌하여 그와 같이 행하지 아
니하고 너희 임의대로 너희 생각대로
모든 것을 너희 계획에 의하여 맞춰
나가는 그와 같은 믿음의 길을 인도하
는가?
13 나의 아들 예수가 행한 것은 간단하니
라.
14 가난한 자와 더불어서 그들과 역사하
고 대화했으며, 병든 자와 불행한 자
와 대화하며, 그들과 만나며, 너희가

만나서는 안 된다는 그와 같은 백성을
거침없이 만났으며, 그와 더불어 같이
생활하며,
15 남들에게 손가락질 받으며 저주받는
그와 같은 자들과 나의 아들은 대화하
고 그들과 같이 의논하며, 그들의 말
을 들으며, 그들의 뜻을 들으며, 같이
어울려 살아가는 그와 같은 삶을 살았
느니라.
16 직업적으로 천대받는 자, 남에게 무시
당하는 자, 인간 이하의 취급을 받는
그 불쌍한 나의 백성과 나의 아들은
더불어 대화하고 역사하지 않았던가?
17 바로 너희가 그와 같은 삶을 살면 되
는 것이요, 그게 바로 하늘에 오르는
길이거늘, 너희가 과연 그와 같은 삶
을 지금 살고 있는가?
18 친구가 하나도 없는 자요, 이웃 사람
까지도 친구로 삼기 싫어하는 그와 같
은 백성과 나의 아들은 더불어 살았
으며 그를 친구로 살아왔음이니라.
19 너희는 아무도 만나지 않는 그와 같은
백성을 나의 아들 예수는 친구로 삼았
으며 벗으로 삼아 그들과 더불어 의논
하며 그들의 고통을 덜어 주며 그들과
같이 생활하는 그와 같은 생활로써 그
자신이 모두에게 보여 주었음이니라.
20 그러니 바로 그와 같은 삶을 너희가
살아가는 것이 나에게 오는 삶이라는
것을 알아야 할 것이니라.
21 지금 2천 년 전의 나의 아들 예수가
이 세상에 온다 해도, 그는 또 그와 같
은 삶으로써 너희에게 깨우쳐 주고자
할 것이니라.
22 그러니 지금 나의 아들을 세상에 내려
보내니 그 법전이 너희도 이와 같은
삶을 이와 같은 백성과 더불어 살아
가라는 그 깨우침이 거기에 들어 있음
을 알아야 할 것이니라.
23 그러니 지금 믿음의 길을 가는 백성은
과연 어찌 가는가?
24 나 여호와로부터 명을 받았다 말하는
자, 그리고 나로부터 대명을 받았다는
자, 그리고 나를 대신하여 역사한다는
종교 집단 지도자 너희는 과연 깨우
침을 어찌 전하는가?
25 지금 그와 같이 역사하는 모든 백성이
삶이 굶주리고 가난한 백성, 어려운
백성 그들과 더불어 살아가는 모습으
로써 지금 살아간다고 생각하는가?
26 예수가 살아왔던 그와 같은 삶을 주저
하지 아니하고 그리 행하고 나가는 종
교 지도자들이 과연 이 세상에 몇 명
이나 있다 생각하느냐?
27 지금의 종교 지도자 그들은 어떠하던
가?
28 부유한 자의 모임에 참석하기를 즐기
며, 호화롭게 베푸는 모든 모임이요,
그 호화로운 음식 앞에 즐기는 시간을
가지니,
29 제가 무슨 신분이며 어떠한 사람들과
함께 생각하고 더불어 겸상하며 살아
가야 하는지를 과연 아는가?
30 그들은 부잣집에 참석하기를 바라며
호화로운 집단의 집회요, 모임에 참석
하기를 바라며, 여유 있는 자를 만나
기 바라며, 재물이 많은 자, 능력 있는
자를 만나는 것을 즐겨 하는 자요,
31 권력 있는 자를 만나며 권력 있는 자
와 대화하는 것을 업으로 삼는 것이

지금의 종교 집단이요, 지도자라면 너
희는 과연 믿겠는가?
32 너희는 나의 아들 예수가 역사했던
것, 정녕 병들고 가난한 자, 친구 없는
자를 위하여 너희가 친구가 되어 어
려운 짐을 같이 나누어 주며 그와 같
은 행위를 하고 사는가?
33 그것만이 나의 아들 예수의 길을 따
르는 것이요, 너희가 하늘에 오르는
간단한 길이니,
34 이제 나의 아들을 따르는 제자들이요,
나의 법전을 읽고 깨우친 백성 너희는
마음의 다스림을 너희가 그리해야 할
것이니라.
35 너희가 수영이라는 것을 하려고 물속
에 들어갈 때 겉옷을 다 벗듯이, 너희
인생의 겉옷을 다 벗지 아니하면 정녕
너희는 이를 역사할 수 없음을 알라.
36 너희는 모든 겉옷을 다 벗어 버려야
함을 절대 잊지 말라, 사랑하는 나의
아들딸들아!
37 옷을 걸치고 물속에 들어가 수영할 수
없으며 물속에 가서 오래 견딜 수 없
는 것이니라.
38 너희가 정장이라는 것을 하고 물속에
들어가 수영을 하고 버틴다면 과연 얼
마나 버티겠느냐?
39 모두를 다 벗어 던지고 들어가지 아니
하더냐?
40 그와 같이 너희가 모두를 다 벗어 버
리지 아니하면 구원할 수 없음이니라.
41 그와 같이 벗어던지지 아니한다면 너
희는 가난한 자요, 병든 자요, 그리고
남들이 인간 이하의 취급을 하고 괄
시하며 인간으로서 대접하지 아니하
는 그와 같은 사람들과 더불어 대화하
며 그들과 어울려 살아갈 수 있는 용
기가 없으며 그를 행할 수 없음이니라.
42 물속에 뛰어들어 수영하고자 하는 것
처럼 모두를 다 벗어던지도록 그리하
라.
43 그리하면 어떠한 고통이요, 시련도 다
더불어 넘길 수 있는 것이 너희니라.
44 이것이 바로 무엇인 줄 알겠느냐?
45 사랑으로 임한, 성령으로 임한 나 여
호와가 실천하고자 하는 그 사랑의 뜻
이며, 성령의 뜻임을 너희는 알아야
할 것이니라.
46 그러니 너희가 그와 같은 역사를 하며
예수가 거쳐 간 그와 같은 삶을 살지
않는가?
47 가난하고 병든 자, 핍박받는 자, 무시
당하는 자, 천대받는 자, 친구 하나 없
는 그들에게 친구가 되어 주며 그들
과 대화하며 그들의 어려움을 들어주
며 그들과 같이 살아가는 그와 같은
모습이 나에게 오르는 길이니,
48 너희가 하늘에 오르는 길이 얼마나 무
섭고 두려운 것인가를 지금의 모든 종
교 집단의 지도자요, 그 신도들 너희
는 바로 깨우치지 아니하면 아니 될
것이니라.
49 내가 지금 나의 아들을 통하여 내리는
법전의 내용이요, 이 길은 너희가 들
어도 읽어도 바로 알 것이니라.
50 이것이 진정한 나 여호와의 뜻이요,
하늘에 오르는 길이라 알 것이니라.
51 그러나 지금까지 너희가 왔던 것이
너무나 아깝고 소중하고, 그리고 버릴
수 없어서 내친 김에 간다는 식으로

너희는 죽기 아니면 살기로 지금의 이
형국으로써 이끌어 가고 있음이니, 이
것이 얼마나 잘못된 백성인가 이를
알아야 할 것이니라.

7,445 번째 하나님 말씀

2003년 9월 7일 0시 32분

1 사랑하는 나의 아들아!
2 "네, 아버님! 말씀하옵소서."
3 너희는 무엇보다도 참진리와 비진리
의 길을 깨우쳐야 할 것이며 이를 구
분하는 눈을 뜨지 아니하면 정녕 하늘
에 오르는 그 길을 역사할 수 없음이
니라.
4 너희는 진정한 참진리의 길과 비진리
인 거짓 진리의 그 길을 구분하고자
한다면 어찌 보면 되는 줄 알겠느냐?
5 진정한 나 여호와의 뜻이요, 나의 성
령에 의하여 역사하는 종교 지도자와,
나의 성령을 거부하며 사탄의 자식이
되어 역사하는 그 종교 집단이요, 지
도자를 구분하는 방법은 바로 여기 있
음이니라.
6 새로운 변화의 역사를 원하지 않는 자
는 정녕 나 여호와의 뜻을 원하지 않
는 자요, 나의 뜻대로 살아가는 자가
아니요, 참진리의 길을 가는 자들이
아님을 알면 되는 것이니라.
7 정녕 참진리의 길을 가는 백성이라면
새로운 변화요, 새로운 역사를 원하는
백성임을 알아야 할 것이니라.
8 저희 집단과 저희 것만 고집하는 자
들은 나 여호와의 뜻을 알지 못하는
자며, 나 여호와의 뜻을 원하는 자들
이 아님을 너희는 알아야 할 것이니
라.
9 지금 그와 같이 가는 형태를 이루는
자들은 나와 관계없음이니라.
10 새로 창조되고 새로 변화되기를 원하
는 것이 나 여호와의 뜻이며, 이 세상
의 모든 백성을 나는 새로운 뜻으로써
새로운 길로써 너희가 다시 태어나는
그와 같은 새 변화의 역사요, 새 시대
를 창조하는 것이 나 여호와의 뜻임이
니,
11 그를 거부하는 자, 그를 역사하지 않
는 자는 나와 관계없다는 것을 너희는
알아야 할 것이니라.
12 나 여호와는 새로운 형태로써 너희가
다 하나가 되기를 원하는 것이며 하나
로써 역사하는 그와 같은 뜻을 이루고
자 하는 것이니,
13 이는 바로 지금의 믿음이요, 이와 같
은 형국으로써는 이루어질 수 없음이
니라.
14 새로운 시대가 열리며 새로운 창조의
역사가 임하지 아니하고는 절대 역사
할 수 없는 지금의 형국에 와 있음을
알아야 할 것이니라.
15 너희는 너무 무너져 있으며 너희는
너무 썩어 있으며 너희는 돌이킬 수
없는 그와 같은 형국에 지금 와 있음
이니라.
16 온 세상이 변화되어야 하며, 새로운
창조를 위하여 역사하여야만 됨을 너
희는 알아야 할 것이니라.
17 하늘에서 이루어진 것같이 변화가 일
어나지 아니하면 나의 백성 너희는
결코 천년만년 후에도 하늘에서 이루

어진 것같이 이 지상의 낙원에서 살
다 나에게 바로 올라오는 그와 같은
나의 백성만 존재하는 세상은 이루어
질 수 없음을 알아야 할 것이니라.
18 그러니 너희는 새로운 창조 시대요,
변화가 일어나지 않으며 그렇게 가지
않으려 하는 종교 집단은 참진리요,
나의 성령에 의하여 살아가는 백성이
아니요, 내 뜻을 역사하는 집단이 아
니라,
19 그들이 바로 이단이요, 사탄이요, 사
악한 자로 변화된 것임을 너희는 알
아야 할 것이니라.
20 하늘에서 이루어진 것처럼 새로운 땅
이 이루어지도록 전체가 변화되는 그
길을 역사하는 것이 나 여호와의 뜻
이니라.
21 그것으로써 참진리요, 나의 성령이라
는 것을 너희가 알아야 할 것이며, 그
를 거부하는 자, 그를 역사하기를 두
려워하는 자는 진정한 성령으로써 역
사하지 않는다는 것을 구분하여 분석
하고 알면 될 것이니라.
22 그러니 너를 따르는 제자들과 나의 법
전을 읽고 깨우친 만백성들은, 새로운
창조의 변화를 막는 종교 집단이요,
지도자요, 변화를 역사하지 아니하고
자 하는 그들은 다 참진리의 성령으
로써 나의 피조물 만백성들을 인도하
는 것이 아니며 사탄의 지시에 의하여
나의 사랑하는 백성을 지옥 불로 인
도하는 그와 같은 역사의 길을 가는
것이니라.
23 개인의 변화와 개인이 변화되는 생활
과 온 세상, 이 지구가 나 여호와의 세
계로 하나로써 다시 태어나는 그 역사
요, 새로 창조함과 변화되는 그것이
이루어지지 아니한다면 너희는 결코
나에게 오를 수 없다는 것을 알라.
24 무한한 변화요, 새로운 창조의 그 역
사 속에서 모두 이루어짐이니,
25 내가 나의 아들을 통하여 지금 160권
의 법전으로써 너희에게 내려보내는
것도 새로운 시대이니, 새로운 창조의
역사를 이루고자 함이니라.
26 변하는 것을 원하지 않는 백성은 정녕
나의 뜻이 아니요, 나와 더불어 가고
자 하는 백성이 아님을 너희는 알아
야 할 것이니라.
27 나 여호와의 백성이요, 나를 따라 나
에게 오고자 하는 백성이라면, 바로
새로운 창조의 변화되는 것에 앞장서
는 백성, 그들이야말로 거듭날 수 있
는 나의 아들딸이라는 것을 잊지 말라.

7,446 번째 하나님 말씀

2003년 9월 7일 08시 22분

1 사랑하는 나의 아들아!
2 "네, 아버님! 말씀하옵소서."
3 나의 피조물 만백성 너희가 지금까지
믿음을 오는 그 길이 잘못되었으며 그
것은 나의 뜻이요, 내가 원하는 그 길
의 역사가 아니라 하였음이니라.
4 그러니 지금 나의 아들 예수가 세상에
나온 날이요, 그가 세상에 태어난 그
날을 과연 진정한 날짜를 알고 있으며
그날을 알고 너희가 경배하고 축배
하는가?
5 너희가 지금 나의 아들이 세상에 태어

난 날이라 하여 세상이 다 뒤집힐 것
처럼 온갖 행사를 하고 축제 분위기로
있는 그 근본의 원천이 그날이 아니
고 다른 날이라 내가 그리하였음이니,
6 그것 하나만 보더라도 너희가 하는
것이 형식적이요, 그리고 너희의 기분
이요, 주변의 여건에 의하여 행하여짐
이니 너희는 그리 말해야 할 것이니
라.
7 예수가 태어난 날이 무엇이 그리 소중
하며, 어떠한 날을 태어난 날로 하든
간에 태어난 날을 하나 정해서 한다면
정녕 그것은 너희가 정한 날이요, 진
정 태어난 날이 아니지 않던가?
8 너희가 지금 모든 믿음의 길을 가는
것이 그러한 형국이니라.
9 진정한 믿음이요, 참진리의 믿음의 길
을 가는 것이 아니요, 그저 형식적으
로 너희가 생각하는 대로 분위기에
맞추어서 그냥 가면 되지, 진정한 진
리요, 참뜻이요, 나 여호와가 원하는
것이든 원하지 않는 것이든 무슨 관계
가 있느냐는 그와 같은 자들과 너희는
똑같은 자들이니라.
10 너희가 한두 사람이 경축하는 것이
아니요, 나의 피조물 만백성들이 믿는
자든 믿지 않는 자든 모두 다 이방인
이라는 그 백성까지도 그날은 경축이
요, 즐거움으로 같이하고 있음이니,
11 그 요란한 행사요, 그 요란한 역사를
그리하면서도 그것이 진정한 날이 아
니요, 다른 날이요, 날짜조차도 잘못
다루고 그날을 선택하고 한다면,
12 나의 아들이 태어난 그 역사까지도 너
희가 변조한 것이며 위조한 것이며,
너희 뜻에 따라 마음대로 정해 놓은
것이 아니더냐?
13 그러면서 잘못하고 잘못 가르치고 있
다는 것을 생각지 않는 것이 오늘의
믿음의 길을 가는 백성이니, 그것이
얼마나 오만한 자들이더냐?
14 그러니 모든 것이 다 나의 뜻과는 관
계없으며 진실과는 관계없는 그와 같
은 형국에서 너희가 지금 가고 있다
는 것을 알아야 할 것이니라.
15 예수가 태어난 날을 내가 나의 아들에
게 가르쳐 주었으니, 그는 그 제자들
만이 알고 넘어가라 하였으며 그들만
가지고 가라 내가 그리 명한 적이 있
음이니, 너희는 이것 자체부터 바로잡
아야 할 것이니 그리 알라.
16 그것 하나도 바로잡지 못하는 자들이
어찌 나의 아들 예수를 알며, 그가 세
상에 와서 역사하고자 한 것을 알며,
그가 이루고자 한 것을 안단 말이더냐?
17 그러니 너희는 아무것도 모르는 자들
이니라.
18 인간 세상에서 너희 자식이 태어난
날은 기억하며 그것을 생일이라 하며
또한 그날은 너희가 같이 경축하느니
라.
19 그러나 그날을 잊어버리고 살며 그날
이 아닌 날을 가지고 그날이라 생각하
면 그것이 말이 되는가?
20 그건 말도 안 됨이니라.
21 그러니 이것 하나도 제대로 모르는 자
들이 옳다 생각하며 너희가 계획하는
대로 그저 행사하며 요란을 떨며 그
경축 행사를 진행하는 것이 너희니,
22 그러니 참진리요, 비진리를 구분하지

못하는 자들이며, 오로지 제 뜻과 제
마음이요, 기분에 느끼는 날 마음대로
하는 것이 지금의 너희가 믿음을 오
는 길이요, 지금까지 흘러온 역사임을
알라.
23 그것 하나라도 바로잡고 그것 하나라
도 제대로 알고 찾으려고 연구하는
자가 있었다면 이를 알 수 있을 것이
며, 내가 나의 아들에게 내린 그 날짜
를 알 수 있을 것이니라.
24 그러나 너희는 그것을 알려 하지 아
니하며, 진정한 그날을 찾으려 하지
아니하고 노력하지 아니하는 자들이
니, 그게 바로 무엇인 줄 아느냐?
25 참진리를 찾으려 노력하지 아니하며
참진리요, 비진리에 관계없이 그저 말
에 따라서 기분에 따라서 종교 지도자
가 너희에게 말하는 대로 그저 따라
가고 그대로 행하면 되는 것이요, 그
것이 구원의 길이라 생각함이니라.
26 너희는 나의 아들이 태어난 그 날짜도
잘못 잡아 그날이 아닌 날을 가지고
경축 행사를 마음대로 벌이며, 한 점
의 부끄럽이 없이 그것을 제대로 찾
으려는 자가 없으나,
27 찾으려 하며 그를 깨달으려면 알 수
있는 것이니라.
28 그와 같은 것이 오늘의 믿음의 길을
가는 형국이니, 얼마나 형식적이며 잘
못된 믿음인가를 오늘 아침 너희는
그걸 알아야 할 것이며 만백성에게
전해야 함을 알라.
29 얼마나 부끄러운 사실이더냐?
30 그 많은 백성이 나의 아들 예수가 태
어난 날이라 하여 흥분하고 광분하나,
그날이 아니고 잘못된 날이라면 너희
는 어찌하는가?
31 그러니 그와 같은 이치를 하나하나 알
지도 못하고 그것을 너희 기분에 맞추
고 너희 뜻에 맞추어 행하는 것은 잘
못되었음을 너희는 알아야 할 것이니
라.
32 너희는 죽어 간 날을 축복의 날이라
한다면, 과연 죽어 간 날을 태어난 날
이라 한다면,
33 그것이 태어난 날 자체를 잘못 알았을
때 그것이 죽은 날이라면, 정녕 너희
는 죽은 날을 태어난 날로 경축하고
축하하는 그와 같은 웃지 못할 형국
이 되니,
34 그 날짜를 알지도 못하면서 그날로
당연시하며 그날의 행사에 참석하며
그날은 영광이라 함이니, 그것이 잘못
되었음을 알라.
35 모든 믿음이요, 가르치는 것, 너희가
교회에 와 기도하고 경배하면 구원을
받는다는 그것도 형식에 치우친 것이
며, 그와 같은 역사가 이루어질 수 없
는 것을 이루어진다고 가르치는 자들
과 똑같은 형국에 있음을 너희는 소홀
히 생각해서는 아니 될 것이니라.
36 너의 제자들과 나의 법전을 읽고 깨우
치는 백성은, 그것 하나도 제대로 찾
지 못하고 알지 못하는 백성은 진정
한 진리의 길을 갈 수 없다는 것을 알
아야 할 것이니, 이를 만백성에게 전
하라.

7,447 번째 하나님 말씀

2003년 9월 7일 08시 30분

1 사랑하는 나의 아들아!
2 "네, 아버님! 말씀하옵소서."
3 새로운 성령이 세상에 내려가지 않으
면 지금의 믿음의 형태로써는 절대 나
의 사랑하는 백성이 구원의 길에 들
어서지 못하며 구원을 받을 수 없게
되어 있음이니라.
4 너희가 수천 년 동안 오는 그 믿음은
이 세상을 다 덮고 있으나, 그 믿음이
잘못되었으며 그것은 나 여호와가 원
하는 길이 아님이니라.
5 너희는 행함으로써 모두를 실천하고
역사하는 것이 아니요, 말로써만 몸부
림치며 부르짖으면 모든 게 다 이루
어진다는 그와 같은 믿음으로 가고 있
으니,
6 나의 피조물 만백성들이 오늘의 그 믿
음으로써는 한 사람도 구원할 자가 없
으며 지옥 불로 가는 그 역사를 이루
게 되어 있음이니,
7 이미 모든 지도자가 사탄의 앞잡이가
되어 사탄의 자식이 되어 사탄의 뜻에
따라 흐름이니 그것이 바로 무엇이더
냐?
8 너희 가슴속에 있는 욕심을 버리지 못
하고 단상에 서 있으며 설교하며 가르
치는 자들이 있기 때문이니 그리 알아
야 할 것이니라.
9 나 여호와의 뜻은 하나이니라.
10 나 여호와가 역사하고자 하는 것이
둘이요, 셋이요, 너희가 경배하는 하
늘에 존재하는 하나님이 셋이요, 넷이
요, 다섯이요, 이와 같이 분리되어 있
다면 너희는 갈기갈기 찢어진 길이요,
너희가 찾는 그 신이 또 있을는지 모
르겠으나, 창조주는 나 여호와 하나뿐
임이니라.
11 그러니 나 여호와의 뜻이요, 내가 내
리는 것은 나 여호와 창조주의 진리이
니라.
12 그리하여 이 세상을 하나로 통일하고
하나가 될 수 있는 새로운 시대를 강
조하며 창조하라 하여 그 역사를 이루
고자 하는 것이며, 그리하여 새로 창
조하는 그 역사의 변화는 반드시 이루
어져야 하며 필연적이라는 것을 너희
는 알아야 할 것이니라.
13 이를 위하여 어떻게 역사하겠는가?
14 너희는 지금의 나의 새로운 성경이 아
니면 이를 역사할 수 없음이니라.
15 구약과 신약의 시대를 가지고 몇천 년
을 흘러왔으나 성경에 기록하여 전한
그 내용을 너희는 알지도 못하며 그
를 역사하려 하지 아니하고 가는 것이
너희니라.
16 내가 성경에도 일찍이 기록하여 전하
였음이니라.
17 모두는 나 여호와의 뜻에 동참하는 것
이요, 모두 하나 되는 길이라 나의 아
들 예수도 부르짖고 너희에게 가르쳤
건만,
18 그걸 행하며 그걸 중시하며 그 길을
위하여 하나가 되고자 역사하는 자들
이 어디 있는가?
19 하나로 통일하는 것이 아니요, 제가
잘난 것이요, 제가 하는 것이 옳은 것
이요, 그래서 너희는 수천수만 가지로

갈라진 그와 같은 역사를 하였음이니,
20 나의 뜻을 정면으로 거역하는 자들이
가서 뿌리를 내렸으며 가지를 쳐 오늘
의 이 지상이 다 십자가로써 공원묘지
요, 공동묘지와 같은 형국이 된 것이
아름다운 나의 지상의 현실이라 내가
그리 말하였음이니,
21 이를 보는 나 여호와의 아픈 가슴을
너희는 정녕 모를 것이니라.
22 창조주 나 여호와의 성령으로써 나의
말과 나의 뜻으로써만 지금 썩어져
가는 이 시대요, 썩을 대로 썩어져 있
는 이 모두를 바로잡을 것이며,
23 기복 신앙의 그 뿌리를 뽑아낼 수 있
는 것은 내가 내리는 나의 말이요, 나
의 성령으로만 이룰 수 있으며, 그 무
엇으로도 다스릴 수 없다는 것을 너희
는 알아야 할 것이며,
24 지금 나의 모든 피조물 만백성들은 이
기주의에 젖어 있으며 이 세상의 백성
을 어찌할 길이 없음을 너희는 알아
야 할 것이며,
25 너희 스스로 돌아서려 해도 돌아설 수
도 없으며 인간의 능력으로써는 이를
바로잡을 수 있는 것이 절대 없음을
알아야 할 것이니라.
26 모든 백성이 구원의 종말론에 빠진
백성이요, 참진리를 받아들이지 못하
며 고집하는 병폐가 이 세상에 만연하
여 모두를 지배하고 있으며,
27 십계명과 율법을 무시하고 저희가 하
고자 하며 저희의 생각대로 저희의
교리대로 모두를 다 지배하고 역사하
는 백성이요,
28 오로지 자신의 출세와 영달과 너희가
말하는 가정의 축복이요, 모든 것을
물질적인 축복에 맞추어 믿음의 길을
가는 자들이니,
29 그리하여 너희가 가는 모든 그 집단
이요, 큰 종교 집단의 그 역사함이 다
기복 신앙의 대표로서 역사한 것이니
라.
30 그리하여 이 모두를 새로운 말씀이요,
새로운 나의 뜻으로써 바로잡고자 하
는 것이 나의 뜻임을 너희는 알아야
할 것이니라.
31 진정한 나의 영으로써 역사하는 길이
아니요, 그 길을 위해 사는 것이 아니
라,
32 너희는 사탄으로서 역사하는 길이요,
사탄을 따르고자 하는 그 삶을 위하여
너희는 오늘의 믿음의 길을 가는 것이
니라.
33 그러니 이 세상이 얼마나 험악해졌는
가?
34 너희는 이 세상에서 일어나는 험악한
일들을 볼 것이니라.
35 부모가 자식을 버리며 자식이 또한 부
모를 등한시하는가 하면, 사람의 목숨
을 재물을 받고 마음대로 농락하는 이
와 같은 험악한 세상이요, 인간으로서
는 볼 수 없으며 행할 수 없는 험악하
고 무서운 일들이 이 세상에서 일어나
는 것을 너희는 보고 있을 것이니라.
36 그 모두가 인간에 의하여 저질러진 것
이니, 그와 같이 이 험악한 세상이 새
로운 시대요, 새로운 역사로써 다시
거듭나지 아니하면 이는 나의 나라가
될 수 없으며,
37 하늘에서 이루어진 것같이 지상의 천

국에 이루어질 수 없다는 것을 알 수 있음이니라.
38 이루어질 수 없는 이 세상이기에, 이룰 수 없는 그 세상을 바로잡고자 하는 것이 나의 법전이 세상에 내려가는 의미임을 너희는 알라.

7,448 번째 하나님 말씀

2003년 9월 7일 08시 39분

1 사랑하는 나의 아들아!
2 "네, 아버님! 말씀하옵소서."
3 너의 제자들도 알아야 할 것이며, 이 법전을 읽고 깨우친 백성도 알며, 지금의 믿음의 길을 가는 그 굳어져 있는 백성이 이를 알아야 할 것이니라.
4 나의 아들 예수는 이 세상의 세속의 삶과 무관한 것처럼 만들며, 독보적인 존재요, 하늘의 뜻에 따라 살며 하늘에 역사하며 지상의 인간관계의 삶과는 아무런 관계도 없는 것처럼 그와 같이 만들어 가는 것이 오늘의 종교 집단들이니,
5 그와 같이 만들어 가는 그 문제가 오늘날 가장 잘못된 것이며, 그를 너희가 너무나 잘못 인식하고 있음을 알아야 할 것이니라.
6 나의 아들 예수는 그 젊은 시절이요, 그가 나로부터 성령으로써 임하기 전까지는 너희와 똑같은 환경 속에서 너희와 똑같이 생각하고 너희와 똑같이 존재하고 살았음을 알아야 할 것이니라.
7 그러니 이를 인정하며 믿고 그와 같은 마음으로써 다시 세상을 비추어 봐야 하는 것을 잊어서는 아니 될 것이니라.
8 이 세상에 만백성들이 살아가는 세상과 관계없는 독보적인 존재로 나의 아들 예수를 만들며 그를 신격화시켜 그리 믿어 가고 있음이니,
9 그가 어떠한 형국으로 살고자 했으며 이 세상에 왔는가 그 의미조차도 거역하며, 감히 그를 생각하지 못하도록 함이니라.
10 그리하여 나의 아들이 만백성의 종의 자세로써 살아가고자 했던 것, 그리고 실천하는 것을 보이고자 했던 것, 그 모두를 왜곡하여 지금 나의 피조물 만백성들이 그를 보지 못하도록 하며 그를 깨우치지 못하도록 하는 것이 너희니라.
11 나의 아들 예수가 세상에 내려가 역사했던 것을 기초부터 잘못 가르치고 잘못 인식하기에, 나의 피조물 만백성들이 너희를 따라 잘못 이해하고 인식하는 것이 가장 무서운 것임을 너희는 알아야 할 것이니라.
12 나의 아들은 이 세상의 너희와 같은 삶 속에서 육을 입고 가장 낮은 자로 살도록 그리했으며, 그는 그 삶을 살았다는 것을 알아야 할 것이니라.
13 나의 아들 예수는 종 된 자로서 자신을 낮추는 모범이 된 삶을 살고 실천하여, 나의 백성이 그렇게 가도록 역사하고자 했던 것이 내가 나의 아들 예수를 세상에 보낸 것이며, 그리고 예수가 세상에 나가서 산 삶이니라.
14 그가 어떠한 사람들과 교류하며 어떠한 사람과 대화하며 어떤 사람과 더불어 살아갔는가 그것을 너희가 보았을

때,
15 나의 아들은 가장 낮은 자로서 너희
에게 모범이 된 삶을 보여 주며, 종 된
자로서 세상에 역사하고자 왔음이니,
16 너희는 그를 바라보지 못하고 인간 세
상에서 존재했던 나의 아들을 철저히
분리하여 절대 불가침의 존재로 분리
시키며,
17 세상에 속한 것이 아니요, 하늘나라
천국에 속하여 모든 것을 행하고 역사
한 것처럼 인식시키고 또 그리 가르
치는 것이며, 그것은 절대 불가능한
것처럼 말하고 있음이니라.
18 나의 아들 예수가 성령으로써 세례를
받기 전까지, 사탄과 싸워 그가 세상
에 나와 죄 있는 자는 용서를 빌며 회
개하라고 부르짖기 전까지 30년 동안
산 생활은 너희와 똑같은 생활을 했
다 했음이니라.
19 실수도 하며 오판도 하며 또한 너희에
게 실수할 수 있는 이야기요, 또 너희
에게 죄가 되는 그와 같은 생활 속에
서 그도 너희와 똑같이 살아왔다는
것을 내가 미리 말하여 주었음이니라.
20 그 사실을 사실대로 너희가 깨우쳐
인식하는 그와 같은 삶이 있어야 하거
늘, 너희는 그와 같은 것이 부족함이
니라.
21 할례를 받은 것도 인간이기 때문에 받
았으며, 그리고 세례를 받기 전까지
역사한 모든 것은 너희와 같이 더불
어 세상에 살려고 역사했으며 일을
했으며 더불어 살아갔다는 그와 같은
것을 그대로 조명하여 비추어 보며,
22 그리고 너희와 같은 삶을 산 중에서
세례받은 나의 아들 예수는 가장 낮은
자요, 종 된 자로서 변하기 시작했다
는 그 역사함을 너희는 알아야 할 것
이니라.
23 지금의 종교 집단의 가장 큰 문제가
여기 있음이니라.
24 세상으로부터 나의 아들을 분리시키
고 인간 세상에 사는 것과 차별화시키
는 것에 역점을 두었으며 모두를 거기
에다 바쳤음이니라.
25 그리하여 너희가 어떠한 결론을 얻었
던가?
26 나의 아들을 세속으로부터 분리시켜
놓고 너희 자신도 또한 나의 사랑하는
백성과 분리된 것 같은 그와 같은 자
세로 군림하는 자들이니라.
27 나의 아들 예수가 가장 낮은 자요, 종
된 삶으로 산 것을 종교 집단 지도자
너희가 몸소 실천하며 그와 같이 가야
하는 것이 나의 피조물 만백성들을 깨
우치는 길이나,
28 너희는 불가사의한 존재요, 하늘에 속
한 나의 아들이라 하여 그와 같이 우
상화시켜 놓고 그렇게 몸부림치며 부
르고 찾는 것이 하늘에 오르는 길이라
그리 만들었음이니라.
29 그리해 놓고 그 뒤에서 너희 자신은
나의 피조물 만백성들과 차별화하여
너희를 우상화하는 그와 같은 행위를
하고 있으며,
30 그리하여 너희만 구원을 받을 수 있
으며 구원을 역사할 수 있다며 나의
피조물 만백성들을 그와 같은 생각으
로 돌려놓고 종교 집단 지도자 너희가
하는 짓이 무엇이더냐?

31 재물을 가로채는 것이요, 재물을 받아
들이는 것이요, 그와 같은 일에 모든
것을 악용하는 것이 너희니라.
32 지금 가는 자들은 나의 뜻과는 아무
런 관계가 없으며 내가 역사하는 성
령의 그 뜻과도 아무런 관계없는 삶을
사는 것이니라.
33 나의 아들이 낮은 자요, 종 되는 그 삶
을 받들고 역사하는 것이 아니요,
34 너희 자신이 더 높아지고자 나의 아들
을 가장 높은 자로, 절대 불가침한 자
요, 나 여호와의 하늘의 뜻을 이루는
것으로 만들며,
35 인간 세속의 삶에서 더불어 살며 너희
에게 가장 낮은 자로서 모범적인 삶
을 보이고자 했던 것을 지금 바로 묻
어 버리고 그를 왜곡되게 가르치는 사
악한 자들이 오늘의 종교 집단이요,
지도자임을 너희는 알아야 할 것이니
라.

7,449 번째 하나님 말씀

2003년 9월 7일 08시 47분

1 사랑하는 나의 아들아!
2 "네, 아버님! 말씀하옵소서."
3 하늘의 이치요, 나의 뜻을 깨닫고 살
아가는 것, 그리고 만백성을 구원하기
위하여 나로부터 선택된 너를 따르는
제자들이요, 내가 선택한 백성, 그리
고 하늘의 이치요, 육의 세상의 그 이
치가 더불어 하나로 이루어져 역사하
는 것이라 믿고 사는 백성, 나의 법전
을 읽고 깨우친 그 백성,
4 육의 삶이 소중하며 또한 영의 세상의
삶도 소중하며 그리하여 육과 영이 더
불어 세상에 오른다 생각하며 그와 같
은 믿고 가는 나의 아들을 따르는 제
자들과,
5 지금 나 여호와의 존재함을 믿지 아니
하며 의식하지 아니하고 사는 백성 그
리고 세상의 삶에 동화되어 그 세상의
삶에 연연하여 그 길만을 위하여 살아
가는 너희가 말하는 이방인이라는 그
와 같은 백성,
6 그리고 지금 믿음이라는 길을 수천 년
동안 흘러오면서 육의 삶의 행함은 소
중하지 아니하며 오로지 믿음으로써
나의 아들 예수를 찾으며 나 여호와를
경배하는 것으로써 구원을 받는 길이
라 그리 말하는 백성,
7 그 모두가 분리되었음이니라.
8 그러나 그와 같은 백성이 깨달으며
하나가 되며 하나로 생각해야 할 것
은, 바로 나의 법전을 읽고 깨우친 나
의 아들을 따르는 그 제자들의 그 깨
달음과 같이 성령이 임한 삶을 살아야
함을 너희는 알아야 할 것이니라.
9 성령으로 임한 삶을 살며 육의 삶의
행함은 관계없다 그리 부르짖는 오늘
의 종교 집단 지도자 너희부터 모든
생각이요, 방향을 바로잡지 아니하면
아니 됨을 알아야 할 것이니라.
10 너희는 육이 존재하며, 육의 삶은 모
두 분리되어 있으며, 하늘나라의 믿음
이요, 영의 믿음은 다 분리되었다며
엄격히 그와 같은 말을 하는 자들, 그
백성도 이제는 하나의 길을 가야 한다
는 것을 잊어서는 아니 될 것이니라.
11 그 길만 옳다 고수하는 자, 그 길이 하

늘에 오르는 길이라는 백성 너희는
모두 다 제대로 깨우치지 못하며 바른
길을 가지 못하는 것이니라.
12 이 세상의 삶과 영의 삶을 모두 완벽
하게 구분하여 살며 그를 깨닫는 자
들이 있음이니라.
13 육의 세상의 삶이 어떤 것이며 하늘의
역사함이 어떤 것인가를 잘 알고 깨우
쳐, 그것도 구분 짓고 사는 백성 그 모
두도 생각을 다시 돌리며 생각을 바로
잡지 아니하면 아니 됨을 알라.
14 너희는 육과 영이 구분되지 않는 삶을
사는 것, 그 길을 가는 것이 나에게 오
르는 길이요, 하늘에 오르는 참진리
요, 참역사 속에 들어와 있다는 것을,
그 기회요, 그와 같이 믿지 아니하고
가는 자는 정녕 아무것도 이룰 수 없
다는 것을 알아야 할 것이니라.
15 내가 나의 아들을 통하여 역사하는
것이 지금 무엇이더냐?
16 너희가 나의 뜻에 동참하여 하나가
되며, 하나가 되었을 때 그 힘의 위대
함은 이루 말할 수 없다고 그리 말하
였느니라.
17 너희가 변하고자 노력하는 자는 끝없
이 변함의 역사를 이루는 것이요, 변
하지 아니하고 그저 오늘의 삶이요,
내일의 삶에 만족하며 그대로 살아가
는 자는 변화의 역사가 없으며 다시
태어나는 그와 같은 은혜를 얻을 수
없는 것이 너희 삶이니라.
18 오로지 너희 자신을 바로 다스려 변하
는 삶을 사는 것이 육에서 사는 삶이
요, 그 삶이 너희가 영혼의 세상에 왔
을 때 다 연장선상에 있다는 것을 너
희는 깊이 깨우쳐야 할 것이니라.
19 그러니 오늘의 삶은 너희가 아름답게
변하는 것, 천사와 같은 삶을 사는 것
으로 네 모습이 그리 변하는 것이 가
장 소중함이니라.
20 그러나 가장 소중한 그것마저 저버리
고 살도록 가르치는 종교 집단이요,
지도자가 있어서 이 세상은 이와 같이
험악해졌으며,
21 말세론이 지금 나와 있으며 이 세상이
곧 사탄이요, 악마들이 들끓는 세상이
요, 그리하여 거짓 선지자들이 수없이
이 세상을 혼미케 한다고 그리 말하
고 있음이니라.
22 그것이 바로 잘못된 가르침이라는 것
을 알아야 할 것이며, 그로 인하여 지
금의 나의 피조물 만백성들이 수없이
지옥의 그 길로 달려가면서도 어디로
가는지를 모르고 가는 백성이 되었음
이니라.
23 바로 지금의 종교 집단이요, 지도자가
육의 삶은 소중하지 아니하며 귀하지
아니하며 심판의 대상이 되지 않는다
고 가르쳐 이와 같은 세상을 만들었음
이니라.
24 그 모두는 너희가 지은 죄이며 너희
가 지고 가야 할 죄라는 것을 절대 잊
지 말라.

7,450 번째 하나님 말씀

2003년 9월 7일 12시 02분

1 사랑하는 나의 아들아!
2 "네, 아버님! 말씀하옵소서."
3 너희가 살아가면서 다른 신을 섬기지

아니한다 하나, 차라리 목각을 깎아
놓고 절하는 자, 서낭당에 가서 비는
자, 그리고 부처 앞에 가 무릎 꿇고 절
하는 자,
4 그와 같이 기복 신앙을 믿는 것은 보
이는 믿음이요, 하나의 잘못된 신을
가지고 있음이니, 그걸 버리고 다스리
고 잡는 것은 아무것도 아님이니라.
5 서낭당에 가 떡을 놓고 절하는 자는
그것을 하지 아니하며 다스려 고칠 수
있는 것이며 바로 태어날 수 있으며
다른 신을 제거할 수 있는 것이니라.
6 그러나 보이지 않는 다른 신을 가지는
것이 더 무서움을 알아야 할 것이니
라.
7 그렇게 눈으로 보이는 다른 신을 숭배
하는 것은 그것을 떠나면 되며 그 행
위를 하지 아니하면 되나,
8 너희 마음속에 가진 다른 신은 정녕
보이지 아니함이요, 너희 마음속에 다
른 신이 있고 없는 것을 모르기 때문
에 그걸 다스리고 바로 찾기가 그리
힘들고 어렵다 함이니라.
9 너희는 모두 마음속에 욕심이라는 그
공장을 가지고 있다 하지 않았는가?
10 욕심이라는 공장을 너희 가슴속에 가
진 한 너희는 다 다른 신을 섬기고 다
른 신을 따르고 있기 때문이니라.
11 내가 나의 아들을 통하여 너희에게
욕심을 버리며 욕심의 마음을 지우지
아니하면 너희가 거듭날 수 없다 함
은 여기에 중요한 뜻이 있음을 알아
야 할 것이니라.
12 너희는 나의 강론을 듣고 나의 법전을
읽고 깨우치며 내가 나의 아들을 통하
여 내리는 주옥같은 가르침을 들으면
서도 귀가 열리고 더 깨우치는 자가
있으며 변하는 자가 있는가 하면,
13 아무리 듣고 들어도 변화하지 못하며
소화시키지 못하는 자가 있음이니, 그
차이는 어디에 있는 줄 알겠느냐?
14 바로 다른 신을 가슴에 두는 그 백성
의 차이임이니라.
15 욕심이라는 것을 가슴에 그득히 안은
자는 아무리 강론을 듣고 법전을 듣는
다 해도 인간의 생각으로써 거기에 계
산을 두며 인간의 생각으로 맞추어 나
가기 때문에 너희가 하늘의 뜻이요,
내가 역사하고자 하는 것을 알지 못
함이니,
16 영원히 변화되는 그리고 영원히 다시
태어나는 그 길을 볼 수 없는 것이 그
와 같이 차이가 있음을 너희는 알아
야 할 것이니라.
17 그리하여 내가 너희에게 욕심을 비우
라 하며 욕심을 가슴에 두어서는 아니
된다 함이니라.
18 욕심을 가슴에 그득히 두는 자, 아무
리 강론을 듣고 깨우치려 한다 해도
그는 변할 수 없으며 변화될 수 없음
이니라.
19 제 계산이 먼저요, 제가 생각하는 것
이 우선이요, 제가 피부로 닿는 것을
먼저 우선으로 생각하기 때문에,
20 그는 미래를 볼 수 없으며 사후의 세
계를 볼 수 없으며 나의 성령이요, 내
가 저에게 역사하는 그 위대함을 볼
수 없기 때문이니, 그리하여 욕심을
비우며 욕심을 버리라 함이니라.
21 그리하여 다른 신을 섬기지 말라 함이

거기에 있음이니라.
22 너희가 참진리요, 진정한 진리의 길을
가지 아니하고 다른 신을 가슴에 두고
있다면 너희는 진리에 어긋나는 행위
를 스스로 하면서도 거역하는 것을 모
르며 그리고 아무리 참진리요, 하늘의
빛을 너희에게 내린다 해도 받아들이
지 못하기 때문이니라.
23 나의 성전에 와 강론을 듣는 수많은
그 제자들도 그러하니라.
24 모두 가슴의 마음을 열지 않고 욕심을
가슴에 안고 여기에 앉아 있어도 아무
것도 깨우치는 것이 없으며 너희가
나가 행하려 해도 행할 수 있는 능력
이 없으며, 이미 물거품처럼 사라지며
스러지는 것이 너희임을 알아야 할
것이니라.
25 그러니 마음에 가진 그 욕심을 버리
라.
26 눈에 보이지 않고 너희가 볼 수 없는
마음의 욕심, 그 다른 신을 모시는 것
이 더 무섭고, 더 너희를 쓰러트리는
그와 같은 사악한 것이라는 것을 잊어
서는 아니 될 것이니라.
27 마음의 욕심을 버리는 자는 나의 강론
을 들을 수 있으며 나의 법전을 읽었
을 때 너희 가슴에 심어짐이니 그리
알라, 사랑하는 나의 아들딸들아!

7,451 번째 하나님 말씀

2003년 9월 7일 23시 20분

1 사랑하는 나의 아들아!
2 "네, 아버님! 말씀하옵소서."
3 나의 성전에 와 나의 강론을 들으며
나의 법전을 읽는 백성 그들은 깨닫고
행함이 그 차이가 없음을 알아야 할
것이니라.
4 너희 스스로 많은 차이가 있으며 서로
맞지 않는 것이라 생각하며 그리고
믿음과 깨달음이 높고 낮은 것이라 그
리 생각하나,
5 너희 스스로 자신을 들여다볼 때 높은
것이 없으며 또한 낮음이 없음을 알아
야 할 것이니라.
6 그것이 나의 법전을 가지고 공부하는
백성이요, 그리고 일반 백성과의 그
차이임을 알아야 할 것이니라.
7 이는 나로부터 나의 법전을 읽고 깨우
치며 나의 아들을 따르는 너희는 한
방에 앉아 있는 그와 같은 자들이니,
나의 품 안에 들어와 있기 때문이니라.
8 한 방에 앉아 있는 자의 앞에 난로라
는 그 열기를 피울 때 그 앞에 있는 자
나 조금 떨어져 있는 자나 그 방에 있
는 자들은 다 훈기를 느끼고 따뜻함을
느끼듯이,
9 내 품에 들어와 있는 너희는 차이가
없으며 높고 낮음이 없음을 알아야 할
것이니라.
10 남들이 볼 때 너희가 잘못 가고 잘못
된 것은 그것이 다 네 모습이며 너 스
스로 마음의 차이가 거기 있음이니라.
11 너희가 추운 날 방에 앉아 있어 난로
를 펴 놓았다 하면 그 열기가 나는 기
구에 가까이 있는 자나 멀리 있는 자
나 그 방안에 있는 자는 무엇이 차이
가 나겠느냐?
12 너희가 나의 품에 와 나의 법전을 읽
으며 나의 아들의 강론을 들으며 나

의 성령으로 내리는 하늘에 오르는 이
법전을 읽고 깨우침은 그와 같이 한
방에 있는 자들처럼 차이가 없으며 높
고 낮음이 없음이니 이것을 스스로 알
아야 할 것이니라.
13 그걸 모르는 백성은 겸손함을 모르며
저 자신을 모르는 그와 같은 백성의
삶이니, 너희는 그와 같은 이치요, 그
리하여 높고 낮음이 없음을 알라.
14 밖에 있는 자는 그 난로라는 기계의
열기요, 따뜻함을 느끼지 못할 것이니
라.
15 한 방에 있는 너희는 똑같이 느낌이
니, 가까이 있는 자나 멀리 있는 자나
그 차이가 없음이니라.
16 믿음이요, 깨달음이 그와 같은 것을
알 것이며 너희는 높고 낮음이 없는
같은 백성이요, 그 한계에 젖어 있음
을 알라, 사랑하는 나의 아들딸들아!
17 그와 같은 이치의 깨달음을 바라보고
살아야 할 것이니라.
18 내가 너희에게 명하느니라.
19 이 세상에 나의 피조물 만백성들이 살
아가면서 어찌 살아가느냐?
20 남으로부터 용서를 받기 위한 기도를
하며 그를 소원하고 살아가는 것이 지
금 수천 년 동안 믿음을 온 백성이요,
너희가 온 길이 아니더냐?
21 그들이 살아오면서 나로부터 제일 용
서를 받기를 바라며 또 용서를 비느니
라.
22 그러나 너희는 그와 같이 살아서는
아니 되는 백성이거늘 어찌하여 너희
가 일반 백성과 생각하는 것을 똑같이
생각하고 사느냐?
23 너희는 남에게 용서를 빌며 또 나에게
용서를 빌며 그와 같이 회개하는 기도
를 하고 사는 백성이 아니라,
24 너희가 남을 용서해 주며 남의 용서를
받아 주는 그와 같은 마음으로 살아가
야 하는 것이 너희며,
25 너희는 스스로 용서를 바라며 너희가
죄지은 것을 회개하는 것이 아니요,
용서의 기도를 하는 것이 아니라, 너
희 죄를 용서받고 회개하는 그 역사를
얻고자 하는 것보다,
26 너희는 남을 용서해 주며 남의 허물을
덮어 주는 것을 먼저 하는 그와 같은
기도를 해야 하며, 그와 같은 마음으
로 살아가는 것이 너희임을 알아야
할 것이니라.
27 이제 나의 법전을 가지고 공부하는 백
성 나의 아들을 따르는 제자 그들에게
말하라.
28 너희는 한 교실 안에 하나의 난로를
피워 놓고 그것을 같이 쬐는 자들이
니, 멀다 하여 가깝다 하여 큰 차이가
없음이니,
29 잘나고 못난 자 없으며, 더 가진 자 못
가진 자 없으며, 높고 낮음이 없는 백
성이라는 그와 같은 이치를 깨닫도록
그리하며, 저 자신을 스스로 돌아다보
도록 그리 가르치라.
30 그것이 그들이 먼저 행해야 할 것이니
라, 사랑하는 나의 아들아!

7,452 번째 하나님 말씀

2003년 9월 7일 23시 26분

1 사랑하는 나의 아들아!

2 "네, 아버님! 말씀하옵소서."
3 지금 나의 피조물 만백성들이 세상에
살아감이니, 얼마나 비참함 속에서 살
아가며 어렵고 힘든 그 길을 살아가는
백성이 있겠느냐?
4 너희는 한 가정에 방이 없어서 그 모
든 식구가 한곳에서 같이 자지 못하여
이곳저곳 흩어져 남의 집 처마 밑에서
그저 직장에서 더불어 자며,
5 그저 시간이 날 때 서로 잠깐 얼굴을
보며 그저 대화하는 그와 같이 어렵고
힘든 삶을 살아가는 백성이 이 세상
에 얼마나 있는가?
6 가정을 이끄는 자가 죄를 지어 인간의
법도에서 그 죄를 다스리려고 구속의
몸이 되어 있는 자,
7 그리고 그 가정을 이끌어 나가기 위한
가장인 그 부인이요, 또한 그와 같은
자들이 흐트러지고 쓰러지는 험악한
일을 스스로 해 가면서 저희가 한집
에 모여서 잠잘 수 있는 그 방 한 칸이
없으며,
8 그리하여 씻고 앉을 곳이 없어 각자가
직장에서, 남의 집 처마 밑에서, 그저
거치는 대로 하루하루 거리 인생으로
잠을 자며 모이며 그와 같이 살아가는
불쌍한 사람들이 이 세상에 얼마나 많
이 있는가?
9 너희는 그것만 생각하느냐?
10 그보다도 더 굶주려서 죽어 가는 백성
이 수없이 있으며, 얼마나 비참하고
어렵게 살아가는 백성이 있느냐?
11 너희가 그것을 바라본다면 너희의 오
늘의 삶이요, 오늘의 역사함을 과연
이 생활 속에서 게으름이요, 불평이
요, 불만이요, 남을 미워하며 시기하
는 인간으로서 같이 가서는 안 될 그
와 같은 말을 하며 행동을 하고 살아
갈 수 있다 하는가?
12 너희는 이 세상에 어렵고 힘든 그 백
성을 봐야 할 것이니라.
13 살아가면서 남으로부터 신세를 지는
자, 또 남으로부터 통제를 받는 자, 핍
박을 받는 자, 수없이 구속을 당하며
핍박을 받으며 그들에게 시달리며 살
아가는 백성 그리고 희망이 보이지 아
니하며 미래가 보이지 아니하니,
14 세상에 자식을 낳은 것을 후회하고 통
곡하며 '너와 나와 같이 죽어 세상과
인연을 끊자'며 울고불고 하루하루 살
아가는 수많은 백성이 있으며, 불쌍한
자들의 가슴 아픔이 있음이니라.
15 그러니 너희가 나의 법전을 읽고 깨우
쳐 그 백성의 어렵고 힘듦을 도와줘
야 할 것이며, 영적으로 그들이 하늘
에 오르는 그 길에 생명수를 전해 주
고 부어 주어야 할 것이 너희거늘,
16 어찌하여 나의 법전이 세상에 나가 만
백성을 깨우치는 그와 같은 역사를 이
루기도 전에, 너희가 오늘의 삶에 지
쳐 힘들어하는가?
17 너희가 10년의 세월이요, 나의 아들
의 머리가 하얘졌을 때 모든 기적의
역사는 이룰 것이며, 너희가 울리는
종소리로 세상을 덮는 그 역사가 있다
했음이니라.
18 그때 오갈 데 없는 불쌍한 백성이요,
오죽하면 방 한 칸이 없어 같이 모여
살지 못하는 자들, 그리고 남에게 고
통과 시련을 겪으면서 죽지 못해 사는

자,
19 차라리 죽는 게 낫겠다 하여 같이 집
단 자살하려는 그 부모의 마음이요,
가장들의 마음이요, 그 공포를 느끼며
살아가는 불쌍한 나의 어린 아이들이
세상에 많이 있음이니,
20 그들의 아프고 쓰림을 너희가 생각한
다면, 과연 너희가 오늘의 생활에 안
주하며 감히 헛된 생각을 할 수 있는
가?
21 너희가 나의 법전을 만들어 만백성에
게 전하며, 그 역사로써 영혼의 생명
을 구하며, 그리고 사업이요, 모든 역
사를 이루었을 때 어렵고 힘든 자를
가슴에 안고 그들을 도와줄 수 있는
미래의 희망을 품고 살아가며 전진하
는 것도 바쁘거늘,
22 작고 큰 생각에 마음이 흔들리며 인간
의 생각으로써 잣대질하며 저울질을
해서 구렁텅이에 빠지는 그와 같은
인생의 삶을 살아가서는 아니 될 것이
니,
23 어리석은 삶이요, 둔한 삶이요, 미련
한 삶이요, 그와 같은 데서 깨어나야
할 것이니라.
24 그 불쌍하고 가련한 백성이요, 지금
죽어 가는 모든 백성에게 너희가 영
혼의 양식이요, 육의 양식을 전해 주
고 보급하는 그 일을 해야 할 것이니,
25 너희처럼 재물의 소중함을 모르며 그
재물에서 손을 놓을 수 있으며 너희만
큼 편안한 마음이요, 너그러운 마음을
가진 백성은 이 세상에 없음이니라.
26 그러니 남에게 나누어 주기를 포근한
마음으로써 스스로 아낌없이 행할 수
있는 너희에게 재물을 주었을 때, 그
모든 백성에게 그 은혜를 내려 줄 수
있는 자들이니,
27 그와 같은 나의 아들딸, 나의 아들을
따르는 제자들이 세상을 덮었을 때,
28 세상은 빈곤과 사악함과 사람이 죽고
사는 그리고 양식이 없어 죽어 가는
자, 그리고 한 방에 모여 살 수 없어
서로 뿔뿔이 헤어지면서 서로 죽자며
이 세상에 태어난 것을 원망하고 나를
원망하고 저주하는 그 백성을 돕고,
그들에게 희망과 용기를 주는 그와 같
은 삶으로 살아가야 하며,
29 그와 같은 미래의 훈련을 위하여 그와
같은 역사를 하기 위해 오늘의 훈련
과정을 가는 너희거늘, 어찌하여 그
훈련이 힘들고 어렵다 생각하는가?
30 잠잘 곳이 없어서 밤에 이리저리 헤매
는 자, 그리고 정녕 제가 바르고 아름
답게 살고자 하나 발붙일 곳이 없으며
도와줄 자가 없으며, 부모가 죽자는
그 소리를 듣고 자란 어리고 불쌍한
그 백성의 아픈 상처를 생각한다면,
31 너희가 오늘의 삶을 어찌 살아야 하며
마음 자세를 어찌 가야 할 것인가를
스스로 깨우치라.
32 이웃의 불쌍하고 가난한 백성을 돌아
다볼 수 있는 마음을 보라.
33 얼마나 많은 백성이 너희 손길을 바
라며 너희 도움을 원하고 있는가?
34 그를 나의 법전으로써 역사하여, 천사
의 집을 세상 이곳저곳에 만들라 하였
거늘,
35 그것을 위하여 살아가는 자가 작고 큰
제 문제요, 제 마음의 동요요, 제 신상

의 동요요, 제 삶의 오늘의 생활을 가지고 흔들리는 자가 되어 지옥 불로 가는 그와 같은 삶을 살아서는 아니 될 것이니 그리 알라, 사랑하는 나의 아들딸들아!

7,453 번째 하나님 말씀

2003년 9월 7일 23시 29분

1 사랑하는 나의 아들아!
2 "네, 아버님! 말씀하옵소서."
3 나의 피조물 만백성에게 종교 집단이
요, 지도자들이 뭐라 가르치느냐?
4 인간은 스스로 죄인으로 태어났기 때
문에 죄인이라 하여, 인간은 죄인이기
때문에 제가 그 죄에서 벗어날 수 없
으며, 제가 감히 구원을 받을 수 없으
며, 나에게 오는 영광을 얻을 수 없는
것이 인간이라 그리 가르치느니라.
5 그러나 너희는 정녕 죄를 지음으로써
죄인이 된 것이니라.
6 그러니 죄를 지은 것은 누가 지었던가?
7 죄를 지은 것은 너희가 지은 것이며,
그렇기에 너희가 죄를 짓지 아니하면
죄인이 되지 아니할 것이 아니던가?
8 죄를 짓지 아니하고 죄를 짓는 행위를
하지 아니하면 너희는 죄인이 될 수
없는 것이니라.
9 그러니 너희가 죄를 지어 죄인이 되
었으면, 그보다도 더 선하고 아름다운
방법으로써 살아가는 것이 바로 죄를
면죄받는 길이라 내가 너희에게 일찍
이 깨우쳐 주지 않았던가?
10 너희가 아름다운 삶을 살도록 그리 가
르쳤으며 그리 살면 너희는 그 죄에
서 용서를 받으며 네가 스스로 벗어날
수 있다고 그리 말하였음이니,
11 그것이 바로 스스로 노력하여 너희 스
스로 구원을 받는 것이 아니더냐?
12 그리고 너희가 구원을 받고 못 받는
것을 시시비비할 것이 아니며 말해서
도 아니 되느니라.
13 이는 나 여호와의 고유 권한이니라.
14 너희가 죄인이냐 아니냐 하는 것을 이
세상에서 너희 스스로 말할 것이 아니
며 너희 스스로 그걸로 갑론을박해서
는 아니 될 것이니라.
15 구원을 받고 못 받는 것은 어디까지나
나 여호와가 너희에게 명하는 것이거
늘, 어찌하여 너희가 그리 오만하고
방자한 말을 마음대로 할 수 있는가?
16 너희는 고유의 권한인 나 여호와의 뜻
에 도전하는 그와 같은 행위를 하지
말라.
17 구원 자체는 너희가 죽어 내 앞에 왔
을 때만 내가 결정을 했을 때만 알 수
있는 것을, 너희가 시시비비하는 그와
같은 행위를 해서는 절대 아니 됨을
알라.
18 인간은 스스로 죄인이기 때문에 구원
받을 수 없으며 용서받을 수 없다는
그것은 너희가 스스로 죄를 지었기 때
문이니,
19 너희가 짓지 아니하면 되며 너희가
지은 죄는 너희가 선행으로써 모든
것을 행하면 그대로 면죄 받는 길이
그것이라 하였음이니라.
20 지금의 종교 집단이요, 지도자들이 가
르치는 그 말에 현혹되어 너희 자신
이 무너지며 지옥 불로 가는 그와 같

은 삶을 살지 않도록 그리하라, 사랑
하는 나의 아들딸들아!

7,454 번째 하나님 말씀

2003년 9월 7일 23시 35분

1 사랑하는 나의 아들아!
2 "네, 아버님! 말씀하옵소서."
3 내가 법전에 너희에게 일찍이 깨우쳐
전했느니라.
4 그러나 너희는 나의 피조물 만백성들
을 어찌 이끌어 가고 있는가?
5 나의 사랑하는 백성 너희는 원죄를
가지고 세상에 태어났으며, 또한 인간
으로서 육체의 죄인의 몸에서 태어난
자들이니, 너희는 태어나면서 죄인이
라고 많은 종교 집단과 지도자들이 수
천 년 동안 그리 가르치느니라.
6 그리하여 인간은 스스로 죄인이기 때
문에 구원을 받을 수 없다고 못을 박
고 있으며, 그리하여 너희 손으로 지
은 성전에 와 재물을 바치며 울고불고
기도하고 경배하는 그것으로서만 구
원을 받을 수 있다고 말하느니라.
7 그러면서 나 여호와는 공의의 하나님
이기에 절대 너희가 죄를 지은 것을
용서치 아니하며 너희가 죄지은 것을
내가 용납지 아니한다고 가르치고 있
느니라.
8 죄지은 자는 용서할 수 없는 것이 하
나님이라 그리 가르침이니,
9 나 여호와는 용서하지 아니하는 하나
님이기 때문에, 너희가 지은 죄를 내
가 모두 다 용서해 주려고 나의 사랑
하는 아들을 대속물로써 속죄양으로
써 너희를 위하여 세상에 보내 주었
다 말하느니라.
10 너희는 그와 같은 논리가 과연 맞다
생각하며 그와 같은 가르침이 정녕 참
진리요, 하늘의 뜻이라 말하는가?
11 너희가 지은 죄를 면하여 주려고 나
여호와의 귀한 아들을 죽게 해서 그
피로써 용서를 해 주었다고 가르치며,
그리하여 너희는 구원을 받은 자요,
천국에 오르는 자들이라 그리 말하느
니라.
12 과연 너희가 죽어 내 앞에 와서도 그
와 같은 현상이 이루어질 거라 생각하
며, 너희가 바라고 원하는 것이 그대
로 이루어질 것이라 생각하는가?
13 너희는 그 착각에서 벗어나야 함을
잊지 말라.
14 나 여호와의 법으로써 너희는 원죄는
없는 백성이라 그리 말하였으며,
15 너희는 모태로부터 세상에 나올 때 죄
지은 자들이 아니요, 태어날 때 죄를
안고 온 자가 아니기 때문에, 너희는
죄인이 아니라 내가 그리 가르쳤으며,
16 나의 법도가 그러하며, 내가 나의 법
전에 또한 그와 같이 기록하여 전한
것을 믿고 따르면 될 것이니라.
17 죄를 너희가 심판하는 것처럼 그리
말하나, 너희가 그 죄를 심판하는 것
이 아니요, 구원하고 못 하는 결정을
하는 것도 너희가 아니니라.
18 너희가 지은 죄는 너희가 해결하라는
나의 성경의 가르침이 있듯이, 너희가
지은 죄를 너 스스로 모두 사면받고
용서받을 수 있는 그와 같은 삶을 사
는 것이 너희가 죄를 용서받을 수 있

으며 나에게 오르는 길이라 성서에
기록하여 이미 전한 그 대목이 있거늘,
19 어찌하여 너희는 나의 피조물 만백성
들이 원죄가 있으며 죄인의 모태에서
태어났기 때문에 스스로 죄인이라 그
리 가르쳐, 인간의 능력으로써는 구원
의 길을 이룰 수 없다고 가르치는가?
20 이것이 얼마나 잘못된 가르침인가를
깊이 깨우쳐야 할 것이니라.
21 선량한 나의 백성을 우롱하지 말며,
더 이상 그들에게 사기극을 연출해서
는 아니 될 것이며, 나 여호와가 그 모
두를 중단시키고자 하는 것이 지금 나
의 법전을 세상에 내려보내는 것임을
너희는 알아야 할 것이니라.
22 너희는 나의 아들을 속죄양으로 내려
보내 너희가 지은 죄를 다 스스로 용
서했다는 그와 같은 말을 두 번 다시
해서는 아니 될 것이니 그리 알라.
23 그리고 나의 피조물 만백성들에게 이
법전을 주어, 스스로 저희가 지은 죄
는 저희가 노력하여 용서받을 수 있
다는 것을 알고,
24 절대로 용서받을 수 없는 백성이라는
그와 같은 사기극에 현혹되지 않도록
그리 전하라.

7,455 번째 하나님 말씀

2003년 9월 7일 23시 44분

1 사랑하는 나의 아들아!
2 "네, 아버님! 말씀하옵소서."
3 너희가 육신의 향락에 젖어 육의 세상
을 살면서 수없이 지고 오는 그 죄요,
알게 모르게 지은 너희가 짊어지기도
무서우리만큼 그 많은 죄를,
4 나의 아들 예수가 너희가 지은 죄를
대신하여 그 죄를 지고 가고자 하여
대속물로 세상에 나와 그 고통스러운
죽음으로써 대신했다고 쉽게 말하며,
5 그걸 아무런 가슴 아픔도 없이 그리
말하며 그리 설교하고 가르치느니라.
6 너희는 나의 아들을 믿기만 하면 그
죄를 면죄 받는다고 가르침이니, 과연
그리 생각할 수 있는가?
7 너희는 정녕 어떤 생각을 하면서 그와
같은 말을 하는가?
8 타당한 가르침이라 너희는 언뜻 생각
할 수 있을 것이며 이것은 말이 되는
것이라 그리 생각할 수도 있을 것이니
라.
9 그와 같이 나의 아들 예수의 죽음으로
써 너희는 모든 은혜를 받는다 생각하
는 것은 나에게 경배하는 마음이요,
감사하는 마음을 갖도록 가르치는 것
같으나,
10 너희는 그와 같은 의미가 아니요, 재
물과 금화와 은화를 나의 백성으로부
터 거둬들이기 위한 순간적인 깜짝쇼
를 연출하고 있다는 것을 알아야 할
것이니라.
11 그 깜짝쇼의 연출로써 수천 년 동안
지금까지 왔으나, 이제는 내가 너희를
더 이상 용서하지 아니하며 그를 내가
더 이상 보지 아니할 것이니 그리 알
라.
12 너희는 말로 나의 아들의 죽음으로써
대속받았다 하나, 우리 부자는 너희가
생각할 수 없는 고통과 시련과 역경을
견디며 얼마나 우리 부자가 고통스러

위했는가를 너희는 과연 생각해 보았는가?
13 너희는 말은 그리하나, 그와 같은 역사가 이루어질 때까지 우리 부자의 고통과 시련이요, 나 여호와의 아픈 가슴이요,
14 직접 가시관을 쓰고 피 한 방울 마를 때까지 그 고통스럽게 죽어 간 나의 아들의 고통이요, 그 희생을 너희는 무엇으로써 대신하겠단 말이던가?
15 너희가 우리 부자의 고통과 희생을 생각한다면 과연 지금같이 말을 그리 함부로 할 수 있으며 죄짓는 삶을 살 수 있다고 생각하는가?
16 남의 고통스러운 죽음으로써 너희 죄가 사해졌으며 죄사함을 받았다면, 그 은혜를 생각하는 백성이라면, 인간은 죄를 짓지 아니하고 살 수 없다는 그와 같은 말을 할 수 있는가?
17 너희를 대신하여 죽어 준 자에게 그 은혜로써 생각한다면 어떠한 마음 자세로 살아가야 하던가?
18 너희가 지금 하는 그 행위는 은혜에 감사하는 것을 모르는 것뿐만 아니라, 아무것도 모르는 짐승만도 못한 행위를 지금 하는 것이니,
19 인간이 짐승만도 못한 행위를 하고 있다면 과연 너희는 어디에 기준을 두어야 하는가?
20 너희 가슴에 손을 얹고 생각해 보아야 할 것이니라.
21 너희는 죄를 대신 해 준 자에게 어떠한 마음으로 살아가야 하는가?
22 그리하면 감사함을 잊지 못할 것이며 천사가 되어 하늘에 오르는 그와 같은 백성으로 사는 것으로써 그 은혜에 보답할 것이니라.
23 나의 아들이 피 흘려 너희를 대신하여 그 죄에 대해 속죄했다는 것은, 너희는 인간 세상에서 한번 나고 죽는 것이 아니요, 영원히 사는 그 세상에서 너희를 구원했다는 것이니,
24 인간 세상에서 죽을 자의 목숨을 살려 준다 해도 그 은혜요, 감사함을 잊지 못하여 평생 가슴에 안고 살 것이니라.
25 그가 죽어 갈 때도 그 자식들에게 제 생명을 살려 준 그 후손에게 예의를 다 갖추고 살라 유언장에 길이 남기고 죽는 것이 인간의 도리이며 마음일 것이니라.
26 그러나 너희가 나의 아들의 죽음의 그 피로써 구원을 받았다는 것은 두 번째 죽는 마지막 영원히 살고 못사는 거기에서 너희를 구원했다는 그 뜻이 거기에 담겨 있지 아니한가?
27 영원히 사는 너희 생명을 구해 준 나의 아들이 너희에게 원하는 것이 무엇인가?
28 정녕 그것을 감사하게 생각한다면 너희는 죄를 짓지 않는 백성이 되었을 것이며 죄를 짓지 않고 사는 백성이 되었다면 너희는 천사가 되어야 하는 것이 오늘의 삶이 아니더냐?
29 너희가 지은 부끄럽고 용서받지 못할 죄를 다 씻어 주었음이니, 그러고 나서 너희가 계속 죄를 짓는다면 그리고 또 그것을 용서받았다 생각한다면, 과연 너희 죄를 대신하여 죽어 준 자의 은혜에 감사하며 우리 부자가 겪은 그

고통과 희생과 인내할 수 없는 그 역
경을 견디고 넘었던 그 희생에 대하여
너희가 조금이라도 감사한 마음을 가
지고 사는 백성이더냐?
30 그러니 짐승만도 못한 생각을 하고
사는 백성이 있다 함이 여기 있음이
니라.
31 그런데도 인간은 죄를 짓지 않을 수
없다고 말하면서 계속 죄를 짓고 살면
서 대속의 죽음으로써 용서를 받아
천국에 갈 수 있다는 기만적인 깜짝
쇼를 더 이상 해서는 아니 될 것이며,
이제 중단할 때가 되었음을 알아야 할
것이니라.
32 너희는 나의 아들 예수를 믿고 회개하
고 고백하며 구원을 받으며 그리고
재물을 많이 바침으로써 구원을 받는
다고 말함이니, 내가 너희에게 묻고자
함이니라.
33 너희가 회개하는 것이 과연 현실성이
있는 것이며, 실천 가능하도록 너희가
회개하는가?
34 그리고 너희가 회개하라는 그 회개는
어디까지 가는가?
35 그리고 너희는 고백하여 구원을 받는
다 하였음이니, 고백하는 것으로 은혜
에 보답한다 하였음이니, 과연 고백을
어디서 어떻게 해야만 고백의 뜻이 이
루어지는지 알고 있는가?
36 너희가 고백을 받는 곳은 고해성사하
는 곳도 아니요, 종교 지도자에게 고
백하는 것도 아니요, 나 여호와에게
너희가 고백하는 것도 아니요, 그것으
로써 나에게 고백했다 생각하지 말라.
37 너희는 이제 알아야 할 것이니라.
38 너희가 정녕 고백을 한 백성이라면,
지금까지 철들어 이 세상에서 죽을 때
까지 살아온 너희 인생의 험악하고 부
끄러운 점을 한 점도 빼놓지 않고 책
으로 기록하여 세상에 내놓아, 만백성
들이 너희를 볼 수 있으며 그를 거울
삼아 그 삶을 다스려 나가는 것이 고
백이라는 것을 절대 잊지 말라.
39 너희는 고백의 의미가 무엇인 줄 알
겠는가?
40 너희가 고해성사함으로써 고백이요,
나에게 고백함으로써 고백이 이루어
지는 것이요, 종교 지도자 앞에 고백
해서 이루어지는 것이 아니니라.
41 너희가 지금까지 살아온 죄요, 추악한
삶을 모두 하나도 빼놓지 아니하고 책
으로 만들어 만백성에게 뿌리고 전하
는 것이 고백임을 잊지 말라.
42 그리하여 만백성들이 그걸 보고 너를
심판하며 그걸 보고 깨우치는 자, 또
그걸 보고 깨닫는 자, 그리고 너를 심
판하는 자, 그리하여 이 세상에서 심
판을 다 받고 오는 자가 고백한 자요,
43 그리하여 고백한 자는 그 죄가 나에게
없음이니, 고백이라는 말을 너희가 함
부로 하지 말라.
44 너희가 회개하며 고백하면 나에게 오
를 수 있으며, 그리하여 그와 같이 하
는 것은 나의 아들 예수의 죽음으로써
은혜를 받는다 하였음이니,
45 너희가 나의 아들의 죽은 그 피로써
고백하여 그 은혜를 받고 구원을 온다
하면, 너희는 모두를 다 기록하여 책
으로 세상에 만들어 전하고 오라.
46 그것이 고백임을 잊지 말라.

47 명심하도록 하라.

7,456 번째 하나님 말씀

2003년 9월 8일 07시 58분

1 사랑하는 나의 아들아!
2 "네, 아버님! 말씀하옵소서."
3 너희 인간 세상에 살아가면서 칠전팔
기라는 것이 있음이니라.
4 쓰러지고 또 쓰러져 일곱 번을 넘어진
다 해도 마지막 여덟 번째에 승리를
거두는 것을 의미함이니,
5 너희는 또 오뚝이라는 인생이 있다 하
였음이니라.
6 아무리 눕히고 눕혀도 다시 일어서고
또 일어서는 그 오뚝이와 같은 인생이
라 그리 말하였음이니,
7 너희가 지금 나의 아들을 따르며 나의
법전을 가지고 공부하며 하늘의 참진
리요, 나 여호와의 뜻을 위하여 너희
가 무엇인가 그 길을 가고자 함이니,
8 너희가 스스로 가면서 어렵고 힘들어
좌절하고 넘어지고자 하는 그와 같은
때가 수없이 있으며 포기하고 싶을 때
가 수없이 있음이니라.
9 그러나 가장 중요한 것은 정녕 지금의
모든 종교 집단이요, 믿음이 잘못되었
으며 이를 바로잡아야 한다는 그와
같은 마음과 생각이 있는 것과 나의
법전은 나 여호와의 뜻이요, 새로운
시대와 새 역사를 이루어야 한다는
것을 믿는 그것이니라.
10 그리하여 너희는 살아가면서 강론을
들으며 나의 법전을 읽고 깨우치며 하
늘에 오르는 길이 무엇인가를 어렴풋
이 알고 있음이니라.
11 그리하여 사악한 악에 물들지 아니하
며, 실수하고 또 잘못되었다 해도 반
성하고 또 반성함이니,
12 그러기에 너희가 나에게 소중한 백성
이라 그리 말함이니라.
13 이는 곧 무엇이더냐?
14 너희는 오뚝이와 같이 일어설 수 있는
나의 선택된 백성이기 때문이니,
15 지금 너희는 완벽하게 일어서 있지는
못하나, 잘못된 악의 뿌리가 무엇인가
를 알며, 그 악이 행해졌을 때 너희가
범죄 행위를 했을 때 후회하며 그 범
죄행위 한 것을 통곡하며 너 자신을
다스리지 못하는 것을 마음속으로 울
고 있음이니라.
16 그 눈물을 거둘 날이 머지않았기 때문
이니,
17 쓰러져도 또 일어나는 그와 같은 인생
의 삶을 사는 백성처럼 너희가 지금
은 더러는 범죄를 하며 더러는 죄를
지으며 실수를 하나 그걸 안 하겠다는
굳은 의지와 바로 살겠다는 그 마음이
얼마나 위대한 것이고 소중한 것인가?
18 그렇기에 내가 천사와 같은 비둘기 같
은 그 모습으로써 너의 제자가 네 명
씩이나 나와 있다고 말하였으며, 앞으
로 계속 그와 같은 제자들이 나온다
하였음이니라.
19 바로 이것이 가장 소중함을 너희는
알아야 할 것이니라.
20 너희가 실수하면 또 하지 않으려 애쓰
는 것, 그리고 변화되는 것, 결국 그러
기에 칠전팔기의 인생처럼 마지막 승
자가 될 것이며, 너희는 바로 나의 뜻

대로 내가 원하는 그 삶을 살아 나에
게 올 수 있는 백성이기 때문이니라.
21 그것이 너희에게 가장 소중한 것이며
가장 값진 것이며 너희가 가진 위대
한 것이니라.
22 그리하여 너희는 반드시 승자가 될
것이니, 오늘의 삶을 너무 후회하지
말며 괴로워하지 말며, 성전에 와 후
회하고 눈물짓는 그와 같은 고통 속
에서 너 자신이 나약한 마음으로 돌
아가서는 아니 됨이니라.
23 나 자신이 갈 수 있는 것인가, 내가 버
틸 수 있는가, 내가 끝까지 갈 수 있는
가?
24 이와 같은 불안한 마음이요, 의심하는
마음을 가져서는 아니 될 것이니라.
25 그보다 너희가 변해 오고자 변하는
삶을 사는 것이 더 소중함이니, 잘못
이라는 것을 아는 백성은 반드시 그
것을 고칠 수 있으며,
26 그리고 또한 그것을 알고 있으면서 고
치려 노력하지 아니하는 백성은 그가
변할 수 없으나, 너를 따르는 제자들
이요, 나의 법전을 읽고 깨우친 백성
은 잘못을 아는 그 순간에 그걸 고치
고자 노력하기 때문에 그보다도 더 소
중하고 위대한 것이 없는 것이니라.
27 너희는 잘못을 인정할 줄 알며, 잘못
을 알며 그리고 잘못을 했을 때는 두
번 다시 반복하지 않고 그걸 고쳐 바
로 서고자 하는 그것보다도 더 값진
것이 없음이니,
28 그리하여 내가 너희를 사랑함이요, 너
희가 있기에 내가 기다리며 세상을 재
앙으로써 벌로써 다스리지 아니함이
니라.
29 너희 제자들이 하나하나 변함이 가장
소중한 것이요, 그와 같이 죄를 알고
죄를 짓지 아니하려고 노력하는 그것
이 가장 위대하고 값진 것이요, 소중
한 것이니,
30 그 마음을 변치 말며 계속 노력하여
다스려 나가도록 그리하라.
31 그들에게 용기를 주어야 할 것이니라,
사랑하는 나의 아들아!
32 두려워하지 말라.
33 그리고 죄가 있다 하여 나의 성전에
오기를 두려워하며 나의 법전을 읽기
를 두려워하는 것은 너희가 아님이니
라.
34 너희를 거르고 정화하는 것은 법전을
읽는 것이요, 나의 아들을 통하여 내
리는 나의 강론을 듣는 것이 너희를
정화하고 거르는 것이기 때문에,
35 그 길을 피하고는 너희는 얻을 수 없
으며 이룰 수 없으니, 그들은 모두 다
변명이니 그리 알라 전하라.

7,457 번째 하나님 말씀

2003년 9월 8일 08시 01분

1 사랑하는 나의 아들아!
2 "네, 아버님! 말씀하옵소서."
3 지금 수천 년 동안 믿음을 오는 그 백
성의 가르침과 진리가 무엇이었으며,
그들이 지금 나의 피조물 만백성들을
현혹하여 그들 자신이 서 있는 자리
요, 그리고 그 믿음이 어떠한 것인가
그것까지도 구분하지 못하도록 혼미
한 백성으로 만들었음이니, 이는 무엇

이더냐?
4 너희 손으로 지은 죄의 온상인 그 교
회요, 성당이요, 성전이요, 성막에 나
와 울고불고 기도를 하는 그것으로써
너희는 모두를 용서받을 수 있는 자며
거듭나는 백성이라 그리 가르치느니
라.
5 그리하여 너희 손으로 지은 인간의
건축물 속에 와 설교요, 강론을 듣는
자는 과거에 지은 죄를 다 용서받을
수 있으며, 흰 눈처럼 깨끗해지며,
6 그리고 현재 너희가 짓는 죄요, 짓고
살아가는 그것도 다 용서를 받으며 그
것 또한 흰 눈과 같이 된다고 가르치
며,
7 너희가 미래에 지을 죄까지도 모두 용
서를 받는다고 가르치는 것이 오늘의
종교 집단이요, 지도자가 지금 나의
피조물 만백성들을 혼미케 이끌어온
대표적인 말이니라.
8 그러니 그와 같이 죄를 짓고 불안한
자, 죄를 짓고 그 대가를 치를까 말까
그리고 천국과 지옥이 있는지 없는지
의혹하는 백성은 밑져야 본전이라는
마음속에서 두렵고 무서운 그 마음을
달래려고 그들이 말하는 그곳에 찾아
가 그들의 노예가 되며 그들의 종이
되는 이와 같은 형국이니라.
9 그러니 너희 손으로 지은 죄의 온상
이며 건축물로써 역사한 그곳에 가는
것으로써 모두 용서받는다는 그 착각
속에서 벗어나지 아니하면 절대 아니
됨이니라.
10 그러한 역사는 없을 것이며 그와 같은
것으로써 너희가 구원을 받을 수 있
는 것은 절대 없음이니라.
11 창조주 나 여호와가 모두를 관장함이
니, 하늘의 법도는 절대 그런 법도는
없으니 그리 알라.
12 그러한 너희 입맛에 맞는 떡과 같은
법도는 세상에도 하늘에도 없음을 너
희는 알아야 할 것이며,
13 너희 스스로 지은 것은 너희 스스로
면죄받으며 너희가 역사한 것은 너희
가 바로 그와 같이 역사한 대가를 받
음이니라.
14 너희가 허물어 놓은 집을 다시 짓듯
이, 너희가 남에게 피해를 주었으면
그 보상을 반드시 하는 것이 인간 세
상의 법도이듯이,
15 죄를 지은 자는 너희 스스로 그 죄의
대가를 치러야 할 것이며, 면죄부를
받는 것은 지금의 지상에 살면서 이루
어야 한다는 것을 내가 나의 법전에
수없이 기록하여 전했음이니, 이를 명
심하고 하는 것만 구원의 길이라는 것
을 잊지 말라.

7,458 번째 하나님 말씀

2003년 9월 8일 11시 59분

1 사랑하는 나의 아들아!
2 **"네, 아버님! 말씀하옵소서."**
3 나의 피조물 만백성 너희가 육을 가
지고 사는 이 세상에서 내가 너희에게
베풀어 주었으며 아름다운 성령이요,
고운 마음씨를 가지고 세상에 나가 살
도록 너희를 내려보냈음이니,
4 너희는 내가 내려보낸 그 마음 자세로
살다 나에게 오르면 된다 하였음이니

라.
5 그러나 너희는 그와 같이 사는 백성
이 한 명도 없으니, 너희는 뭐라 그리
말하였더냐?
6 내가 너희에게 내려 준 그 기준에 미
달이며 함량 부족한 백성이라 그리
말하지 아니하였더냐?
7 그러니 너희는 세상을 살아가면서 남
의 험담을 하지 말며 남을 용서하며
남을 이해하며 살라는 것, 또한 모두
부질없는 것이며, 그건 다 너희가 자
초한 일임이니라.
8 그러니 너희가 남을 용서하고 이해하
는 그것이 너희가 남을 용서하고 이
해하는 것이 아니요, 그리고 너희가
너그러운 마음이요, 사랑의 마음이 아
니니라.
9 이제 나의 아들을 따르는 제자들이요,
나의 법전을 읽고 깨우친 만백성 너희
는 불쾌한 일이요, 감정 나는 일이요,
남을 용서할 수 있도록 남들이 너에게
잘못하는 것, 그 모두를 조용히 생각
해 보면 그 원인 제공은 다 너희가 하
였음이니라.
10 그리고 너희가 저지른 그 결과에 대
해서 좀 더 잘하고 못한 것을 가지고
시시비비를 하며 용서하고 용서하지
아니함을 따지니, 그 원인은 다 너희
가 제공했음을 알라.
11 너희는 인간 세상에 살면서 뭐라 말하
더냐?
12 손뼉도 마주치지 아니하면 절대 소리
가 나지 아니한다 하였음이니,
13 그 의미는 하나가 피하면 소리가 나지
않는 것처럼, 너희가 같이 맞닥트리며
같이 시시비비를 하기 때문이니, 용서
하고 용서받을 자가 아무것도 없는 것
이니라.
14 너희가 남을 용서하고 이해한다는 것
도 너희가 함량 미달이요, 기준 미달
인 그 삶에 미달하는 것처럼, 너희가
모든 원인을 제공했으며 모두 너희로
부터 시작되었다는 것을 알아야 할
것이며,
15 정녕 너희가 용서하며 남을 이해할
수 있는 것이 없으며, 너희가 용서하
고 이해할 자격이 있는 것이 아니요,
그와 같은 자격이 없음이니라.
16 범죄는 너희가 저질러 놓고 그 죄를
너희가 용서하는 것과 똑같음이니, 그
대로 혼자 이루어지고 자연 발생하는
것은 없음을 알라.
17 무슨 이유든 너희가 서로 이유를 제
공했으며 그와 같은 사건이 발생할 수
있게 한 자들이니, 원인 제공은 갑이
나 을이 똑같음이니라.
18 그러면서 무엇이 좀 더 낫고 덜하다
하여 용서하고 용서하지 아니하는 것
이 없음이니라.
19 먼저 너희가 큰 죄를 잘못했으며, 너
희가 큰 과오를 범했다 해도 작은 원
인을 제공하여 시비가 붙기 시작했다
면 그것은 시비를 붙인 자가 더 잘못
한 것임이니,
20 너희가 그와 같이 남을 용서하고 이해
하는 것이 용서하고 이해하고 사랑이
아니니라.
21 그러니 너희가 기본의 위치에서 미달
하기 때문에 그 자리에 돌아오는 것뿐
이라 그리 알아야 할 것이며, 용서하

고 너그러운 마음으로 사는 것이 아님
을 알라.
22 이제 이 세상의 모두를 다 들여다보도
록 그리하라.
23 원인이 없이 이루어지는 것은 없으며,
원인 제공자가 있어서 그 모두가 이루
어짐이니,
24 이 세상의 모든 불협화음이 나는 것,
그리고 모든 격한 언동이요, 격한 행
동으로써 시시비비를 하는 것, 그 모
두는 다 너희 스스로 원인을 제공하
는 것이며 너희로부터 시발점이 시작
됨이니,
25 함량 미달인 너희 삶을, 함량 미달을
너희가 기준에 맞추려고 이 세상 것
을 다 놓는 것처럼 이 세상의 어떠한
것도 너희가 용서하지 못할 것이 없
으며 더불어 그걸 이해하지 못할 것이
없음이니라.
26 어떠한 사건을 용서하고 이해하는 그
것이 바로 너희가 기준치에 오는 것
이요, 너희가 사랑이요, 용서하는 마
음으로 베푸는 것이 아니라는 이와 같
은 사실을 알아야 할 것이니라.
27 제공자는 스스로 너나 나나 할 것 없
이 똑같은 자들이기 때문이니, 너희는
그와 같은 이치를 알아야 할 것이니
라.
28 그 뜻을 정녕 모르고 너희가 같이 원
인을 제공하면서 이해하고 한발 짝 앞
에 나간다 해서 그것이 용서하는 마음
이요, 남을 위하는 것이라 착각하지
말라.
29 그러니 너희가 어떠한 삶을 살아야
할 것이며 어떠한 행동으로써 역사하
는 것이 나에게 오르는 길이요, 인간
이 기본의 살아가는 길인가를 알아야
할 것이니라.
30 이제 너희는 깨우쳤을 것이니라.
31 그러니 모두 다 너희가 잘하고 역사
하는 것이 하나도 없다는 그와 같은
마음을 가지고 살라.
32 너희가 이 세상 모든 걸 이해하고 아
무리 용서할 수 없는 것을 용서하는
그 마음도 결국 나로부터 받은 그 은
혜의 함량 미달이요,
33 그 미달하는 기준치에 오기 위한 하나
의 삶의 방법이요, 노력의 길이라는
것을 너희는 잊지 말라.

7,459 번째 하나님 말씀

2003년 9월 8일 12시 11분

1 사랑하는 나의 아들아!
2 "네, 아버님! 말씀하옵소서."
3 이 세상 나의 피조물 만백성들이 지금
살아가면서 은혜를 받았다고 울고불
고 광란의 짓을 하는 것이 과연 나로
부터 은혜를 받을 수 있는 행동을 해
서 은혜를 받았다 하는 것인가?
4 그렇지 않으면 저희가 범죄를 하면서
나 여호와가 범죄자를 용서하는 하나
님이라 너희가 생각하는가?
5 내가 내려보낸 너희가 울고불고 은혜
를 받았다 간증하며 설교하는 것을 보
는 나 여호와가 얼마나 저리고 아프더
냐?
6 너희가 얼마나 우매한 백성인 줄 알
겠느냐?
7 너희가 살아가면서 남의 시험지를 훔

쳐 답을 몇 개 더 써 넣음으로 점수가
조금 올랐다 하여 그것 또한 너희는
어찌한다 하였느냐?
8 남의 시험지를 도둑질하여 그걸 보고
점수를 올린 것을 하나님께 감사하며,
시험을 잘 보게 해 달라고 기도했던
하나님의 응답을 받은 것이라 그리 말
하며, 너희는 축복을 받은 것이요, 은
혜를 받았다 말하는 것이니라.
9 그리고 눈물 콧물을 흘리며 은혜 받은
영광이라 말하며 그걸 간증이라 하여
떠들고 그를 써 내는 자들이 있으니,
10 과연 그것이 나로부터 은혜를 받는 길
이며 공의의 하나님인 내가 너희에게
은혜를 내리는 것이라 말할 수 있느냐?
11 너희는 남을 속이고 거짓된 행동으로
써 목적이 이루어졌을 때 그것도 나
여호와 하나님의 은혜라 말하는 것이
니 너희가 얼마나 불쌍하고 가련한
자들이더냐?
12 결혼한 기혼 여성이 결혼하지 않는 미
혼 여성만 회사에 취직한다는 회사의
법칙을 속여 결혼 신고를 하지 아니하
였다 하여 서류상으로 미혼 여성이라
하여 미혼 여성 행세를 하고 취직되었
다 하자.
13 그 모두가 나 여호와의 은혜를 받은
것이며 너희 기도를 들어준 것이며 축
복을 들어준 것이라 하여 눈물 콧물
흘리면서 그를 가지고 단상에 나가 간
증하니,
14 그를 듣고 '옳소, 맞습니다.' 하며 손뼉
을 치는 종교 지도자요, 집단들이 과
연 그러고도 나 여호와의 은혜라 말할
수 있는 것인가?
15 지금 그와 같은 믿음의 길을 가는 것
이 너희가 지금 행하는 그 행위가 아
니더냐?
16 그러니 너희가 어찌 믿음이요, 참진
리의 길을 간단 말이더냐?
17 그러니 그를 바라보는 나 여호와가 얼
마나 너희가 불쌍하며 가련한 줄 알
겠느냐?
18 너희는 나 여호와 하나님의 은혜라고
그리 말하지 않는가?
19 그러니 거짓 한 것은 인간은 비록 모
를 수 있으며 사람을 속일 수 있으나,
나 여호와는 속일 수 없음이니라.
20 너희가 나 여호와에게 죄를 짓는 것이
인간에게 죄를 짓는 것보다도 더 무섭
고 그 대가가 얼마나 냉혹한 것인가를
모름이니,
21 그 불쌍한 백성에게 작은 것부터 진
실한 속에서 살아가는 것이 은혜요,
축복이라는 것을 가르쳐 주어야 할
것이니라, 사랑하는 나의 아들딸들아!
22 이와 같은 형국이 이루어지면서 은혜
요, 축복이라 비유하여 생각하면, 오
늘날 너희가 믿음을 가면서 은혜요,
축복이라 했던 것이 얼마나 사악한 것
이며,
23 나 여호와를 사탄의 제왕으로 받들고
사탄의 제왕만이 용서할 수 있는 그와
같은 행위를 하며 은혜를 받았다 함이
니, 너희가 나를 사탄의 제왕으로 만
드는 것이며 그리 받드는 자체도 너
희가 모름이니라.
24 나는 그러한 자의 기도를 들은 적이
없으며 그러한 자에게 은혜를 내린 적
이 없음이니라.

25 범죄한 자가 그와 같은 행위를 해 목
적이 달성했을 때 나 여호와에게 기도
하며 눈물로써 찬송하며 교회를 찾으
며 은혜요, 축복이라 눈물 콧물을 흘
리면서 그리 말함이니,
26 너희가 많은 신도 앞에서 간증이라
말하는 그게 간증의 가치가 있다 생각
하느냐?
27 가난한 자가 남의 집에 세를 들려 하
는데, 자식이 세 사람 이상인 자는 세
를 줄 수 없다 하니,
28 그 집주인에게 자식이 네 명이면서도
세 명이라 하고 데리고 들어가 그 집
을 얻으면서, 하나는 남의 집 자식처
럼 그저 숨어 살며 제 자식이 아닌 것
처럼 행세하고 살면서 그 집에 전세를
얻어 들어갔다 해도,
29 또는 사글세를 얻어 집주인 모르게 그
집에 들어갔다 해도, 너희는 밤새도록
눈물 콧물 흘리면서 기도할 것이니라.
30 '우리에게 좋은 집을 구해 달라 하나
님께 기도하고 경배하고, 내가 교회에
가서 헌금하고 기도하고 한 것이 역사
하여 우리 자식이 넷인데 셋이라 속
이고 주인이 속아서 그 좁은 집에 그
것도 지하실 방에 좋은 곳을 얻어 들
어갔다' 그리 말하며,
31 그저 문간방 얻어 쓴 것을 영광이요,
축복이요, 하나님의 은혜로써 받았다
고 그리 말하니,
32 하나의 자식을 제 자식이 아니라 하며
남의 집 자식이 다니러 온 것처럼 그
리고 그저 거쳐 가는 것처럼 속이고
그리 살아감이니, 과연 그 속임이 언
제까지 갈 수 있는가?
33 그와 같은 것을 가지고도 너희가 다
나의 은혜요, 하나님의 은혜요, 교회
를 다녀 영광을 얻은 것이요, 너희가
교회를 나와 기도하기 시작하여 얻은
것이며,
34 너희가 남의 손을 잡고 그저 억지로
한번 왔던 것이 거기서 설교하는 것을
듣고 축복을 받아 그와 같은 역사의
은혜를 받았다며 눈물 콧물 흘리면서
간증하고 떠드는 것이 기초적인 것이
요, 너희의 가장 불쌍한 면을 보여 줌
이니라.
35 이보다 큰 역사를 너희가 왜곡되게
생각하며 간증하고 구원을 받았다 하
는 자들이 얼마나 많은가?
36 작은 키로써는 도저히 갈 수 없는 학
교에 그와 같은 자가 뒤꿈치를 들어
시험관을 속여서 합격을 했다 하자.
37 그러면 그는 또 밤새도록 울고불고 기
도하느니라.
38 우리 누나가 내 손을 끌고 교회를 갔
기 때문에, 우리 사촌이 나를 데리고
갔기 때문에, 내가 죽어도 가지 않으
려 해도 어쩔 수 없이 끌려가서 설교
하는 말을 듣고 감명을 받았으며,
39 그 감명을 받은 은혜의 덕으로 인하여
예수님의 보혈로써 구원을 받는다 하
여 그저 제가 교회에 가 헌금을 바치
는 것으로 작은 키가 높이 되어 합격
했다 그리 말함이니,
40 그것도 은혜라 눈물 흘리고 콧물 흘리
며 간증이라 하여 단상에 서서 언성을
높여 소리 지르는 것이 너희 믿음의
그 형국이니라.
41 너희가 죄를 짓는 방법이요, 죄를 짓

는 일이요, 나 여호와가 해서는 안 된
다는 그와 같은 사업을 하는 자에게
찾아가 그가 성황을 이루어달라고 너
희가 눈물 흘리며 기도하고 '아멘, 할
렐루야' 하니,
42 거기에 모인 백성은 이것은 잘못된
것이라는 말 한마디 못하며 오로지 목
자는 하나님의 뜻에 의하는 것이니 이
것도 '맞소, 옳소' 하며 손뼉을 치는
것이 너희의 오늘의 믿음의 형국이요,
그러면서 은혜를 받았다고 그리 말하
느니라.
43 나 여호와의 은혜가 그러한 믿음으로
써 그렇게 가느냐?
44 어찌하여 나의 은혜가 그리도 썩고 썩
어 냄새가 나는 그와 같은 형국으로
간단 말이던가?
45 너희는 썩어서 냄새가 나는 그와 같은
행위를 하며 나에게 범죄가 되는 것을
모르느니라.
46 그러니 너희가 얼마나 불쌍하고 사악
한 자들이라 내가 말하느냐?
47 남을 속여 너희가 무엇인가를 이루었
을 때 그리고 역사했을 때 그것이 하
나님의 은혜요, 영광이요, 축복이라
그리 말함이니,
48 너희가 남의 과수원에 가 도둑질을 하
고 나와 들키지 않는 것은 하나님 은
혜요, 축복이요,
49 너희가 교회에 다녀 기도하고 예수님
을 찾았으며, 그리고 헌금을 많이 냈
으며 그 설교를 들었기에 도둑질하고
잡히지 아니하고 이리 살아왔다며 그
요행이 내가 내린 축복이요, 은혜라는
것이 너희니, 얼마나 너희가 가련하고
불쌍한 백성이더냐?
50 그러니 말 못 하고 그저 살아가는 짐
승만도 못하며, 생각이 없으며 사고력
이 없는 짐승만도 못한 행위를 하면서
도 그 모두가 다 나로부터 구원이요,
은혜를 받았다는 자들이 너희니라.
51 모두를 속이고 사는 것도 나 여호와의
은혜요, 내가 너희에게 내린 축복이라
그리 말하니, 이를 가지고 어찌 나에
게 은혜를 입는 백성이요, 이 세상을
아름답게 정화할 수 있단 말이던가?
52 그것을 냉혹히 다스리지 못하며 그걸
바로잡을 자가 없음이니라.
53 너도 죄인이요, 나도 죄인이라 하며
그 속에서 더불어 살아가니, 죄가 무
엇인지 모르고 살아가는 백성이니라.
54 모두를 속이고 역사하는 것이니라.
55 결혼식에서 선 그 아름다운 여자가 자
식을 낳아 숨겨 놓고서 제가 결혼하고
나서도 남편이 모르고 그 모든 식구가
모른다 하여 나로부터 은혜를 받은 자
요, 축복을 받은 자라 그리 기도하고
몸부림치며 눈물을 흘리고 나에게 은
혜에 감사한다 함이니, 그 추하고 더
러운 소리가 나에게 들린다고 생각하
느냐?
56 내가 너희에게 고백의 기도가 뭐라 말
했는지 알겠느냐?
57 너희는 고해성사라는 것을 가서 하는
것으로써 고백이 아니요, 종교 집단의
그들에게 가서 용서를 빌고 고백하는
것이 고백이 아니요, 나 여호와에게
너희가 모두를 써서 고백하는 것이 아
님을 알라.
58 너희는 나에게 고백함이란 무엇이라

하느냐?
59 아버님께 고백한다면 너희가 철이 들
어 살아온 그 모든 잘못되고 실수한
것, 사악한 짓 한 것, 그 모든 것을 하
나도 빼놓지 말고 네 이름으로 책을
만들어 만백성에게 전하여,
60 만백성들이 너를 심판하고 너의 삶을
그들이 보고 깨우치는 자 있으며 너를
벌할 자 있으며, 그리하여 네가 추하
고 더럽게 살아온 그 모든 것을 책으
로 만들어 세상에 전하고 왔을 때, 너
희가 고백한 자요, 고백한 효과를 받
을 것이며,
61 그와 같이 인간에게 심판을 받고 온
자는 나에게 심판받을 것이 없음을 너
희는 알아야 할 것이니라.
62 눈물을 흘리며 콧물을 흘리면서 너희
가 고해성사라 하여 신부요, 종교 지
도자 앞에 와서 있는 말 없는 말 다 하
나,
63 가장 더럽고 추한 것은 속여 가면서
떠들고 나오는 것이 고해성사했다며
너희가 환희에 찼다, 축복을 받았다,
그런 소리 하지 말라.
64 너희가 살고 온 잘못된 것을 책에 기
록하여 하나하나 빼놓지 아니하고 만
백성에게 전하여 심판을 받는 것이니
라.
65 내가 너희에게 뭐라 말하였느냐?
66 너희가 나로부터 빚진 삶이요, 너희가
나로부터 은혜 받은 것을 나 여호와가
거둬들임이 아니요, 나에게 바치라 하
지 아니하였느니라.
67 그를 너희가 받은 것을 알며 받은 것
이 있으면 인간에게 베풀며 이웃에게
베풀라 내가 그리하였음이니,
68 너희가 이 뜻을 안다면 인간에게 잘못
살아온 모든 것을 부끄러움 없이 다
밝혀 놓고 심판을 받는 것이 고백이
요, 그것이 고백의 죄를 사하는 길이
라는 것을 절대 잊지 말라.
69 그와 같은 용기가 없는 자, 그와 같은
행위를 못 하는 자는 절대로 용서받은
자가 아니요, 회개한 자가 아니라는
것을 알라.
70 그리고 고백했다 하지 말며, 고해성사
했다 하지 말라.
71 이것이 하늘의 법도이니, 너의 제자들
이 따르고 안 따르는 것은 그들에게
달렸음이니 그리 알라, 사랑하는 나의
아들아!

7,460 번째 하나님 말씀

2003년 9월 8일 12시 19분

1 사랑하는 나의 아들아!
2 "네, 아버님! 말씀하옵소서."
3 너희가 가는 그 길은 험한 산중이요,
험한 산길만 너희 앞에 놓여 있다 하
였느니라.
4 그러나 너희는 그 길을 넘지 아니하고
그 길을 가지 아니하면 평온의 나라
요, 하늘의 나라에 올 수 없는 것이 너
희라 하였음이니라.
5 그러니 너희는 내가 나의 법전에 기록
하여 나의 성경에 기록한 그 내용 한
마디 한 마디가 그저 예사로 흘려보낼
수 있는 이야기며, 예사로 들을 수 있
는 이야기라 생각한 것은, 너희가 얼
마나 착각한 자들이며 너희가 얼마나

잘못된 믿음의 길을 가는 자들인 줄 알겠는가?

6 나 여호와의 참진리요, 성서의 한 구절에 기록된 것, 나의 법전에 기록하여 너희에게 가르치는 그것을 인간 세상에서 그저 듣고 흘려보낼 수 있으며,

7 그저 들어 세월이 지나면 잊어버릴 수 있으며, 그저 잘못했을 때 용서를 빌면 되는 그와 같은 생각으로써 너희가 나의 법전을 가지고 공부를 하며 나의 성서를 가지고 공부를 하기에,

8 하늘이 두려운 줄을 모르며 하늘의 무서운 줄을 모르며 나의 법도가 무서운 걸 너희가 모르니, 오늘날 이와 같이 사악한 백성이 되어 있음을 알아야 할 것이니라.

9 너희는 한 구절 한 구절 내가 내린 그것을 어찌 역사할 수 있으며 어찌 가야만 그것이 과연 있을 수 있는가?

10 도저히 불가능한 것을 가야 하는 길이라 너희에게 명한 성경에 기록된 것이요, 나의 법전에 기록된 그 내용을 너희는 들여다보아야 할 것이니라.

11 그저 너희가 쉽게 간단하게 생각하는 것으로써 거기에 답이 있으며 역사함이 있다는 것은 너희가 꿈에서 깨어나야 할 것이며,

12 감히 그와 같은 생각을 하고 가는 자는 나와는 아무런 인연이요, 관계가 없는 자들임을 명심하고 또 명심해야 할 것을 알라.

13 이제 나의 법전을 읽고 깨우치는 백성 너희는 정녕 나로부터 무서운 가시 채의 매가 지금 시작됨이니라.

14 오로지 그 매를 맞고 견딜 수 있는 것은 그래도 너희뿐이니라.

15 그리고 그 가시 채를 맞으면서 인내하고 견딜 수 있으며, 살이 찢어지고 피가 터져도 그를 인내하고 갈 수 있는 것은 너희밖에 없으니,

16 내가 사랑하는 나의 아들을 따르는 그 제자들에게 가시 채를 내림이니 그리 알라.

17 그리하지 아니하고는 너희가 알 수 없으며 깨달을 수 없는 것이 하늘의 뜻이요, 육의 세상의 사탄의 유혹에 단 1초도 견디지 못하고 넘어져 가는 그와 같은 형국이 이루어짐이니,

18 너희는 이제 더 알아야 할 것이니라.

19 너희가 악습에 저리고 가슴이 아프고 두려우며 절대 견딜 수 없는 그와 같은 마음의 가르침을, 이 모든 것을 '할 수 있다'는 그 용기요, '나는 하겠다'는 그와 같은 생각으로써 살아가야 함을 절대 잊지 말며,

20 그 마음에서 여유요, 너그러움이 있어서는 아니 됨을 알아야 할 것이니라.

21 나 여호와는 너희에게 일찍이 가르쳐 준 뜻이 있느니라.

22 오른손이 역사하는 모든 것을 왼손이 모르도록 그리하라 하였음이니, 과연 그것이 불가능하더냐?

23 그러나 불가능하지 않은 그와 같은 역사 속에 답이 있음이니 그와 같이 하라 함이니라.

24 그러나 오늘의 모든 종교 집단이요, 그들이 행하는 것은 어찌하는가?

25 과연 그들이 그와 같이 은밀히 선행을 베풀며 역사하는 삶을 살아가고 있느

냐?
26 그러니 그 잘못 가는 것을 내가 깨우
치려고 그에 버금가는 오른손이 하는
것을 왼손이 모르며 왼손이 하는 것을
오른손이 모르도록 선행과 아름다움
을 베푸는 데 그와 같이 은밀히 하라
하였음이니라.
27 그러나 그렇게 가르치는 종교 집단이
요, 지도자요, 너희는 과연 어찌하는
가?
28 너희가 복음을 전파하며 미개한 지역
이요, 너희보다 못한 미개한 백성을
구원하여 그들을 깨우치겠다는 그 역
사를 하며,
29 굶주린 백성에게 어려운 백성에게 구
호 물품이요, 구호물자라 하여, 그리
고 또 그들에게 가장 필요한 양식이라
는 것으로, 또 빵이라는 것을 준비하
여 그들에게 전하는 그와 같은 일을
하는 것이 오늘날 종교 집단이요, 교
회에서 역사하는 것이니라.
30 그러나 그와 같은 일을 하는 너희 모
습을 한번 들여다보도록 그리하라.
31 내가 너희에게 어찌 가르쳤는지 알겠
는가?
32 그러나 그와 같은 역사를 하는 자, 그
리고 나의 피조물 만백성들로부터 재
물을 거둬 그와 같이 하는 자들,
33 나 여호와의 복음을 전하는 그 역사를
한다면서 그 역사하는 것을 지면에
떠들며 그를 자랑으로써 이 세상 모두
에게 전하는 것이 너희가 오늘의 행
하는 행위가 아니더냐?
34 너희는 작은 이쑤시개 하나라도 더
구호물자에 포함해 놓고 그 숫자를 더
많이 기록하고자 하며, 그저 휴지 한
조각 보낸 것까지도 구호물품이라 기
록하여 떠드는 것이 오늘의 너희가
아니더냐?
35 그리고 무엇인가 작은 것이라도 더 집
어넣고 더 넣어 숫자를 늘리며 많은
역사를 했다 해서 그 효과를 더 거두
고자 광고의 역사를 거두고자 하는 것
이 너희며, 그를 위하여 몸살이 나고
병이 난자들이 아니던가?
36 많은 가짓수요, 많은 양을 선전하기
위하여 바쁨이니라.
37 내가 너희에게 뭐라 말하였느냐?
38 목숨을 던져 남을 구해도, 계산된 것
은 아니 될 것이며, 너희가 어떠한 것
이든지 계산이요, 너희 생각으로써 이
해관계를 따져서 하는 것은 사랑이 아
니요, 베풂이 아니라 내가 그리 말하
였거늘,
39 그 뜻을 알고 가르치며, 오른손이 하
는 일을 왼손이 모르도록 역사하라는
그 가르침 속에,
40 온통 구호물자라 하여 그 무엇 하나
보내면서, 내가 말하는 이쑤시개 하나
까지도 더 집어넣고 더 숫자를 세서
거기에 기록하여 선전하며 선동하는
그와 같은 행위를 하는 자들,
41 그것이 어찌하여 진정한 사랑이요, 믿
음이라 하는가?
42 그 모두는 나의 재산이요, 나의 재물
을 가지고 역사하면서 너희는 모두
생색내며, 너희 이름을 기억하고자 하
며, 너희 종교 집단을 기억하고자 하
는 것이니, 그러고도 너희가 사랑을
아는 자요, 만백성을 구하는 대업에

낀 자들이라 말하는가?
43 이것이 오늘의 너희가 하는 실태이니
라.
44 그러니 너희는 사랑이 아니요, 나의
뜻에 따라 실천하는 것이 아니요, 나
의 뜻을 거역하는 역사를 모두 다 같
이 만드는 자들이라는 것을 알라.
45 내가 너희에게 한 사람의 의인이 세
상에 나왔을 때 모든 것을 다 주고 바
꿀 수 있다 했듯이,
46 이 세상에 어떠한 것도 너희가 내 뜻
을 거역하며 내가 명하는 것을 행하지
아니하고 순종치 아니하고 행하는 것
은 아무런 가치가 없으며, 너희 생각
이요, 너희 자신을 생색내며 네 이름
을 만천하에 알리고자 하는 너희 사
업이요, 너희 생각이지,
47 진정한 나 여호와의 사랑으로써 내 뜻
으로 이루어지는 것이 아니라는 것을
너희는 알라.
48 너희가 죽어 와 그와 같은 역사를 했
으며 그와 같은 일을 했으니, 너희에
게 어찌하여 복을 주지 아니하며 천국
의 문을 열지 않고 지옥으로 보내느냐
하며 아무리 울고불고해도, 그 심판은
엄격하니 그리 알라, 사랑하는 나의
아들딸들아!

7,461 번째 하나님 말씀

2003년 9월 8일 12시 31분

1 사랑하는 나의 아들아!
2 **"네, 아버님! 말씀하옵소서."**
3 성경에 아래와 같은 내용이 기록되어
있음이니라.
4 그리고 너희는 그것을 믿고 지금 2천
년의 역사가 오는 동안 그것을 위하여
믿고 살아가며 그 길을 위하여 모든
백성을 이끌어 가고 있느니라.
5 거기에 뭐라 기록했던가?
6 '진실로 너희에게 이르노니, 여기에
있는 사람 중에 죽기 전에 인자가 그
왕권을 가지고 오는 것을 볼 자들이
있을 것이니라' 그리 기록하여 전하였
음이니라.
7 그것이 바로 나의 아들 예수가 존재하
는 그 앞에 있는 백성이 죽기 전에 인
자가 왕권을 가지고 오는 것을 볼 것
이라 그리 가르쳤음이니,
8 이 내용을 가지고 너희는 예수가 재
림하여 부활할 것이며 다시 올 것이라
지금 몇천 년 동안 흘러왔으나,
9 그들이 다 죽고 흘러간 지금까지 인자
가 왕권을 가지고 온 자가 없음이니,
이것이 나 여호와의 뜻이라 말하는가?
10 이는 나 여호와의 뜻이 아니요, 나의
아들 예수가 너희에게 전한 내용이 아
니요, 이 대목은 또한 너희가 가감하
여 기록한 대목임을 알아야 할 것이
니라.
11 너희는 나 여호와가 역사하며 내가
이루어 주는 것이 역사하지 아니한 것
이 없으며, 이루어지지 아니하는 것이
없으며, 행하지 아니하는 것이 없기에
나 여호와의 뜻이 진리요, 하늘에 오
르는 길이라는 것을 너희는 알아야
할 것이니라.
12 그러나 그들이 살아 있는 동안에 나의
아들 예수가 왕권을 가지고 오는 자,
인자가 있을 것이라고 말하여 기록했

다면, 이것은 나 여호와가 너희에게
거짓 부도를 낸 것이며 나의 아들 예
수가 부도를 낸 것이 아니던가?
13 그러기에 내가 나의 아들을 통하여 나
는 그러한 말을 한 적이 없으며 그를
기록한 적이 없음이니라.
14 다만, 너희가 그 집단을 이끌고 이끌
어 가기 위해, 동요하는 그들을 바로
잡기 위해, 살아 있는 너희가 죽기 전
에 인자가 왕권을 가지고 세상에 와
구원할 자와 부활할 자를 모두 구분하
러 온다고 그리 말하였음이니라.
15 그러니 이것이 너희가 가감하여 성경
에 기록한 가장 잘못된 내용 중의 하
나임을 알아야 할 것이니라.
16 인간 세상에서 작은 약속 어음이라도
지급할 날짜와 지급받을 날짜를 같이
서약하고 약속을 기록함에 의하여 그
효력이 있는 것이요, 그것을 모두 삭
제하고 기록한 것은 그 효력이 없음이
니라.
17 그리하여 내가 나의 아들을 통하여 나
의 법전이 세상에 나가 만백성을 구하
는 그 역사가 얼마 동안이라 했느냐?
18 내가 10년이라는 그 날짜를 박았으며
그 약정의 날짜를 박았음이니, 그리하
여 나 여호와의 뜻이며 내가 역사함을
너희는 알아야 할 것이니라.
19 나는 지금 나의 아들에게 나의 법전이
세상을 덮는 것을 10년의 계약일자를
명시하여 주었음이니라.
20 나의 명함은 정확한 것이며, 내가 너
희에게 명하는 것은 그저 흘러가는 것
처럼 실현 가능성 없는 것을 명하는
것이 아님을 너희는 알아야 할 것이
니라.
21 나 여호와가 명한 것은 역사되지 아니
한 것이 없으며, 그건 정확한 것이 기
록되어 있으며, 그때 또한 명확히 기
록되어 있느니라.
22 그러니 그와 같이 기록되지 아니한 부
분은 너희가 조작한 것이며 너희가
역사한 것이요, 나 여호와의 뜻이 아
님을 너희는 알아야 할 것이니,
23 내 뜻이 아닌 것을 너희가 가감하여
기록한 그것들이 가장 큰 문제점이요,
지금 이와 같이 혼란을 빚고 있다는
것을 너희는 알아야 할 것이니라.
24 나 여호와는 예수의 재림이 없다 내가
나의 법전에 기록하여 전했느니라.
25 창조주 나 여호와가 예수의 재림은 없
다고 기록하여 전했으며, 오로지 나의
성령이요, 나의 뜻으로써 말로써 너희
에게 또 책으로 증거가 되는 말씀으
로써 역사한다는 것을 내가 기록하여
전하였거늘, 어찌하여 너희는 그를 믿
지 아니하며 그를 따르지 아니하는가?
26 지금의 믿음의 길을 가는 너희는 예수
의 재림을 2천 년 동안 믿고 기다리
고, 또 그럴 것이라고 그리 왔던 것이
종교 집단 지도자들이 사랑하는 순박
한 나의 백성을 이끌고 온 가장 핵심
적인 것이 아니더냐?
27 너희는 그만큼 조작극이요, 사기극을
벌여 왔다는 것을 알아야 할 것이니라.
28 말로써 가르침이요, 말로써 전함이니
라.
29 그러나 그를 믿고 따라온 나의 피조물
만백성 너희는 2천 년 동안 그 역사가
부도가 났으며 그것이 이루어지지 아

니하였음이니라.
30 그리고 너희가 나에게 구원을 받을
수 있는 자요, 하늘에 오를 수 있는 자
라면, 너희가 예수처럼 내 오른편에
올 수 있으며 나에게 올 수 있는 자라
면, 그 죽어 간 자들을 내가 부활을 시
켜 세상에 내려보낼 수도 있으며 그를
증명하기 위하여 역사도 할 수 있으나,
31 2천 년 동안 부활하여 다시 온 자가
없으며 다시 살아난 자가 없다는 것을
너희는 알고 있지 않은가?
32 그러니 그 내용은 다 너희가 기록한
내용임을 알아야 할 것이며, 그를 믿
는 너희 조상, 또한 너희의 모든 선조
가 다 죽어 가 지금 그 죄에 따라 벌을
받아 너희 육은 썩어 흙이 되어 그 뼈
를 찾을 수 없도록 변했으며, 죄를 지
은 그 대가를 지금 지옥에서 치르고
있으며, 그들이 아우성 속에 살아가고
있다는 것을 너희는 어찌 모르는가?
33 그러니 그들까지도 다 구원하게 되며
썩어져 지금 뼈도 찾을 수 없는 그 육
신이 살아난다 하며, 나의 아들 예수
가 재림하여 역사할 때 그와 같은 역
사를 이룬다는 그 허황된 이야기에
오늘까지 끌려가고 있음이니라.
34 다 구원을 하려고 나의 아들 예수가
온다 온다 하며 재림한다 하며 2천 년
동안 기다리고 또 기다렸지만, 과연
나의 아들 예수가 재림했는가?
35 절대 오지 아니하였으며 그 역사를 보
지 못했을 것이니라.
36 그리고 너희가 구원을 받았다는 것이
얼마나 허황되며 거짓된 것이며 잘못
된 것인가를 알아야 할 것이니라.
37 너희 조상이 수없이 믿었으며 너희 아
버지가 믿었으며 너희 할아버지가 믿
었음이니라.
38 그들이 너희보다도 더 진한 믿음으로
써 믿었고 오늘의 종교 집단에 가서
모두를 다 바쳐 패가망신을 하면서까
지도 저희가 살아가는 데 오로지 믿
음만을 위해 산 자들이 있느니라.
39 그들이 과연 너희처럼 구원을 받았으
며 나에게 왔다면, 내가 그들을 부활
시켜 세상에 내려보내어 너희에게 증
거하는 역사도 이룰 수 있었음이니라.
40 그러나 2천 년 동안 과연 부활의 역사
가 있으며 죽어 간 자가 이 세상에 다
시 왔느냐?
41 그러니 그와 같이 다시 온 자가 없음
이니, 너희가 구원을 받았다는 것, 천
국에 왔다는 것은 다 거짓이며, 이루
어질 수 없는 증거라는 것,
42 그리고 모든 종교 집단이요, 지도자들
이 너희를 우롱하기 위한 사기극이요,
완전하게 조작된 것이라는 것을 너희
는 알아야 할 것이니라.
43 2천 년 동안 기다리고 또 기다렸음이
니라.
44 그러나 온다는 나의 아들 예수는 오지
아니하였으며, 너희가 죽을 때까지 기
다리고 또 기다려도 절대 재림하여 너
희에게 역사하지 아니함이니,
45 너희는 조직적인 그 조작극에 이제
제정신을 차려야 할 것이며, 더 이상
말려들어서는 아니 됨을 알아야 할 것
이니라.
46 나 여호와는 너희에게 말함이니라.
47 너희 말대로 천국에 올 수 있으며 너

희가 나의 아들 예수를 찾기만 하면
그 보혈로써 구원을 받으며 나에게 온
다 함이니,
48 그 백성이 하늘에 포화 상태가 이루어
졌을 것이며, 그리고 내가 지금 하늘
에 오르지 못하며 깨닫지 못하는 그
백성을 위하여 그중에서 선정하여 부
활하여 세상에 내려보내어 너희에게
그 역사를 보일 것이니라.
49 나에게 온 자가 한 명도 없어 그와 같
은 역사를 이루지도 못하며 이룰 수도
없고 이루지도 아니한다는 것을 너희
는 이제 명확히 알아야 함을 잊지 말
라.
50 이제 정신을 차려야 할 것이니라.
51 너희가 백 년, 천 년, 만 년을 재림하
여 또 온다고 기다리고 기다리는 그
조작극을 계속하고 있으나, 그건 절대
로 역사할 수 없으며 이루어질 수 없
음이니라.
52 지금의 기독교와 모든 종파가 진정한
참진리의 길을 가고자 하며 그 길을
가고 있다면 너희는 지금서부터 어떠
한 역사를 이루어야 하는가?
53 2천 년 동안 이루어지지 아니한 것을
나의 백성에게 더 이상 이끌려 하지
말며 더 이상 기만하지 말라.
54 천년만년이 흘러도 그와 같은 역사는
없을 것이니라.
55 이미 나의 뜻이요, 나의 법전이 세상
에 내려와, 너희가 말하는 아버지의
말씀이 세상에 재림하여 너희를 구분
하는 이 무서운 시대를 너희가 어찌
하여 모르며 그를 들여다보지 아니하
는가?
56 너희가 참진리를 가르치고 있다고 생
각한다면 너희가 그 길을 가도 나는
더 이상 말하지 아니할 것이니라.
57 그러나 나의 아들 예수가 재림한다 해
도 2천 년 동안 그 역사가 이루어지지
아니하였으며, 많은 백성이 구원을 받
았다 하며 믿기만 하면 하늘에 올라간
다는 그 백성 중에 재림하여 내려온
자가 없음이니,
58 너희가 그와 같은 백성이 나에게 와
구원받은 자가 단 한 명이라도 있다
면, 내가 그를 재림하여 예수처럼 세
상에 보내어 너희에게 증명하고자 하
나,
59 한 명도 없음이니, 내가 한 명도 없다
는 뜻을 너희가 믿든 안 믿든 그것은
너희 자유이나, 이것은 나 여호와가
명하는 엄연한 하늘의 사실임을 너희
는 알아야 할 것이니라.
60 이제 제정신을 차릴 것이며, 제가 가
야 할 길이 무엇인가를 바로 보도록
하라.
61 너희가 여기서 나를 아버지라 부를 수
있으며 천국을 오며 지옥으로 가는 그
길을 양손에 들고 선택하기에 달린 것
이니,
62 너희가 이보다도 더 소중한 삶이요,
더 소중하고 귀함이 없다는 것을 어찌
하여 그리도 모르는가, 불쌍한 나의
백성들아!
63 나의 법전을 읽고 정독하지 아니하는
자는 정녕 심판대에 설 수 없다는 이
야기가, 나의 법전을 읽고 깨우치는
백성은 점점 그것이 사실이라는 것이
너희 마음과 가슴속에 조여 옴을 그들

은 알고 있을 것이니라.

64 그것도 깨닫지 못하는 백성 너희가 어찌하여 나에게 오를 수 있단 말이더냐?

65 2천 년 동안 부도 낸 너희가 기록한 말이 곧 무엇이더냐?

66 의인이 세상에 온다는 것, 그리고 너희가 죽기 전에 인자가 세상에 와 그 왕권을 가지고 와 너희에게 보여 주겠다는, 인간이 가감하여 쓴 그 조작된 사기극에 더 이상 속지 말라, 불쌍한 나의 사랑하는 아들딸들아!

7,462 번째 하나님 말씀

2003년 9월 8일 12시 43분

1 사랑하는 나의 아들아!

2 "네, 아버님! 말씀하옵소서."

3 모든 나의 피조물 만백성들이 그 구원의 철옹성보다도 더 굳어졌으며, 도대체 마음을 열려 하지 아니하며, 남의 진리를 들으려 하지 아니하며,

4 모든 것을 깨우쳐 주고자 하는 자들을 적으로 간주하며 그리고 세상의 문을 열 수 없는 그와 같은 백성, 너희는 제 정신을 차려 저 자신으로 돌아올 때가 되었음을 알아야 할 것이니라.

5 아직도 꿈속에서 헤매고 있으며, 저희가 가는 길이 지옥의 열차를 타고 달려가는 것도 모르고 행복하고 즐겁다 떠드는 그 불쌍한 백성에게 너희가 충격을 주어 깨우쳐야 함을 잊지 말라.

6 나 여호와가 너희와 항상 같이하고 있음을 지금 모르고 있음이니라.

7 나의 아들 예수의 재림이 왜 필요하단 말이던가?

8 지금 나 여호와가 세상에 임하여 너희와 같이하고 있음이니, 너희와 같이하는 그것이 무엇이더냐?

9 내가 나의 아들을 통하여 법전이라 하여 너희가 말하는 하나님의 말씀이요, 나의 성령이 세상에 내려와 내가 너희와 같이하는 이 세상에, 어찌하여 나의 아들 예수가 또다시 재림을 하며 또 와서 그가 무엇을 한단 말이더냐?

10 창조주가 직접 내려와 너희를 다스리고 깨우치고 심판하는 시대거늘, 어찌하여 예수가 재림하여 여기에 온단 말을 하는가?

11 심판의 시대라는 것은 무엇이더냐?

12 지금의 너희 말로 심판의 시대요, 종말의 시대라 그리 말하지 않느냐?

13 심판의 시대는 나의 아들 예수가 역사할 수 없으며, 심판의 시대는 오로지 나 여호와만 심판할 수 있으며,

14 종말로써 재앙을 내리는 것도 나의 아들 예수가 내림이 아니요, 오로지 나 여호와가 할 수 있음이니,

15 너희가 종말이요, 심판이라는 것은 곧 나 여호와가 내려온다는 그 의미로 알아야 할 것이니라.

16 나의 아들 예수의 재림이 아님이니라.

17 지금 내가 이 세상에 내려와 너희와 항상 더불어 같이하고 있다는 것을 어찌 모르는가?

18 그러기에 나의 아들 예수의 재림은 절대 있지 않다는 뜻이 여기에 있으며 가르침이니라.

19 나 여호와가 너희와 같이하고 있으며,

나의 성령이요, 나의 뜻은 이미 법전
으로써 160권의 책으로 지금 세상에
나오기 시작하였으며, 심판의 기준이
요, 구원을 받고 못 받는 것을 상세히
기록하여 너희에게 전하였음이니라.
20 예수가 세상에 나가 나 여호와의 아들
이요, 내가 존재함을 역사하고자 모든
역사를 이루었듯이,
21 지금 나의 법전이요, 나의 아들을 통
하여 책으로 만들어 낸 그 모두가 나
여호와가 지상에 내려와 있음을 증명
하는 것이며, 그걸 입증하는 것들임을
너희는 알아야 할 것이니라.
22 너희는 지금의 나의 아들이 160권의
법전을 짧은 시간 내에 그와 같은 역
사를 이룰 수 있다고 생각하는가?
23 어느 백성도 그걸 이룰 수 없음이니,
이는 나 여호와가 너희를 사랑하기에
지금 내가 직접 세상에 내려와 너희와
같이하고 너희를 구할 자와 버릴 자
를 지금 선별하고 있기 때문이니라.
24 예수의 재림은 다시 없다는 뜻이며 있
을 수 없다는 것을 알라, 사랑하는 나
의 아들딸들아!
25 너희가 오죽이나 답답하고 불쌍하면
내가 말하였겠느냐?
26 너희 마음대로 가는 지금의 종교 집단
이요, 그 믿음에 재물을 바치며 울고
불고 기도하는 것으로써 나의 아들 예
수의 보혈로써 은혜를 받았다고 소리
지르는 것만으로써 말로써 천국에 왔
다 하면 너희 조상도 다 왔을 것이 아
니더냐?
27 너희는 제가 오는 것만 환상에 젖어
있으며 먼저 온 선배요, 조상이 그득
히 하늘을 메우고 있다는 것은 생각하
지 못하는 자들이니라.
28 그러니 그와 같이 많은 백성이 하늘에
와 있다면, 내가 많은 백성을 부활시
켜 예수처럼 세상에 나와 너희에게 증
거할 수 있으나,
29 2천 년 동안에 한 사람도 그와 같은
역사가 없었다는 것은 한 명도 구원을
받은 자가 없으며 나에게 온 백성이
없다는 것을 내가 너희에게 알려 줌
이니, 너희 자신이 올 수 없다는 것을
알라 함이니라.
30 그러나 너희는 너희 자신은 구원을 받
는다 생각하며, 너보다 더한 믿음이
요, 너보다 더 종교 집단에 모두를 다
바친 자들도 이미 하늘에 오지 못했다
는 생각을 하지 못함이니,
31 그들이 한 사람도 와 있지 못하기에
내가 부활시켜 그들로 하여금 역사하
는 기적을 이룰 수 없다 하였음이니라.
32 그래도 너희가 나의 뜻을 과연 믿지
못하겠는가?
33 내가 오죽 답답하고 너희를 깨우치기
가 힘이 들면 이와 같은 역사를 기록
하여 손에 쥐여 주겠는가?
34 너희는 내 마음이 아픔을 과연 들여다
보는 나의 아들딸이더냐?
35 지금 나의 법전이 세상에 내려가는 것
이 무엇인 줄 알겠느냐?
36 나 여호와가 너희와 같이하고 있으며
이는 내 뜻이요, 심판의 시대라는 것
을 증명하기 위해 내려보냄을 너희는
알아야 할 것이니라.
37 나 여호와가 너희를 사랑하는 것을
증명하고자 나의 아들 예수를 내려보

냈듯이, 지금 마지막 시대에 너희가
말하는 아버지의 말씀이요, 나 여호와
창조주의 말로써 책으로 내려보내어
내가 지금 와 있음을 증명하니 그리
알라.
38 너희는 하나님의 말씀이 내려옴이라
그리 말함이니, 하나님의 말씀이 내려
왔다는 말을 반드시 믿어야 할 것이
니라.
39 그러나 너희는 어찌하는가?
40 하나님의 말씀이요, 창조주인 나 여호
와의 말씀으로만 너희가 구원을 받을
것이며 구원을 받고 못 받을 자가 거
기에 있다고 그리 말하고 가르치면서,
41 나 여호와의 말씀이 세상에 내려와 있
는 그 소중하고 귀한 법전을 보지 아
니하려 하며 사탄이요, 이단의 것이라
그리 말하고 있음이니, 과연 어찌해야
너희를 깨우친단 말이던가?
42 예수가 재림한다, 이제 때가 되었다
하며 울고불고 부르짖는 그 백성이
지금 세상에 존재하지 않는가?
43 바로 그것은 심판의 시대이니라.
44 그리하여 너희가 예수가 재림할 때가
되었으며 부활할 때가 되었다며 울부
짖으며, 휴거라 하여 너희가 남은 날
을 하늘에 오르기 위하여 준비하느라
야단법석을 떨었고, 세상을 요란하게
만든 자들이 아니더냐?
45 그러나 과연 휴거라는 역사가 이루어
졌더냐?
46 그리고 예수가 과연 지상에 내려와서
살 자와 죽을 자를 구분하는 그와 같
은 역사가 이루어졌더냐?
47 너희는 그와 같은 것이 이루어지지 아
니한 것을 이루어질 것처럼 당연시하
는 자들이며, 그를 믿는 불쌍한 백성
이 있으며, 지금도 그것을 모두 믿고
있음이니라.
48 너희는 휴거날이 준비되어 있으니, 곧
모두 다 하늘에 오를 자 오르며 버릴
자 버리며 예수가 와서 구분한다며 요
란하게 야단법석을 떠는 자들에게, 정
신 나간 자요, 잘못된 자들이라 그리
말하느니라.
49 그러나 지금 그들만 잘못된 것이요,
정신 나간 백성이 아님을 알라.
50 너희가 믿음만 가지면 너희 손으로
지은 종교 집단이요, 교회라는 곳에
와 찬송 부르며 설교를 들으며 재물을
바치라는 대로 그저 많이 바치는 자,
그리고 그곳에 오기만 하면 예수의
보혈로써 구원을 받았다 말하는 자들
은,
51 곧 예수가 재림하여 온다 하여 휴거
준비를 하며 하늘에 올라갈 준비를 하
는 백성과 똑같으며, 더 미련하면 미
련했지 한 치도 더 나은 백성이 아님
을 너희는 알아야 할 것이며, 너희 자
신을 이제 들여다봐야 할 것이니라.
52 과연 예수가 지상에 내려와서 살 자와
죽을 자를 구분하였으며, 버릴 자와
하늘로 인도할 자를 구분하는 그와 같
은 역사가 이루어졌더냐?
53 그와 같은 역사는 이루어지지 아니하
였으며 그는 있을 수도 없었음이니라.
54 그러니 나의 아들 예수가 재림하지 않
는다는 말이 맞지 않느냐?
55 그러나 지금도 그를 믿는 자들이 있
으며 그를 기다리는 자들이 있으며,

그것은 반드시 올 것이라 믿고 있고
따르고 울고불고하는 그 백성,
56 그리고 너희 조상이 한 사람도 나에게
와 부활의 역사를 이루지 못했다는 이
무서운 가르침을 전하거늘, 그래도 저
자신은 하늘에 오를 수 있으며 황금
문을 들어설 수 있다고 믿고 또 믿고,
그래서 그 길만을 그저 죽기 아니면
살기로 가는 자,
57 낳아 주고 길러 준 부모를 돌아다보며
그 고통을 생각하기 전에, 구원을 받
는다 하여 특별 기도회에서 헌금 봉투
를 내는 그것만 구원을 받는다는 불쌍
하고 가련한 너희는 지옥 불에 가는
표를 사고 있으며,
58 사탄에게 힘을 주는 그 죄는 사탄보다
도 더 무서운 벌을 나에게 와서 받는
다는 것을 깨달아야 할 것이니라.
59 이제는 너희는 깨우쳐야 함이니라.
60 이제도 깨우치지 못하며 나의 법전을
읽고도 깨우치지 못하며, 이를 접하고
깨우치는 그 역사의 변화를 하지 아
니한다면 너희는 정녕 나와 인연이
먼 백성이며 그 무섭고 두려운 지옥
에 가서 사는 수밖에 없음을 알라.
61 지옥문에 들어가기 싫어 그저 팔다리
를 자르고도 들어가지 않으려 몸부림
치는 것을,
62 내가 지상에서 너희가 눈으로 보고
죄를 지으면 눈을 빼며, 귀로 듣고 귀
가 죄를 지으면 귀를 자르라 했으며,
너희가 걸어가 죄를 지으면 다리를 자
르라 했으며, 행함을 잘못하면 손을
자르라 했으니,
63 너희가 지옥문 앞에 왔을 때 그것을
실감하게 될 것이니라.
64 내가 왜 일찍이 그걸 자르며 바로 서
지 못했는가, 피를 토하는 그 통곡의
절규 소리에 머지않아 네가 그 앞에
선다는 것을 잊지 말라.
65 예수의 재림은 기독교의 종파와 집단
이 아는 그러한 재림이 아님을 알라.
66 언제 올지도 모르고 나의 아들 예수가
온다는 보장도 없으며, 그 보장의 조
치도 없는 것이 하늘의 뜻이니라.
67 나는 나의 아들을 내려보낼 계획도 없
으며, 너희가 울부짖는 그것을 보장하
기 위하여 내려보내고자 하는 생각도
없으니, 꿈에서 이제 깨어나야 할 것
이니라.
68 재림은 부활이요, 죽은 자 가운데서
다시 산 자요, 살아난 것이 아니며, 그
와 같은 것으로써 구분되는 것이 재림
이 아니요, 부활이 아님을 알라.
69 너희 마음속에서 너희 마음이 변화되
는 것, 너희가 마음이 변하여 성령이
그득하여 다시 태어나는 것, 새로운
성령을 받는 것,
70 너희 자신이 주역이기에, 네가 변하는
것이 부활이요, 재림의 역사가 이루어
지는 것은 네 마음이 변화되는 것임을
절대 잊지 말라.
71 주인은 너이니라.

부 록

【하나님께서 가르쳐 주신 운동】

천재지변이 일어날 때, 동물이나 미물들은 미리 알고 대피하지만, 인간은 알지 못하고 큰 화를 당합니다. 하나님께서 인간에게 가장 높은 지혜를 주시고 완벽하게 창조해 주셨기에 동물들보다 더 잘 알 수 있지만, 욕심으로 마음이 혼탁해져서 한 치 앞을 보지 못하는 것입니다.

마찬가지로, 인간은 누구나 스스로 필요한 운동을 해서 건강을 지킬 수 있도록 하나님께서 만들어 주셨습니다. 우리의 머리에서 우리 몸에 필요한 동작을 해 달라고 끊임없이 신호를 보내지만, 인간이 혼탁하게 살아서 그 신호를 알아채지 못합니다. 그러니 자연스럽게 자기 몸이 원하는 그 신호를 따라서 운동하는 것이 하나님께서 가르쳐 주신 운동 방법입니다. 바로, 우리의 영이 육을 이끄는 운동입니다.

▶ 하나님 운동법

1. 눈을 감고, 발을 어깨너비로 벌리고 바르게 선다.
2. 몸에 힘을 풀고, 허리를 숙이면서 손과 머리를 아래로 내린다.
3. 허리를 펴고 싶을 때, 천천히 펴면서 하고 싶은 동작을 하면 운동이 시작된다. (사람마다 다르다.)
4. 멈추지 말고, 어떤 동작이든지 자기 몸의 느낌대로 계속 이어서 한다.

▶ 참고 사항

① 눈을 감은 상태로 아무 생각 하지 않고, 자기 몸의 느낌대로 움직입니다.
② 마음을 비우고, 욕심을 버리고, 지난날의 잘못을 반성하면서 몇 차례 시도하다 보면, 자기도 모르게 하고 싶은 동작이 끊임없이 생깁니다.
③ 운동 장소는 방 안이든 운동장이든 관계없으며, 걷거나 달리고 싶을 때는 눈을 떠도 됩니다.
④ 매일 40분 이상, 주 4회 이상, 3개월 이상 하면 음식 조절에 들어갑니다.
- 음식으로 생긴 병은 음식으로 치료하게 되며, 어떤 음식을 먹어야 하는지 스스로 알게 됩니다.
(자기 몸에 필요한 음식만 먹고 싶어집니다.)
⑤ 사랑하는 사람과 함께 운동하면 서로 치료해 주기도 합니다.
⑥ 운동을 하다가 몸의 어느 한 부분을 계속 손으로 자극한다면 그쪽에 이상이 있는 것이니, 의사에게 상담을 받고 적절한 치료를 받으면 됩니다.
⑦ 다이어트 및 기타 건강관리에 효과적입니다.
⑧ 꾸준히 운동하여 영이 맑아지면, 자신의 과거와 미래를 스스로 보게 됩니다.

누구나 스스로 하실 수 있습니다.

간 행 사

《새로운 성경》은:

· 새로운 성경은, 하나님께서 선량하고 선한 자를 선택하여 십계명을 암송하도록 하시고, 십계명을 암송한 다음에 음성으로써 들려주시는 말씀을 듣고 그대로 카세트테이프에 녹음해서 받아쓴 책입니다.

· 90분짜리 녹음테이프 700여 개에 달하는 말씀으로, 1999년 8월부터 2004년 7월까지 총 160권(권당 288쪽)을 완성하였으며, 그 이후에도 현재까지 계속 말씀을 내려 주고 계십니다.

· 새로운 성경은 "하늘을 두루마리 삼고 바닷물을 먹물 삼아 쓰고 써도 다 못 쓴다"는, 끝없이 방대한 하나님의 말씀이 두루마리로 직접 내려오는 것입니다. 이러한 새로운 성경은 구약과 신약을 폐하려는 것이 아니라 "인봉된 성서의 비유의 뜻"을 상세히 설명하여 완성하고자 하나님께서 직접 내려 주신 말씀입니다.

《새로운 성경》의 구성:

· 제 목: 2013년, 160권 모음집을 발간하면서, 본 도서의 제목을 "하나님! 말씀하옵소서"에서 《새로운 성경》 으로 명해 주셨습니다.

· 단행본: 각 권당 288쪽(신국판) 책이 160권까지 시리즈로 출판됩니다.
(모음집은 단행본을 16권씩 묶어서, 총 10부로 구성됩니다.)

《새로운 성경》의 성경적 근거:

· 신약 성경 [요한복음] 16장 13절에 "진리의 성령이 오시면 그가 너희를 모든 진리 가운데로 인도하시리니 그가 자의로 말하지 않고, 오직 듣는 것만을 말하며" 하신 말씀처럼 하나님의 음성을 들은 것만 기록하였으며,

· "장래 일을 너희에게 알리시리라" 하신 말씀과 같이 개인, 나라, 인류의 "장래"일을 하나님께서 알려 주시는 것만 기록하여 책으로 만들었습니다.

《새로운 성경》의 기록 방법:

· 1999년 8월부터 하나님께서 저에게 들려주시는 음성을 기록하였습니다. 처음에는 제가 들은 말씀을 불러 주면 저의 아내가 기록하여, 2000년 1월 29일에 1권 초판이 세상에 나왔습니다. 2000년 4월부터는 주시는 말씀을 받아 녹음기에 기록하여 시리즈로 출간하기 시작하였습니다.

· 녹음을 시작하면서 하나님의 말씀을 받는 데 가속도가 붙었고, 2001년 5월 3일에 1부(1~16권까지)를 인쇄하여 출판하였으며, 2004년 7월까지 총160권 분량의 말씀을 받아 기록하였습니다.

하나님께서 저에게 주신 것은:

· 첫째, 만백성을 상대로 내려 주시는 "기도", 둘째, 수시로 내려 주시는 "묵상", 셋째, 개인의 과거, 현재, 미래를 알려 주시는 "개인 기도", 넷째, 개인의 건강을 위해서 내려 주시는 "음식 처방", 다섯째, 하나님께서 가르쳐 주신 "운동"등이 있습니다. 이 중에 첫 번째, "기도"를 책으로 편찬하였습니다. 사람의 생사, 개인의 미래에 관한 천기는 수록하지 말라 하셨습니다.

강론 안내:

· 하나님께서는 지금도 매일 저에게 새로운 하늘의 비밀의 말씀을 내려 주고 계십니다. 수시로 내려 주시는 말씀을 정리해서 제자를 육성하라는 말씀에 따라 매주 강론을 하고 있습니다. 누구나 무료로 들으실 수 있습니다. (book160.com)

《새로운 성경》을 읽는 분들에게 드리는 선물:

· 개인 기도: 개인의 과거, 현재, 미래에 관하여 말씀을 내려 주십니다.

· 음식 처방: 사람은 음식을 먹고살다가 건강을 잃으니, 음식과 운동으로 건강을 되찾는 방법을 알려 드립니다. 단, 하나님이 계심을 믿고, 십계명을 지키겠다고 진실로 서약하는 분들께 알려드립니다.

《새로운 성경》의 은혜와 기적:

· 새로운 성경 전160권은 16권씩 묶어서 총 10부의 모음집으로 구성됩니다. 모음집 한 부를 읽고 깨우치는 자에게 하나님께서 다음과 같은 기적이 있다고 하셨습니다.

· "첫째, 그가 죽어 하늘에 갔을 때 그의 죄를 묻지 아니하며, 구원을 받는 위대한 은혜가 있으며, 둘째, 그의 소원과 소망이 이루어지고, 셋째, 죽은 자(부모, 형제, 자식, 사랑하고 은혜 입은 분)의 이름으로 구입한 책을 읽고 누군가 한 사람이 깨우칠 때, 그 죽은 자가 지옥에서 천국으로 구원을 받게 되며, 넷째, 유산, 중절 수술 등으로 태어나지 못한 아이를 위하여 구입한 책을 보고 한 명이 깨우쳤을 때, 그 아이가 사람으로 다시 한 번 태어나는 은혜를 받는다."

· "새로운 성경"을 3회 이상 정성을 다해 정독하는 자, 성서의 비밀을 알게 되고, 세상의 이치를 알게 되며, 세상을 지배하고 통제할 수 있는 지혜를 다 얻게 된다고 하셨습니다. 이 책은 만백성이 정독하고 이웃에게 전하여, 평생 가슴에 묻은 슬픔과 고통의 짐을 벗고 미래를 위한 힘찬 삶을 살아가도록 하는 책입니다.

끝으로

· 하나님께서는 흰 눈이 세상을 덮듯이 새로운 성경을 온 세상에 전하라고 하셨습니다. 《새로운 성경》을 각국어로 번역해서 온 인류에게 구원의 길을 깨우쳐 주고, 그 수익으로 가난하고 어려운 백성을 구제하여, 만백성의 영과 육을 함께 구원하는 선지자의 임무를 수행하라고 저에게 명하셨습니다.

· 하늘에서 내려 주신 말씀의 보화를 만백성에게 나누어 주는 것이 선지자의 임무라고 하셨습니다. 새로운 성경을 통해서 얻는 재물을 사용할 곳도 하나님께서 일일이 명해 주십니다. 모든 재물은 저의 자의로 쓸 수 없고, 하나님께서 명하시는 대로만 쓰여집니다.

· 어떤 명분으로든 십일조나 각종 헌금을 거두어들이지 말라 하셨으며, 국내뿐 아니라 각국에 성전과 단독 서점을 운영하며, 한국의 많은 젊은이들을 전 세계에 지도자로 내보내라고 하셨습니다.

· 우리는 세계적으로 새로운 성경을 보급하며 어려운 이들을 돕는 역사를 해 나갈 것입니다. 지금까지 비록 몇 명 안 되는 제자들과 함께 이러한 일을 역사했지만, 앞으로도 계속 하나님께서 기뻐하시는 일들을 해 나갈 것입니다. 부족한 저희에게 여러분들의 지혜와 성원을 보내 주시기를 바랍니다. 많은 분들의 참여와 도움을 간절히 기다립니다. 감사합니다.

한국어로 내려온 《새로운 성경》 단행본을 출간하며
2016년 4월 10일

발행인 **김 용 철**

한국어로 내려온

새로운 **성 경** · 7부 · 제103권

지은이 하나님 말씀
대역자 김용철

초판인쇄 1쇄 2017년 4월 3일

펴낸 곳 도서출판 하얀마음
등록번호 제 10-2107호 (2001년 2월 14일)
주소 서울시 노원구 덕릉로86길5, 2층
전화번호 02) 313-1114
팩스 02) 393-5554
전자우편 book160@hanmail.net
편집위원 조나영 김미향 이석교
제작지원 김남태 이은미 김보라 조옥순

도서상담 1600-7527
ISBN 978-89-5875-203-5 (04230)
978-89-5875-100-7 (세 트)

값 10,000원
잘못된 책은 구입하신 곳에서 바꾸어 드립니다.

※이 책은 10부로 제작되며, 각 부 16권씩 총160권으로 구성됩니다.※

1부	2부	3부	4부	5부	6부	**7부**	8부	9부	10부
1권	17권	33권	49권	65권	81권	97권	113권	129권	145권
2권	18권	34권	50권	66권	82권	98권	114권	130권	146권
3권	19권	35권	51권	67권	83권	99권	115권	131권	147권
4권	20권	36권	52권	68권	84권	100권	116권	132권	148권
5권	21권	37권	53권	69권	85권	101권	117권	133권	149권
6권	22권	38권	54권	70권	86권	102권	118권	134권	150권
7권	23권	39권	55권	71권	87권	103권	119권	135권	151권
8권	24권	40권	56권	72권	88권	104권	120권	136권	152권
9권	25권	41권	57권	73권	89권	105권	121권	137권	153권
10권	26권	42권	58권	74권	90권	106권	122권	138권	154권
11권	27권	43권	59권	75권	91권	107권	123권	139권	155권
12권	28권	44권	60권	76권	92권	108권	124권	140권	156권
13권	29권	45권	61권	77권	93권	109권	125권	141권	157권
14권	30권	46권	62권	78권	94권	110권	126권	142권	158권
15권	31권	47권	63권	79권	95권	111권	127권	143권	159권
16권	32권	48권	64권	80권	96권	112권	128권	144권	160권